BASTEI
LÜBBE

Über die Autorin:

Melanie Ahrens, Jahrgang 1971, lebt mit ihrem Mann Rolf und der Tochter Loreen in Schleswig-Holstein. Louise, ihr erstes Kind, starb am 1. Juli 2004, wenige Tage vor ihrem sechsten Geburtstag, nach einer schweren Krebserkrankung. Die Autorin schuf das Projekt *»Kunst-Werk« – Malerei mit beeinträchtigten Kindern und Jugendlichen.* Sie vertreibt bundesweit Postkarten, Lesezeichen, Briefpapier und Jahreskalender, um behinderten und kranken jungen Menschen zu helfen. Weitere Informationen unter www.setzezeichen.com
Außerdem hat Melanie Ahrens die *Initiative Heller Stern Schleswig-Holstein e.V.* ins Leben gerufen, die bestimmte Familien und Einrichtungen in Schleswig-Holstein finanziell unterstützt. Näheres dazu finden Sie unter www.Heller-Stern-SH.com.

Melanie Ahrens

Glück, ich sehe dich anders

Mit behinderten Kindern leben

BASTEI
LÜBBE

BASTEI LÜBBE TASCHENBUCH
Band 61599

1. Auflage: November 2006
2. Auflage: Juli 2007

Vollständige Taschenbuchausgabe

Bastei Lübbe Taschenbücher in der Verlagsgruppe Lübbe

Deutsche Originalausgabe

Lektorat: Sylvia Gredig / Regina Maria Hartig
Titelbild: © Melanie Ahrens
Umschlaggestaltung: Marina Boda
Satz: Textverarbeitung Garbe, Köln
Druck und Verarbeitung: Ebner & Spiegel, Ulm
Printed in Germany
ISBN-978-3-404-61599-5

Für meine geliebte Louise

INHALT

PROLOG

Kennen Sie Mongo-Kinder?«, fragte uns der Kinderarzt der Entbindungsstation einen Tag nach Louises Geburt. Er meinte Kinder, die mongoloid sind, Kinder mit einem Down-Syndrom. Der Arzt hatte unsere Tochter auf dem Arm und sah Rolf und mich wissend an.

Ich ahnte nichts Gutes.

Der Arzt zeigte auf ein anderes Baby. »Vergleichen Sie einmal! Ihr Kind sieht etwas komisch aus! Anders! Finden Sie nicht?«

Rolf und ich waren starr vor Entsetzen.

»Ihr Kind ist nicht gesund!«, sagte der Arzt jetzt.

Die Schmerzen von der Geburt waren auf einmal wie weggeblasen. Ich stand wohl unter Schock.

Der Arzt fuhr fort: »Das sind ganz liebe Kinder. Ich kenne eine Werkstatt, dort arbeiten dreißig solcher Kinder. Das ist ganz toll dort. Die bekommen auch alle einen Behindertenausweis.«

Was hatte der Arzt gesagt? Unser Kind sieht »komisch« aus? Er selbst – mit schief gelegtem Kopf auf uns einredend – war mit seinen fettigen Haaren und den hervorstehenden Augen hinter den dicken Brillengläsern auch nicht gerade als attraktiv zu bezeichnen.

Wie ein Film lief das alles vor mir ab, und ich dachte nur: Ein geistig behindertes Kind? Ein Pflegefall? Nie wieder zur

Arbeit? Das schreit bestimmt ständig oder gibt eigenartige Laute von sich. So ein Kind passt doch nicht in unsere heile Welt!

Während der Arzt uns »aufklärte«, betrachtete ich Louise fassungslos. Sie sah tatsächlich eigenartig aus. So aufgedunsen, ihre Haut schimmerte blau, sie erschien mir beinahe leblos. Die dicken Augen standen schräg im Gesicht, und die Zunge hing aus dem Mund heraus.

Louise kam nach dem Gespräch sofort wieder auf die Intensivstation. Ich ging zurück in mein Zimmer zu den anderen drei Müttern, die dort in ihren Betten saßen und ihre niedlichen, gesunden Babys bei sich hatten. Kurz darauf erhielt ich ein Einzelzimmer; ich konnte den Anblick der anderen Mütter und Kinder nicht ertragen.

Rolf und ich waren hochgradig deprimiert. Wir hatten beide die gleichen Gedanken: Wir sind zu jung für eine solche Aufgabe. – Rolf war gerade mal vierundzwanzig, ich sechsundzwanzig. – Es wäre besser für Louise, wenn sie nicht überlebt.

Doch dies waren nur Schutzbehauptungen, dahinter verbarg sich der Wunsch nach einer perfekten Familie: Es wäre besser für *uns*, wenn Louise nicht überlebt. Dann bekommen wir ein neues Kind, und alles wird gut.

TEIL 1

HEILE WELT

Auf einem Open-Air-Festival im September 1993 lernte ich Rolf kennen. Es war Liebe auf den ersten Blick. Wir konnten uns stundenlang unterhalten und stellten fest, dass wir viele gemeinsame Vorstellungen vom Leben hatten und die gleichen Träume: in andere Länder reisen, irgendwann einmal heiraten, viele Kinder haben und ein Haus auf dem Land bauen. Wir verbrachten schon bald fast jeden Tag miteinander, und es war uns beiden schnell klar, dass unsere junge Liebe keine flüchtige Bekanntschaft bleiben würde.

Kurz nach unserem Kennenlernen trat Rolf seinen Dienst bei der Bundesmarine an. Vier Jahre lang waren wir oft für mehrere Monate getrennt. Ich ertrug das Alleinsein manchmal nicht. Trotzdem hielt unsere Beziehung diesen harten Proben stand, und als Rolf seine vier Jahre Dienst beinahe beendet hatte, mieteten wir uns ein Häuschen in einem idyllischen Dorf im hohen Norden, nicht weit weg von unseren Familien und Freunden.

Ich arbeitete damals als Büroangestellte in einem kleinen Betrieb, in dem ich mich sehr wohl fühlte, und Rolf fand ebenfalls eine Anstellung in der Nähe, in einem Handwerksbetrieb. Gemeinsam reisten wir zu den schönsten Orten auf dieser Welt, vor allem unseren Urlaub in Irland werden wir nie vergessen. Wir mieteten ein Auto und fuhren die gesamte Westküste ab – vor allem von der irischen Landschaft waren wir sehr angetan. Übernachtet haben wir in Bed-&-Breakfast-Unterkünften. Rolf und ich genossen unser sorgenfreies Leben und harmonisches Zusammensein.

All unsere Wünsche und Träume schienen sich nach und nach zu erfüllen. Und so planten wir, unsere Hochzeit im Mai 1998 zu feiern. Dass ich bereits im siebten Monat schwanger vor dem Traualtar stehen würde, damit hatte ich allerdings nicht gerechnet, denn es gab bis zum vierten Monat kein eindeutiges Anzeichen für eine Schwangerschaft. Meine Periode blieb nicht aus, und Beschwerden wie Übelkeit setzten erst im dritten Monat ein. Mein Hausarzt schickte mich zwar zum Frauenarzt, doch der hielt einen Schwangerschaftstest nicht für nötig. Schließlich wurde eine Magenschleimhautentzündung diagnostiziert, und ich erhielt entsprechende Medikamente.

Erst im vierten Monat, nachdem ich im Büro einen Kreislaufzusammenbruch erlitten hatte, wurde die Schwangerschaft festgestellt. Ich musste sofort zu einem Spezialultraschall nach Hamburg, um sicherzugehen, dass mit dem Baby – auch nach der Medikamenteneinnahme – alles in Ordnung war. Der Ultraschall ergab keinen Grund zur Besorgnis, Rolf und ich freuten uns auf unser erstes gemeinsames Kind. Ich begann sofort, das Kinderzimmer herzurichten, kaufte Janosch-Lätzchen, eine Janosch-Kuscheldecke und alles, was man für ein Baby braucht. Unser Kind sollte sich willkommen fühlen.

Schwanger und glücklich trat ich im Mai vor den Traualtar. Wir feierten mit einhundertzehn Gästen bis morgens um acht. Es war eine Hochzeit wie aus dem Bilderbuch, mit Pferdekutsche, sonnigem Wetter und freudestrahlenden Gesichtern.

Die Schwangerschaft verlief insgesamt ohne besondere Beschwerden, und in einer Julinacht – zum Endspiel der Fußballweltmeisterschaft – kam unsere Tochter Louise auf die Welt. Es war eine Geburt ohne irgendwelche Komplikationen.

Rolf und ich waren glücklich wie noch nie.

DIE ERSTEN TAGE IN DER KLINIK

Louise wurde gleich nach ihrer Geburt auf die Kinderintensivstation verlegt. Sie war zusehends blau angelaufen und hatte nicht richtig getrunken. Rolf und ich machten uns Sorgen, aber wir ahnten nicht, was tatsächlich auf uns zukommen sollte. Wie ich im Nachhinein erfuhr, wurden von den Ärzten Organschäden befürchtet, die bei Kindern mit Down-Syndrom typisch sind: Herz-, Nieren-, Lungenfehler.

Die Diagnose am nächsten Tag traf uns wie ein Schlag. Ich mochte Louise gar nicht mehr anfassen, auch stillen konnte ich sie nicht. Ich ekelte mich davor. Wenn sie vom Wickeltisch fallen würde, wäre es nicht schlimm. Vielleicht ist sie dann erlöst!, dachte ich insgeheim.

Rolf sagte immer wieder: »Das pack ich nicht. Das pack ich einfach nicht.« Doch er überwand seine Ängste und Zweifel und schaffte es besser als ich, eine Beziehung zu dem Kind aufzubauen.

Sobald die Schwestern es erlaubten, wusch, wickelte und fütterte er Louise. Wenn sie an seiner Nase nuckelte, wusste er, dass sie Hunger hatte.

Als unsere Eltern ins Krankenhaus kamen, schienen sie sich zu freuen und sagten, Louise sei sehr niedlich. Ich war mir sicher, dass sie uns etwas vorspielten. Schließlich hatten mir dir Ärzte eindeutig zu verstehen gegeben, dass das Kind, das ich geboren hatte, nicht in Ordnung war. Noch immer traute ich mich kaum, Louise anzuschauen.

Rolf nahm mich sobald wie möglich mit nach Hause. Wir waren der Ansicht, Louise würde gut von den Ärzten und Schwestern betreut werden. Rolf, der eine Woche Urlaub hatte, und ich besuchten Louise zunächst zweimal täglich.

Zu Hause blätterte ich im Lexikon und in anderen Büchern, um mich über das Down-Syndrom zu informieren. Ich suchte den Begriff, fand aber keinen Eintrag oder Hinweis. Da der Arzt auch von »Mongo-Kindern« und »Mongo-Babys« gesprochen hatte, schlug ich unter »Mongolismus« nach und wurde fündig. Folgende Stichworte brannten sich mir nach wiederholtem Lesen ein: überzähliges Chromosom, bedingte angeborene geistige Entwicklungshemmung mit Kurzschädel, Mongolenfalte, Schlitzaugen, Unterfunktion der Schilddrüse.

Plötzlich erinnerte ich mich an ein schwarzhaariges Mädchen, das ich einmal vor einem Kaufhaus gesehen hatte. Es war sehr klein und dick, hatte anscheinend gar keinen Hals, wirkte gedrungen, blass und hatte auffällige Schlitzaugen. Bestimmt ein Mädchen mit Down-Syndrom, dachte ich. Ich mochte das Mädchen damals nicht, und auf einmal hatte ich nur noch Angst, Louise würde später ebenfalls so aussehen und keinen Hals haben.

Ich hatte noch immer den Wunsch, Louise möge sterben.

In einer Nacht träumte ich von einem Clown. Er hatte keinen Hals, drehte seinen Kopf wie eine Eule, wirbelte ihn im Kreis, schneller, immer schneller, bis nur noch rote und weiße Streifen zu sehen waren. Dann zerplatzte der Kopf.

Bei den Besuchen in der Klinik starrte ich Louise zuerst verängstigt an. Ihr Gesichtsausdruck erschreckte mich jedes Mal aufs Neue. Ihre schräg stehenden Augen waren schmal wie Schlitze, dabei aber auch aufgequollen. Die Ohren saßen weit unten am Kopf, die Zunge hing aus dem Mund, und der Hinterkopf war nahezu platt. Die vielen Schläuche und Apparate ließen alles noch grauenvoller erscheinen.

Louise röchelte erbärmlich.

Sie musste bereits in den ersten Tagen ihres Lebens viele Untersuchungen über sich ergehen lassen. Doch sie hielt alles sehr gut aus und entwickelte sich laut Ärzten und Krankenschwestern gut. Es wurde ein kleines Loch im Herzen, ein so genannter Ventrikelseptumdefekt, diagnostiziert, das später in einer Kinderklinik für Herzkrankheiten gründlicher untersucht werden sollte. Doch akut drohte deshalb keine Gefahr, und weitere Organschäden wurden auch nicht festgestellt.

Als Rolf wieder arbeiten und nur am Abend mit in die Klinik kommen konnte, war ich gezwungen, Louise allein zu besuchen. Im Schneckentempo fuhr ich durch unser Dorf in Richtung Stadt und zur Klinik, durch die Schranke an der Einfahrt und auf den Parkplatz. Das Betreten der Klinik und der Weg durch die vielen Glastüren fielen mir unendlich schwer. Mit der abgepumpten Milch in der Hand stand ich dann zuerst zögernd vor der Tür zur Intensivstation: Hände desinfizieren, Schutzkittel überziehen, hinein in das Zimmer. Mir blieb keine andere Wahl.

Wenn Louise schlief, war es für mich in Ordnung. Schrie sie – vor Hunger oder aus anderen Gründen –, wäre ich am liebsten weglaufen. Dann dachte ich, sie schreit, weil sie behindert ist. Das war grauenvoll!

Ich merkte aber, dass ich die Diagnose von Tag zu Tag ein wenig besser verarbeiten konnte, gerade weil ich diese schweren Schritte allein gehen musste. Und nach einer Woche hatte ich mich so weit gefangen, dass ich es morgens manchmal kaum erwarten konnte, so schnell wie möglich zu Louise zu fahren.

Entsetzt war ich, als Louise eines Morgens mit verbundenen Augen nackt auf dem Bauch in ihrem Wärmebettchen unter einem blauen Licht lag. Im Mund steckte ein Schlauch, und aus ihrem Po lief eine rotbraune Flüssigkeit. Ich hatte Angst, und mir zitterten die Knie. Ich malte mir aus, dass sie innere Blutungen hatte, und ich war sicher: Jetzt ist es so weit, sie muss sterben. Gleich ist alles vorbei.

Es kam mir wie eine Ewigkeit vor, bis ich von einem Arzt über die Maßnahme aufgeklärt wurde. Das blaue Licht diente dazu, Louises Bilirubinwert – Louise hatte eine Gelbsucht – zu senken. Und die rotbraune Flüssigkeit war lediglich ein Kontrastmittel, das ihr durch den Mund über eine Magensonde gegeben wurde, um zu sehen, ob die Flüssigkeit, die sie anfangs immer erbrochen hatte, durch den Magen-Darm-Bereich gelangte und ausgeschieden wurde. Also doch nicht so schlimm. Louise würde nicht daran sterben.

Die Herzuntersuchung ein paar Tage später ergab, dass Louises Herzfehler nicht stark ausgeprägt war, eine Operation war nicht nötig.

ETWAS MÜTTERLICHES

Ich war froh, als Louise endlich ohne Kabel und Schläuche in ihrem Wärmebettchen lag. Ich betrachtete sie genauer und fand, sie sah niedlich aus. Zum ersten Mal empfand ich etwas Mütterliches für sie. Von nun an ertappte ich mich öfter dabei, dass ich über ihren drolligen Gesichtsausdruck schmunzeln musste. Wenn ich ihr Grinsen sah, dachte ich, sieh mal, sie lacht doch, da ist ein kleiner Mensch, der lacht. Und diesen kleinen Menschen habe ich geboren.

Auf einmal waren Rolf und ich glücklich, wenn Louise Fortschritte machte, zum Beispiel, als ihre Windeln immer häufiger voll kleiner Häufchen waren, weil sie ihre Nahrung nun verdaute wie jedes andere Kind. Doch die Bande, die ich zu meinem Kind geknüpft hatte, waren noch sehr zart. Deshalb musste ich zuerst auch schlucken, als mich die Ärztin fragte, wann wir Louise denn mit nach Hause nehmen wollten. Aber dann lachte ich die Ärztin an und tat so, als würde ich mich über ihre Frage freuen. Doch tatsächlich hatte ich große Angst vor dem Alleinsein mit Louise.

Rolf und ich versuchten, Louises Entlassung aus der Klinik so weit wie möglich hinauszuschieben. Wir verhandelten über den Termin mit der Ärztin wie bei einem Fernseher, den man in einer Kleinanzeige erworben hatte und den man selbst abholen musste. Wir wollten Louise auf keinen Fall tagsüber mitnehmen. Ohne weitere ärztliche Aufklärung über die Behinderung unserer Tochter holten wir Louise nach zwei Wochen Intensivstation an einem Abend zu uns nach Hause.

Wir legten sie im Wohnzimmer auf die kuschelige Janosch-Decke, die ich schon vor Wochen für mein Baby ausgesucht hatte. Die Decke passte irgendwie gar nicht zu Louise. Überhaupt schien alles so perfekt: die Rasseln, die Teddybären, die Spieluhr, die nagelneue Babybadewanne, die Nuckelflaschen, die süßen Strampelanzüge – nur das Kind, das dort lag, war nicht perfekt.

VORURTEILE

Nachdem wir Louise zu uns geholt hatten, mochte ich die Klinik erst einmal nicht mehr betreten und meldete mich kurz darauf von der Rückbildungsgymnastik, die dort stattfand, ab. Vielleicht empfand ich es auch als anstrengend genug, uns das Leben mit Louise einzurichten, da war für körperliche Ertüchtigung kein Platz.

Es war mir eine Hilfe, dass unsere Familien und Freunde die Behinderung von Louise sehr gut aufnahmen. Doch Bekannte und Nachbarn reagierten teilweise sehr verletzend.

Als ich einem entfernteren Bekannten zum Beispiel sagte, dass Louise leider nicht ganz gesund auf die Welt gekommen sei, rief dieser ungehalten: »Die hätten sie gleich gegen die Wand klatschen sollen! Wie bei Tieren, die nicht in Ordnung sind.«

Ich war zunächst sprachlos. Wie konnte jemand so etwas von sich geben? Ich fragte mich, in welcher Zeit wir eigentlich lebten. Solch ein Ausspruch im Jahr 1998? Dieser Mensch – dem Menschlichkeit allerdings nicht viel zu bedeuten schien – nahm sich die Frechheit heraus, über mein hilfloses Kind mit so viel Abscheu zu sprechen, Handlungen zu verlangen, die man auch keinem Tier zumuten mochte.

Andere waren der Meinung, dass man die Augenstellung operativ richten lassen könne und die Zunge kürzen, dann sei es doch gar nicht so schlimm.

Aber warum musste alles »normal« aussehen? Was ist denn überhaupt »normal«? Mein eigenes perfektes Weltbild war nachhaltig ins Wanken geraten. Jetzt hinterfragte ich solche Ansprüche.

Eine Frau sagte: »Diese Menschen sind etwas verrückt, aber ganz lieb!«

Ja, aber sind wir nicht alle etwas verrückt? Was heißt »verrückt sein« denn genau? Vielleicht, dass etwas an eine andere Stelle gerückt ist, also einfach nur verschoben?

Seltener hörten wir Positives, wie zum Beispiel »Solche Kinder werden nur in ganz besondere Familien hineingeboren«. Doch auch diese Worte wusste ich nicht genauer zu deuten. Warum waren wir besonders? Wir hatten uns doch nur eine große, glückliche Familie gewünscht.

Durch Louise wurde mein Blick für »Randgruppen« geschärft. Ich achtete auf so genannte »sozial schwache Menschen« und stellte schließlich fest, dass sich durch Louises Geburt meine Ansichten grundsätzlich änderten. Waren nicht diejenigen genau die »Randgruppen« und »im Kopfe sozial schwache Menschen«, die zum Beispiel über Behinderte oder Homosexuelle abfällig urteilten?

Ich erinnerte mich an einen Ausflug ans Meer, als ich ungefähr fünf Jahre alt war. Am Strand spielten behinderte Kinder. Mein Vater rief mir zu: »Komm da weg!«

In unserer Straße gingen öfter die Behinderten eines Wohnheims mit ihren Erziehern spazieren. Die Behinderten gaben unverständliche Laute von sich. Als Kind lief ich jedes Mal schnell fort, wenn sie mir begegneten.

Im Schwimmbad mochte ich nicht zusammen mit Behinderten baden. Ich ekelte mich vor ihnen, war der Meinung, sie würden stinken und seien ungepflegt. Und eine Schulkameradin erzählte mir einmal, dass die Behinderten in einer nahe gelegenen Werkstatt die Schokolade, die ich gerade verspeiste, in Päckchen packen würden. Da warf ich die Schokolade weg.

Ich war so erzogen worden.

Ich war nie direkt mit Behinderten in Kontakt gekommen, hatte in der Schule darüber nicht viel gelernt. Wir hatten zwar das Thema »Mongolismus« durchgenommen, aber hängen geblieben waren nur ein paar Vorurteile: Mongolismus sei auf Inzucht, also Sexualverkehr zwischen Geschwistern oder anderen nahen Verwandten, zurückzuführen.

Wir Schüler lachten damals hinter vorgehaltener Hand und machten nach der Stunde lautstark unsere Späße.

LEBEN MIT EINEM BEHINDERTEN KIND

Nach einigen Wochen mit Louise zu Hause fing ich mich etwas, fühlte mich aber immer mal wieder plötzlich wie gelähmt. Es kostete mich an manchen Tagen unendlich viel Kraft, nur eine Scheibe Brot abzuschneiden. Kleinste Handgriffe, die ich zu verrichten hatte, fielen mir dann schwer, und ich nahm sie nur schleppend in Angriff. Ein Grauschleier war vor meinen Augen, meine Umgebung nahm ich kaum wahr. Oft stand ich heulend unter der Dusche und schlug mit dem Kopf gegen die Wand.

Warum gerade wir?, fragte ich mich dann. Warum hat es nicht die Frau getroffen, die vor mir entbunden hatte? Warum nicht die, die nach mir in den Kreißsaal geschoben worden war?

Tatsächlich zweifelte ich an mir. Ich war nicht in der Lage, ein gesundes Kind auf die Welt zu bringen! Das war kein Kind, wie es sein sollte!

Richtig Mutter sein konnte ich nicht. Ich hatte auch keine Lust, an den Treffen der anderen Mütter mit den gesunden Kindern teilzunehmen, weil bei uns irgendwie alles anders war. Ich konnte es nicht ertragen, die gesunden Kinder und die glücklichen Familien zu sehen. Ich machte niemanden persönlich verantwortlich dafür, dass er gesunde Kinder hatte. Ich war einfach nur traurig, dass mich dieses Schicksal getroffen hatte.

Manchmal grübelte ich stundenlang vor mich hin. Louise schlief noch sehr viel, und während dieser Zeit saß ich meist nur stumm auf dem Sofa. Ich wartete, dass Rolf von der Arbeit nach Hause kam, damit ich meine Sorgen und Ängste und den ganzen Kummer mit ihm teilen konnte.

Von unserem Kinderarzt erfuhr ich, dass Kinder, die behindert oder entwicklungsverzögert waren, durch gewisse Therapien gefördert werden können. Er stellte mir ein Rezept für Krankengymnastik aus und empfahl mir, mich zusätzlich an eine so genannte Frühförderstelle zu wenden, um Louise dort anzumelden. Louise erhielt sogleich, im Alter von nur vier Wochen, einmal pro Woche Krankengymnastik, und wir hatten unseren ersten regelmäßigen Termin. Die Praxis lag in den Räumen der Kinderklinik, weshalb mich der erste Besuch zunächst Überwindung kostete.

Louise wies eine sehr schlaffe Muskulatur auf, die aufgebaut werden musste. Zu Beginn der Behandlung zeigte mir die Krankengymnastin Conny Griffe, mit denen ich Louises Kopf besser halten, sie umdrehen oder hinlegen konnte. Conny hatte eine sehr einfühlsame Art. Sie sprach ruhig und fasste Louise sanft, aber bestimmt an. Die Krankengymnastik sollte einmal pro Woche beibehalten werden, so lange, bis Louise das Laufen erlernen würde. Unser Alltag erhielt dadurch ein wenig mehr Struktur, was zunächst hilfreich war. Die Besuche in der Kinderklinik waren bald schon Routine.

Eines Tages las ich an einer Info-Wand in der Praxis die Ankündigung eines Babyschwimmkurses. Ich fragte meinen Kinderarzt, ob das auch etwas für Louise sei. Er erklärte mir, dass Babyschwimmen in jedem Fall gut für Louise sein würde. Sie würde dabei in ihren Bewegungen gefördert. Also stellte er mir ein Rezept für diese Therapie aus.

Neben der Krankengymnastik ging ich mit Louise nun zu dem wöchentlichen Babyschwimmkurs im Bewegungsbecken der Klinik. Sven, der Kursleiter, war vom ersten Tag an in Louise vernarrt. Mehrmals sagte er mir: »Guck mal kurz weg, dann schnappe ich mir deine Kleine und nehme sie mit nach Hause!« Diese Worte taten mir gut. Da war jemand, der mein Kind niedlich fand und es haben wollte.

Als Louise drei Monate alt war, kam einmal pro Woche eine Mitarbeiterin von der Frühförderung zu uns ins Haus. Bei der zuständigen Frühförderstelle unseres Landkreises hatte ich bald auf Empfehlung unseres Kinderarztes einen Antrag gestellt und sehr rasch die Bewilligung für die Fördereinheiten erhalten. Die Kosten für Therapien und Fördereinheiten übernahm zum Teil die Krankenkasse, den Rest zahlte das Sozialamt. Allein das Wort »Sozialamt« hatte mich zuerst zurückschrecken lassen, denn ich fühlte mich durch die Unterstützung von diesem Amt sozial abgestuft. Aber die Behörde war nun einmal für die Kostenübernahmen zuständig: »Eingliederungshilfe für Behinderte« hieß die Maßnahme. Ich musste mich wohl oder übel mit der Situation abfinden.

Eine Stunde lang beobachtete und förderte Frau Hansen von der Frühförderung Louises geistige Entwicklung, ihre Wahrnehmung und ihr Spielverhalten. Diese spielerische Stunde sollte bis zum dritten Lebensjahr, oder bis Louise den Kindergarten besuchen konnte, beibehalten werden.

Mir wurden die Termine allmählich zu viel, ich hielt sie aber ein, weil ich nichts falsch machen und jegliche Fördermöglichkeiten für Louise wahrnehmen wollte. Doch die ständigen Verpflichtungen belasteten mich.

Alles drehte sich um Louise und ihre Förderung, den Haushalt und andere Pflichten erledigte ich nebenbei.

Dass Louise ein sehr liebes Kind war, nahm ich nicht besonders wahr. Tatsächlich schrie sie nur selten, war meist zufrieden und munter und lachte viel. Doch die Sorgen waren dennoch groß. Louise erbrach häufig, was nach den Ärzten bei Kindern mit Down-Syndrom eben vorkommen kann. Und mit drei Monaten hatte sie zum ersten Mal heftige Hustenanfälle, Pseudokrupp. Es gab immer etwas, was nicht in Ordnung war.

Auch nervenaufreibende Auseinandersetzungen mit Behörden gehören im Leben mit einem behinderten Kind zum Alltag. Bereits im frühen Kindesalter von Louise reichten wir Anträge für Pflegegeld und Schwerbehindertenanerkennung ein. Die Antragsabwicklungen mit den zuständigen Ämtern führten zunächst zu Ablehnungen, sodass Rolf und ich uns in unserer spärlichen Freizeit mit der Bearbeitung von Widerspruchsangelegenheiten rumzuschlagen hatten.

Es reichte manchmal nicht, dass ich mir wie eine Bettlerin vorkam, sondern ich wurde auch noch wie eine Lügnerin behandelt, zum Beispiel als ich in einer Behördenstelle zu hören bekam: »Alte Menschen am Krückstock, das sind Behinderte.«

Ein anderer Sachbearbeiter fragte mich: »Was hat Ihr Kind denn eigentlich?« Ich zeigte ihm den Bericht des Krankenhauses, und er sagte laut: »Ah ja, ein Doofen-Syndrom!« Entweder beherrschte er die englische Sprache nicht, oder er wollte mich ärgern.

Viele Menschen denken, dass der Name Down-Syndrom von dem englischen Wort »down« abgeleitet ist, das im Englischwörterbuch mit »nieder, herunter, abwärts, unten« übersetzt wird. Dass der Name jedoch auf den englischen Entdecker dieser Chromosomenstörung Herrn John Langdon Down zurückgeht, ist den meisten nicht bekannt. Und kaum jemand weiß, was hinter dieser Störung im Erbgut steckt, nämlich dass das Chromosom 21 bei den Betroffenen dreimal statt nur zweimal vorhanden ist, weshalb man auch »Trisomie 21« sagt.

Wir nahmen also den Kampf mit den Behörden auf, der sich irgendwann hoffentlich auszahlen würde. Wir lebten für unsere Louise. Unsere »heile Welt« war zwar völlig aus der Bahn geraten, aber irgendwie schafften wir es, alles wieder in eine Spur zu bringen.

Es war mein großer Wunsch, andere Eltern mit gleichen Problemen kennen zu lernen. Ich war mir sicher, dass es meinen Kummer mildern würde, wenn ich Gleichgesinnte träfe. Frau Hansen vermittelte mir den ersten Kontakt zu einer jungen Mutter, die wie ich ein Kind mit Down-Syndrom hatte; nach und nach entstanden auch Kontakte zu anderen Eltern, deren Kinder ebenfalls von der Behinderung betroffen waren.

Als wir schließlich immer mehr Kinder mit Down-Syndrom kennen lernten, erkannten wir schnell, dass wir gar nicht allein mit unserem »Problem« waren. Wir erfuhren, dass bis zum Geburtsjahr von Louise in Deutschland pro Jahr über eintausend Kinder mit einem Down-Syndrom auf die Welt gekommen waren. Das Kennenlernen der anderen betroffenen Kinder zeigte uns bald, dass Behinderungen zum Leben dazugehören.

Ich habe eines Abends Louises Finger und ihre Zehen gezählt. Es war doch alles dran, und sie wurde immer hübscher. Sie hatte sogar einen richtig langen Hals. Wenn ich mit Louise unterwegs war und behinderte Menschen sah – beispielsweise im Wartezimmer beim Arzt –, setzte ich mich ohne Zögern neben sie. Ich fühlte mich mit ihnen wohl, wie unter Gleichgesinnten.

Deshalb freute ich mich so sehr auf die Weihnachtsfeier der Frühförderung, zu der wir eingeladen waren. Ich hoffte, dort viele andere Eltern mit behinderten Kindern zu treffen.

Als wir wenige Wochen später bei der Feier eintrafen, liefen tatsächlich viele Kinder umher, sangen und spielten ausgelassen. Ich konnte aber nicht ein Kind erkennen, das in irgendeiner Weise behindert zu sein schien. Diese Kinder sahen alle völlig gesund aus. Ich erfuhr, dass an der Frühförderung auch Kinder teilnahmen, die beispielsweise zu früh auf die Welt gekommen waren und eine Entwicklungsverzögerung aufarbeiten sollten. Sie galten aber eigentlich nicht als »richtig behindert« und hatten die Chance, sich als völlig gesunde Kinder zu entwickeln. Ich wusste, dass es bei Louise niemals solch einen gesunden Zustand geben würde, war enttäuscht und deprimiert. Ich hatte den Eindruck, bei dieser Veranstaltung die einzige Mutter mit einem »richtig behinderten« Kind zu sein, welchem man die Behinderung auch ansah.

Für uns gab es keine große Hoffnung. Wir klammerten uns an die kleinen Schritte, die Louise machte.

Ein Grund zur Freude schließlich war die Tatsache, dass sich bei einer der Kontrolluntersuchungen in der Kinderklinik für Herzkrankheiten herausstellte, dass sich das Loch in Louises Herz von selbst geschlossen hatte. In dieser Hinsicht wenigstens war Louise nun gesund.

SCHAM

Im April 1999 feierten wir im engsten Familienkreis Louises Taufe. Sie wurde zusammen mit einem – gesunden – Mädchen getauft. Mir standen die Tränen in den Augen. Dieses Mädchen sah sehr gut entwickelt aus, trug ein prachtvolles Kleid, war vergnügt, und die ganze Familie um es herum strahlte. Alle Familienmitglieder waren herausgeputzt in der Kirche erschienen und schauten uns bloß voll Mitleid an. Sie schmückten das Taufbecken mit teuer erstandenen langstieligen roten Rosen.

Rolfs Schwester Britta und ihre beiden Töchter, Louises Cousinen Lea und Julia, schmückten das Taufbecken mit unseren aus dem Garten gepflückten Gänseblümchen und Margeriten. Doch in dem Meer aus Rosen gingen sie unter.

Ich fühlte mich neben dieser Familie ins Abseits gedrängt. Ich stand da, Louise auf dem Arm. Louise erbrach einige Male, während die Pastorin ihre Predigt hielt. Louises schönes blaues Kleidchen war voll von Erbrochenem. Ich fühlte mich nicht wohl; die Feierlichkeit verkümmerte für mich zu einer Pflichtveranstaltung. Dabei hatte mir so viel daran gelegen, alles das zu tun, was auch Eltern mit gesunden Kindern taten. Eine Taufe gehörte nun einmal dazu – und ein Taufspruch. Diesen hatten wir für unser Kind ausgesucht:

Wie köstlich ist deine Güte, Gott, dass Menschenkinder unter dem Schatten deiner Flügel Zuflucht finden.

Als Louise zum Schluss der Kirchenveranstaltung in ein buntes Bettlaken gelegt wurde, auf dem große und kleine Hände in allen möglichen Farben aufgedruckt waren, fühlte ich mich wieder etwas besser. An den vier Enden durften jeweils die Eltern von Rolf und meine Eltern das Laken halten. Sie wiegten Louise stolz hin und her, und die Kirchenorgel spielte das Lied *Weißt du, wie viel Sternlein stehen?* Louise strahlte, und sie sah so zufrieden aus. Ich hätte der anderen Familie am liebsten zugerufen: Seht doch, wie glücklich sie ist, wie wundervoll sie ist! Glaubt ihr nicht, dass dieses Kind ein Geschenk des Himmels ist? Schaut uns nicht so mitleidig an! Ihr mit euren gesunden Schickimicki-Kindern seid mir völlig gleichgültig.

Ich mochte es eigentlich nicht, wenn Eltern ihre behinderten Kinder besonders heraushoben, ihnen Kosenamen gaben wie »Glückskind« oder »Sonnenschein«. Mir kam es so vor, als wollten sie damit die Realität vertuschen. Aber auch Louise wurde doch ein »Glückskind« für uns – das mussten wir nur erst begreifen. Und dieses Empfinden war kein Vertuschen der Realität, sondern ein gutes und wahrhaftiges Gefühl.

Louise bekam wunderschöne Geschenke zu ihrem Ehrentag. Meine Mutter – Oma Hannelore – schenkte ihr zum Beispiel ein Armband, in das »Louise« eingraviert war. Das war ein passendes Geschenk für Oma Hannelore, die wir auch »Oma Glitzer-Flitzer« nennen. Meine Mutter trägt gern Schmuck, und ihre Hände zierten wenn möglich lange, schrill lackierte Fingernägel, auch einen Brilli hatte sie damals in der Nase. Louise gefiel das.

Louises Patenonkel wurde ihr Onkel Sönke, Rolfs Bruder. Leider sahen wir ihn viel zu selten, da er im weit entfernten

Karlsruhe lebt. Wenn er aber in den hohen Norden reiste und uns besuchte, erzählte er Louise mit seiner faszinierenden Stimme, die wie geschaffen war fürs Erzählen, Geschichten. Er brachte ihr bei seinen Besuchen immer ein Buch mit oder eine andere Überraschung. Wir würden Sönke viele Fotos von Louise schicken, damit er ihre Entwicklung anhand der Bilder und durch unsere Beschreibungen Woche für Woche miterleben konnte.

Louises Patentante wurde meine Schwester Sammy. Sie hatte lange blonde Haare, die Louise sehr gefielen. Louise spielte gern mit Sammys Haaren, hielt sie oft fest zwischen ihren kleinen weichen Fingern, wenn sie bei ihr auf dem Schoß saß.

Wie bei der Taufe schämte ich mich noch häufig wegen meines behinderten Kindes vor anderen Eltern mit gesunden Kindern. Wenn Rolf und ich mit Louise allein waren, fühlte ich mich wohl. Dann fand ich sie wunderschön, ihr Lachen war herzerfrischend. Ich konnte die Behinderung mit der Zeit immer besser akzeptieren. Wenn aber Fremde um mich herum waren, hatte ich stets das Gefühl, ich müsse mich rechtfertigen oder allen erklären, dass ich oder wir nicht schuld sind, dass Louise »so« geboren wurde. Ging ich mit Louise durch das Dorf spazieren, hatte ich ein mulmiges Gefühl. Ich meinte, die Leute würden mich verstohlen beobachten. Nur wenige Menschen warfen einen offenen, herzlichen Blick in meinen Kinderwagen. Ich merkte schließlich, dass viele Menschen unsicher waren im Umgang mit der Mutter eines behinderten Kindes. Wenn der Bann erst einmal gebrochen war, wurde ich jedoch mit Fragen überhäuft.

Einige Fremde behaupteten, man würde Louise die Behinderung überhaupt nicht ansehen. Ich vermute, sie wollten mich trösten.

Unsere Familien waren uns von Beginn an eine große Hilfe. Sogar bei meinem Vater brachte Louise ungeahnt zärtliche Gefühle zum Erwachen.

Einmal besuchten wir meine Eltern. Louise lag im Kinderwagen im Wohnzimmer. Durch den Türspalt konnte ich meinen Vater beobachten. In welche Gedanken auch immer versunken, saß er im Wohnzimmer auf dem Sofa und runzelte die Stirn. Er hatte schon immer viele Sorgenfalten gehabt. Diese schienen sich seit Louises Geburt noch vermehrt zu haben. Plötzlich stand er auf, ging zum Kinderwagen und fuhr sich durch sein schwarzes Haar. Er beugte sich über den Wagen, räusperte sich laut und sagte zu Louise: »Das sage ich dir: Wenn dir mal jemand etwas Böses antut oder etwas Böses zu dir sagt, der kriegt es aber mit mir zu tun!«

Louise wurde Opas Liebling. Sie war für ihn der Star.

Nicht nur unser Leben, sondern auch das unserer Eltern veränderte Louise.

WIEDER MUT

Wenige Wochen nach Louises Taufe gründeten wir in unserem Landkreis mit Unterstützung von Frau Hansen von der Frühförderung und einem weiteren Elternpaar mit einem Down-Syndrom-Kind, das wir zufällig kennen gelernt hatten, eine Elternselbsthilfegruppe. Die Frühförderstelle vermittelte uns den Kontakt zur Kreisvereinigung Lebenshilfe Meldorf, deren Mitarbeiterin Frau Wienhold uns tatkräftig bei unseren Vorhaben unterstützte. Das betroffene Elternpaar hatte einen Sohn mit Down-Syndrom, einen charmanten Jungen. Gemeinsam entwarfen wir Eltern mit Hilfe von Frau Hansen und Frau Wienhold eine kleine Broschüre und einen Rundbrief mit unseren Kontaktadressen. Beides verteilten wir unter anderem an die Frühförderstelle, Kindergärten, Schulen, Krankengymnastik-Praxen, Arztpraxen und Krankenhäuser in der Region. In dem Schreiben forderten wir alle Eltern von Kindern mit Down-Syndrom auf, sich mit uns zwecks Erfahrungsaustausches in Verbindung zu setzen.

Bei unserem ersten Treffen waren wir sieben Familien. Wir trafen uns regelmäßig alle zwei Monate abends mit den Eltern zu Gesprächen. Dabei erfuhren wir, dass die meisten Mütter und Väter die gleichen Ängste und Erfahrungen gemacht hatten wie wir selbst. Beispielsweise waren sie in den Jahren zuvor auch Einladungen zu Feiern der Frühförderung oder eines Kindergartens gefolgt und mussten feststellen, dass auch sie jeweils die einzigen Teilnehmer waren, die ein Kind mit einer Behinderung wie dem Down-Syndrom hatten. Sie waren ebenso enttäuscht gewesen wie ich und hatten das Gefühl, mit ihrem eigenen behinderten Kind unter den nicht richtig behinderten Kindern gar nicht wahrgenommen zu werden. Wir beschlossen, bei den nächsten Festen der Frühförderung alle gemeinsam hinzugehen.

Unsere Selbsthilfegruppe organisierte kleine Feiern und Spielnachmittage für die betroffenen Kinder und ihre Geschwister. Die Arbeit machte mir große Freude. Für ein Sommerfest erhielten wir von einigen Betrieben und Supermärkten in der Umgebung Spielzeug, Luftballons, Musik-CDs und Grillbedarf. Und ich war mir nicht zu schade, für unsere Kinder Spenden zu sammeln. Wir veranstalteten einen »Tag der offenen Tür«, um unsere Elternselbsthilfegruppe vorzustellen. Dazu gestalteten wir Plakate mit Fotos unserer Kinder und befestigten sie an Ausstellungswänden. Zum Ausstellen dieser Wände durften wir die Räume eines heilpädagogischen Kindergartens nutzen. Wir verteilten überall Einladungen und Hinweiszettel und luden die örtliche Presse ein, die einige Tage zuvor über die Veranstaltung in der Zeitung berichtete. Die Eltern backten Kuchen, kochten Kaffee und Tee. Für die Kinder gab es Saft und abwechslungsreiche Spielangebote. Unsere Aufregung vor unserem ersten öffentlichen Auftreten war groß. Wir waren zudem gespannt, ob auch Personen erscheinen würden, die nicht direkt mit einer Behinderung in ihrer Familie konfrontiert waren. Tatsächlich kamen eine Menge Interessierte, und der Tag war insgesamt sehr erfolgreich. Die Öffentlichkeit hatte anscheinend großes Interesse an dem Leben mit behinderten Menschen.

Da ich schon länger einen Computer besaß und gern Briefe schrieb, besorgten Rolf und ich uns Zubehör für einen Internetanschluss. Ich erhoffte mir, über das Internet weitere Kontakte zu Eltern behinderter Kinder zu bekommen. Und ich fand tatsächlich weltweit Informationen über das Down-Syndrom und lernte viele Betroffene kennen. Ich trat im Internet einer deutschen öffentlichen Diskussionsgruppe bei, die sich mit dem Down-Syndrom beschäftigte. Dort waren unter anderem betroffene Eltern, Studenten und Lehrer, Ärzte und Krankengymnasten angemeldet, die gegenseitig ihre persönlichen Erfahrungen rund um das Down-Syndrom austauschten. Zu vielen hielt ich jahrelang einen sehr engen Briefkontakt. Mit Betroffenen aus der näheren Umgebung, die ich ebenfalls im Netz kennen lernte, trafen wir uns auch.

Ich lernte eine Frau kennen, die allein erziehend war. Sie hatte durch das Down-Syndrom ihres Sohnes jahrelange Erfahrung und konnte mir – besonders im Umgang mit den Behörden – viele nützliche Tipps geben, zum Beispiel bei der Formulierung von Widersprüchen. Ihre große Hilfe verhalf uns zu einiger finanzieller Unterstützung.

Eine sehr innige Freundschaft verband mich mit einem älteren Herrn, der mit seiner Familie an der Ostsee wohnte. Seine Enkelin hatte ein Down-Syndrom. Sie war noch sehr klein. Opa Artur – so hatte ich ihn getauft – setzte sich sehr für das Kind ein. Er erledigte sämtlichen Schriftwechsel mit Behörden für seine Tochter. Das imponierte mir. Er hatte die gleiche Wellenlänge wie ich. Wir vertraten die gleichen Ansichten und merkten, dass wir viele gemeinsame Interessen hatten und auch eine Reihe gleicher Probleme zu bewältigen.

Endlich fühlte ich mich nicht mehr allein. Ich war nicht die einzige Mutter mit einem behinderten Kind. Dieser Gedanke ließ mich Mut fassen.

TEIL 2

GESUNDER LEBENSBEGLEITER

Unsere Pläne, ein Haus ganz nach unserem Geschmack zu bauen, hatten in der Zwischenzeit Gestalt angenommen, und der erste Spatenstich war längst getan. Rolf und sein Vater arbeiteten jede freie Minute an unserem Traum, unterstützt von Rolfs Schwester Silke und anderen fleißigen Helfern. Ich übernahm lediglich ein wenig die Regie, denn ich wollte mich schonen. Ich hatte zu dieser Zeit andere Sorgen: Ich war erneut schwanger – und die Angst groß, dass mit dem Fötus etwas nicht in Ordnung sein könnte.

Nach einer Vorsorge-Untersuchung bei meinem Frauenarzt bestätigte mir dieser dann meine Befürchtungen. Er riet mir zu einem Abbruch, weil der Fötus nicht richtig wachsen würde. Ich war sehr enttäuscht, entschied aber, dass das Baby in meinem Bauch dann eben wegmusste. Und danach würde ich auch kein weiteres Kind mehr bekommen. Ohne irgendeine Hoffnung begab ich mich zur Untersuchung ins Krankenhaus, in dem ich auch bereits Louise entbunden hatte. Dort würde eine Fruchtwasser-Untersuchung noch einmal bestätigen, dass mit dem Fötus etwas nicht stimmte, dachte ich. Doch die Ärzte teilten mir mit, das Baby – ein Mädchen – sei gesund. Gesund? Im ersten Moment konnte ich mich nicht einmal freuen, weil ich so durcheinander war. Ich hatte mich doch bereits mit dem Gedanken abgefunden, dass ein Schwangerschaftsabbruch gemacht werden musste. Ich konnte das Ergebnis nicht fassen.

Die Freude über die neue Schwangerschaft stellte sich dann aber nach und nach ein, und so erwarteten wir einen »gesunden Lebensbegleiter« für Louise, die im Juli 1999, zwei Monate vor dem errechneten Geburtstermin, ihren ersten Geburtstag feierte.

Im September 1999 kam dann Loreen, unsere zweite Tochter, per Kaiserschnitt auf die Welt.

Ich musste noch eine Woche lang mit Loreen im Krankenhaus bleiben, und Rolf kam jeden Tag in die Klinik, um nach uns zu sehen. Louise durfte zweimal mit. Als Rolf und Louise weggingen, brach ich in Tränen aus. Ich vermisste Louise sehr und machte mir Gedanken, dass sie sich vernachlässigt fühlen könnte. Ich dachte, sie hätte nun gesehen, dass ihre Mama sich mit einem anderen Kind abgibt und sich nicht mehr um sie kümmert. Ich war froh, als Loreen und ich endlich nach Hause durften.

Louise freute sich sehr, eine kleine Schwester bekommen zu haben. Sie krabbelte sofort zu Loreen hin und bot ihr ihren Schnuller an. Louise holte alle ihre Teddys, Rasseln und Spieluhren, brachte sie Loreen und legte sich zu ihr auf die Kuscheldecke am Boden. Meine Angst, Louise könne auf die neue Mitbewohnerin eifersüchtig sein, war völlig unbegründet. Im Gegenteil, Louise hieß Loreen willkommen und hatte sie sofort akzeptiert.

Loreen war von Beginn an ein sehr schwieriges Kind. Sie schrie viel und zappelte ständig herum. Sie schlief auch sehr schlecht. Nachts war sie oft von ein Uhr bis sechs Uhr wach und weinte. Richtig panikartig schreckte sie sonst beinahe stündlich hoch und schrie dann für dreißig Minuten. Von allein beruhigte sie sich nie. Sie weinte, strampelte heftig und robbte so in ihrem Bett umher, dass sie mit dem Kopf gegen die Gitterstäbe stieß. Wir mussten sie abwechselnd durch das Zimmer tragen, an den Beinen massieren und mit viel Händedruck am Rücken reiben, damit sie sich etwas beruhigte. Einschlafen tat sie nur, wenn wir sie in ihre Babyautositzschale setzten und sie anschubsten und schaukelten. Es war eine unerträgliche Situation, da auch wir seit Loreens Geburt keinen erholsamen Schlaf mehr fanden. Zusätzlich mussten wir uns immer sehr leise verhalten, da Loreen schon bei alltäglichen und unvermeidbaren Geräuschen – wie beispielsweise beim Drücken eines Lichtschalters – hochschreckte und schrie.

Irgendwann waren wir fix und fertig mit den Nerven. Wir waren stets unausgeschlafen und hatten ständig schlechte Laune. Außerdem hatte ich große Sorge, dass Louise durch die Unruhe ihrer Schwester – besonders in der Nacht – gestört würde. Aber Louise saß bei den allnächtlichen Schreiattacken ihrer Schwester jedes Mal still in ihrem Bettchen, sie weinte oder meckerte überhaupt nicht. Sie wartete artig, bis wieder Ruhe einkehrte.

Ich hob sie einmal aus dem Bett und setzte sie auf den Wickeltisch. Da sah sie mich mit ihren treuen Augen an und brabbelte: »Mama, Mama, do do dita!« Sie meinte damit ganz bestimmt: »Das wird schon wieder!« Es konnte mich niemand so gut trösten wie Louise.

Louise hatte von klein auf diese ganz besondere Art, mir Wärme, Geborgenheit und Trost zu schenken. Ich fühlte mich in Louises Nähe unendlich wohl. Manchmal konnte ich es gar nicht fassen, Louise war zufrieden und fröhlich, Loreen aber, unser »gesundes« Kind, schrie ständig und zerrte an unseren

Nerven. Es wurde mir erst jetzt klar, wie wertvoll mir mein behindertes Kind war.

Da Rolf und ich gern ausgiebig spazieren gingen, kauften wir für die Mädchen einen Zwillingswagen. Die Sitze befanden sich hintereinander, sodass ich den Kinderwagen ohne Probleme durch die Gänge an den Supermarktkassen vorbeischieben konnte. Bei unserem ersten Einkauf mit dem neuen Gefährt meckerte Louise unaufhörlich und gestikulierte zu ihrem Gebrabbel. Es schien ihr nicht zu passen, dass sie Loreen nicht sehen konnte, weil sich die Sitze hintereinander befanden. Also bauten wir den Wagen so um, dass die Kinder sich gegenübersaßen und Louise ihr Schwesterchen während der Fahrt anschauen konnte. Jetzt war Louise zufrieden. Sie ließ ihre geliebte Loreen nicht aus den Augen, und so rissen wir viele Kilometer mit dem tollen Gefährt ab.

Vier Wochen nach Loreens Geburt feierten wir bereits das Richtfest für unser Haus. Oma Hannelore und Opa Wolfgang, die beide Vollzeit arbeiteten, hatten sich an diesem Tag freigenommen, um auf die Mädchen aufzupassen, sodass ich alle nötigen Vorbereitungen für das Fest treffen und zum Richtspruch und Empfang der achtzig Gäste anwesend sein konnte.

Vier Monate später zogen wir dann in unser Eigenheim mitten auf dem Land. Es war alles sehr schön geworden – ein selbst geschaffenes Paradies zum Wohlfühlen: Unser Bauernhaus mit einhundertvierzig Quadratmetern Wohnfläche war rustikal, aus roten dänischen Ziegeln gebaut, mit zweiflügeligen braunen Fenstern auf einem Grundstück von fast tausend Quadratmetern. Die Mädchen hatten beide ein eigenes Zimmer, Loreens mit hellgrünen Tapeten, beige-grün karierten Vorhängen und mit Kiefernholzmöbeln ausgestattet. Louises Zimmer doppelt so groß, die Tapeten orange-gelb, dazu passende orange-gelb karierte Vorhänge, ebenso mit Kiefernholzmöbeln ausgestattet. Morgens krähten die Hühner in der Ferne, und die Kühe muhten auf der gegenüberliegenden Koppel.

Unser Glück wurde allerdings getrübt, da Louise immer häufiger Nahrung erbrach und es ihr nicht gut zu gehen schien. Gelegentliches Erbrechen, Spucken sowieso, waren wir gewohnt. Wir ließen sie immer wieder untersuchen, wurden jedoch jedes Mal ohne Befund nach Hause geschickt. Manchmal erbrach sich Louise jetzt bis zu fünfzehn Mal am Tag. Ich musste sie entsprechend oft umziehen, und als der Schrank einmal leer war, setzte ich sie nackt in die Badewanne. Sie erbrach sich bis zur Erschöpfung. Schließlich brachte ich sie in ihr Bettchen, und sie schlief den Rest des Tages bis zum nächsten Morgen.

Obwohl diese heftigen Attacken anhielten, sah Louise immer noch gut genährt und robust aus. In vier von uns selbst aufgesuchten Kliniken war sie inzwischen untersucht worden. Aber eine organische Ursache wurde nicht gefunden, und die Ärzte redeten uns ein, Louise würde aus »Blödsinn« erbrechen. Man meinte, sie wäre wohl etwas gestört. Und außerdem bekamen wir ständig zu hören: »Das ist bei den Kindern eben nun mal so!«

Louise tat mir sehr Leid. Ihre Mundwinkel waren von der Magensäure, die durch das Erbrechen aufstieg, ganz wund und eingerissen. Ich hätte ihr so gern geholfen und ihre Beschwerden gelindert.

Ich ärgerte mich auch erneut über die Pflegegeldkasse, bei der wir aufgrund des vermehrten Pflegebedarfs durch das Erbrechen bereits während des ersten Lebensjahres einen Antrag auf Pflegegeld gestellt hatten. Der Gutachterin konnten wir das Erbrechen damals jedoch nicht glaubhaft machen. Ich hatte den Eindruck, sie wollte Louises Qual runterspielen. Ihr Blick hatte mir gesagt: Andere Kinder spucken auch, was stellen Sie sich so an, Frau Ahrens!

Eine Zahlung von Pflegegeld war abgelehnt worden.

Könnte die Gutachterin Louise jetzt nur einmal sehen …

Als bei einer von Loreens Vorsorgeuntersuchungen durch unseren Kinderarzt ein Herzgeräusch festgestellt wurde, wollte ich meinen Ohren zuerst nicht trauen. Ich hatte doch schon genug Sorgen mit Louise. Wir wurden in eine Kinderklinik für Herzkrankheiten überwiesen, in der wir auch bereits mit Louise zur Abklärung ihres Herzfehlers – dem kleinen Loch – gewesen waren.

Rolf und ich hofften auf den gleichen Defekt wie bei Louise, der sich dann ganz bestimmt von selbst zurückbilden würde.

Ich fuhr mit Loreen allein zur Klinik.

Rolf konnte uns nicht begleiten, da er arbeiten musste. Seinem Chef war es nicht verständlich zu machen, dass die Anwesenheit von Rolf wichtig war. Nur die Firma zählte, Rolfs Privatleben musste nebenherlaufen, auch wenn man ein behindertes und ein krankes Kind hatte.

In der Klinik wurde bei Loreen ein anderer Herzfehler diagnostiziert als bei ihrer Schwester, eine Verengung an der Lungenschlagader – eine so genannte periphere Pulmonalstenose. Mir war sehr mulmig zumute, als die Ärzte Loreen so ausgiebig betrachteten und sie so lange untersuchten und sich viel sagende Blicke zuwarfen.

Einer der Ärzte hatte einen Bogen in der Hand, auf dem er immer wieder etwas abhakte, wenn die Ärztin bei Loreen etwas festgestellt hatte. Sie sagte bei jeder Frage des Arztes: »Hat sie auch. – Hat sie auch. – Hat sie auch.«

Ich drängte, mir doch bitte ehrlich zu sagen, was sie so genau untersuchten und warum sie sich unterdessen so bedeutungsvoll ansahen.

Einer der Ärzte äußerte, dass Loreen einige Auffälligkeiten aufweise. Sie sei sehr entwicklungsverzögert, habe eine auffällige Augenstellung und eine auffällige Augenfarbe, sei sehr klein und so weiter.

Die Ärztin fragte, ob Loreen oft unruhig sei und nachts häufig schreien würde. Ich berichtete ihr, dass wir uns sehr einschränken müssten bei allem, was Geräusche erzeugte. Wir durften ja nicht einmal jede Stufe unserer Holztreppe betreten, da das Knacken einiger Stufen – besonders der dritten von unten – Loreen aus dem Schlaf riss. Auch bei Prasseln von Regen an die Fensterscheibe würde sie völlig durchdrehen und sich regelrecht in einen Wahn schreien. Die Ärztin bemerkte: »Auch sehr typisch!«

Was meinte sie bloß? Ich hatte die Sorge, dass Loreen lebensbedrohlich krank war. Mir schoss durch den Kopf, Loreen könne einen Gehirntumor haben. Das würde auch die Schreiattacken erklären und ihr Hämmern mit dem Kopf gegen die Gitterstäbe. Mir war schlecht. Mein Magen krampfte sich zusammen.

Die Ärztin sagte, sie dürfe Eltern nicht einfach so eine Verdachtsdiagnose entgegenschmettern. Sie müsse sich mit ihren Kollegen erst einmal beraten und noch einige Untersuchungen durchführen lassen. Sie würde mich dann anrufen.

Ich bestand darauf, dass sie mir ihren Verdacht offen legte. Sofort. Ich war doch durch die Erfahrungen mit Louise gut vorbereitet auf Schreckensmeldungen. Was sollte schon Großartiges mit Loreen sein? Mit Zögern erklärten mir beide Ärzte, dass sie den Verdacht auf ein Syndrom hätten. Mich traf fast der Schlag. »Das sind ausgesprochen hübsche Kinder mit solchen typischen Kulleraugen, genau wie bei ihrer Tochter. Aber ...« Ich verstand nur Bruchstücke: Die Ärztin sagte etwas, das sich anhörte wie der Name einer Birnensorte. »Williams-Christ-...« Die Wörter KLEIN – UNRUHIG – HERZFEHLER – AUGENPROBLEME – NABELBRUCH – GERÄUSCHEMPFINDLICH – ENTWICKLUNGSVERZÖGERT, aber vor allem GEISTIG BEHINDERT hallten wie ein Echo in meinem Kopf.

Ich sah noch einmal die ganze anfängliche Situation mit Louise vor mir. Ich konnte nichts sagen. Ich dachte nur, das kann nun wirklich nicht sein. Die irren sich ganz bestimmt. Außerdem war doch eine Fruchtwasseruntersuchung gemacht worden. Und die war negativ ausgefallen. Behindert konnte sie nun wirklich nicht sein. Die Ärzte gaben mir einen erneuten Termin für eine Untersuchung, bei der eine so genannte Chromosomenanalyse gemacht werden sollte, die diesen Verdacht bei Loreen bestätigen würde oder auch nicht. Ich ließ mir den Namen des Syndroms noch einmal deutlich sagen. »Williams-Beuren-Syndrom.«

Zu Hause setzte ich mich sofort an meinen Computer und suchte im Internet nach Informationen über dieses Syndrom. Ich gelangte schnell zu einer Seite mit vielen Fotos, auf denen Kinder abgebildet waren, die das Williams-Beuren-Syndrom hatten. Ich erstarrte beim Anblick der Gesichter, denn es waren einige Kinder abgebildet, die Loreen zum Verwechseln ähnlich sahen. Ein Mädchen hätte ihre Zwillingsschwester sein können. Ich druckte mir die Bilder aus und zeigte sie Rolf, als er von der Arbeit nach Hause kam. Er sagte sofort, dass sie alle wie Loreen aussehen würden. Ich erzählte ihm von der Untersuchung – und schließlich auch von dem Verdacht. Doch noch hatten wir auch ein wenig Hoffnung, dass sich alles zum Guten wendete.

Die Ärzte hatte Loreen eine Blutprobe für eine Chromosomenanalyse entnommen, und nach ein paar Tagen wurde der Verdacht auf ein Williams-Beuren-Syndrom, das wie das Down-Syndrom eine geistige Behinderung ist, bestätigt. Loreen war zum Zeitpunkt der Diagnose neun Monate alt. Ich erinnerte mich daran, als der Frauenarzt der Gynäkologie nach meiner Fruchtwasseruntersuchung stolz zu mir gesagt hatte: »Herzlichen Glückwunsch, Sie bekommen diesmal ein gesundes Kind!«

Ich rief diesen Arzt an und erzählte ihm von der Diagnose. Und ich sagte ihm: »Unser Kind ist gesund mit Behinderung und gesund mit Herzfehler.«

Der Arzt erklärte mir, dass bei einer Fruchtwasseruntersuchung nicht alle Behinderungen festgestellt werden könnten, und man habe nur auf das Down-Syndrom hin untersucht, weil das eben schon einmal bei uns vorgekommen sei. Es gäbe auch nur wenige andere Auffälligkeiten, wie beispielsweise ein offener Rücken, die auf diese Weise diagnostizierbar wären.

Es war schon schwer genug für mich gewesen, meinem Mann zunächst von dem Verdacht der Ärzte zu berichten. Nun musste ich ihm sagen, dass auch Loreen eine geistige Behinderung hatte. So richtig glauben konnten wir es beide nicht. Wir standen mal wieder unter Schock. Es begleitete uns häufig die Frage: Wie kann das sein? Gleich zwei geistig behinderte Kinder? Warum haben andere fünf gesunde Kinder und wir keines? Die Antwort darauf konnte uns niemand geben. Nach dem, was mein Biologielehrer uns damals erklärt hatte, hätten Rolf und ich ja Bruder und Schwester sein müssen. Wir bestanden darauf, dass auch von uns eine Chromosomenanalyse und gründliche Untersuchungen gemacht wurden. Diese ergaben, dass keiner von uns einen Defekt in sich trug. Beide Behinderungen unserer Mädchen waren zufällig passiert, eine – ja sogar zwei – Launen der Natur. Wir glaubten nicht an Zufälle. Diese beiden Kinder waren für uns bestimmt. Irgendjemand wollte wohl mal sehen, ob wir das durchstehen können.

ÜBERFORDERT

Bereits vor Loreens Herzuntersuchung hatten wir uns immer größere Sorgen um Louise gemacht. Ihre Brechattacken waren immer heftiger geworden und hatten sich bedenklich gehäuft – Louise erbrach regelmäßig täglich vier Stunden nach Einnahme von Mahlzeiten durch Nase und Mund. Da unsere Bemühungen in der Umgebung bisher kein Ergebnis gebracht hatte, suchten wir eine Klinik in einem anderen Bundesland auf.

Dort stellte man fest, dass bei Louise bereits von Geburt an der Zwölffingerdarm an einer Stelle verschlossen war. Sie musste sofort operiert werden. Während der vierstündigen OP konnte ich mich vor Angst, Louise könne etwas passieren, kaum beruhigen. Zum Glück verlief der Eingriff gut. Aber es war insgesamt eine schwere Zeit für Louise und uns. Es war furchtbar, sie derart leiden zu sehen. Die Narkose und die OP hatten sie sehr geschwächt, und der Krankenhausaufenthalt ließ die Erinnerungen an die Zeit im Krankenhaus, als Louise zur Welt gekommen war, wieder aufleben.

Als wäre es noch nicht genug, litt Louise wieder einmal an starkem Pseudokrupp, bellte wie ein Hund, und ihre Atmungsorgane waren bald sehr angegriffen. Sie musste täglich regelmäßig inhalieren.

Als sie schließlich wieder zu Hause war, erholte sie sich erstaunlich schnell. Endlich konnte sie alles essen und verdauen, und es ging ihr nach und nach besser. Sie machte auch sehr gute Fortschritte in ihrer Entwicklung.

Die Behinderung von Louise, welche man ihr ansehen konnte, gehörte mittlerweile zu unserem Leben dazu. Mit Loreens Behinderung dagegen, die zunächst nicht ersichtlich gewesen und uns so unvorbereitet mitgeteilt worden war, kamen wir nicht gut zurecht. »Die ist aber klein!«, sagte man mir, wenn ich auf die Frage, wie alt sie denn sei, geantwortet hatte.

Loreen war bereits über ein Jahr alt, sah aber aus wie ein Kind im Alter von gerade einmal sechs Monaten. Manche Leute, die wir nur flüchtig kannten, gratulierten mir zur Geburt, wenn sie mich mit ihr sahen. Loreen war so klein, dass ich sie beim Bummel durch meine Heimatstadt Heide häufig in der Babyautoschale trug. Es fiel mir schwer zu sagen: »Meine größere Tochter hat ein Down-Syndrom, und ihre Schwester ist auch behindert. Sie sind beide behindert.« Oft habe ich Loreens wahres Alter um einiges verringert. Dann brauchte ich mir die kränkenden Äußerungen nicht anzuhören. Obwohl diese Leute ja meist nichts Boshaftes im Sinn hatten. Sie stellten ja einfach nur fest, dass Loreen klein war. Andere Kinder waren doch auch klein. Ich jedoch interpretierte es so, dass ich daran schuld war, dass sie zu klein war, ich war schuld, dass sie auch behindert war.

Ich hatte das Gefühl, sämtliche Menschen in meiner Umgebung gingen oberflächlich mit uns um. Ich hatte mir immer seelische Unterstützung erhofft, wollte über die beiden Kinder, ihre Behinderungen und ganz besonders die gesundheitlichen Probleme, die nach und nach hinzukamen, reden. Und ich hatte Angst vor der Zukunft. Ich musste doch so viel verarbeiten und wollte daher in der ersten Zeit immerzu davon reden. Ich konnte nicht abschalten. Diese beiden Behinderungen veränderten sofort nach der Diagnosestellung unser Leben. Ich bekam aber immer nur zu hören: »Das wird schon. Andere Kinder können dieses und jenes auch nicht. Sind doch so niedlich, die beiden. Ihr dürft euch nicht abkapseln und euch da nicht so hineinsteigern.« Es war vielleicht auf der einen Seite gut gemeint, denn mit diesen Äußerungen wollten sie uns sicherlich nur trösten und alles ganz »normal« erscheinen lassen. Aber nichts war »normal«. Wie konnten die anderen den Tatsachen nur so entfliehen?

Wenn ich genervt war von allem – von der Krankengymnastik, der Frühförderung, den ständig wiederkehrenden ärztlichen Kontrolluntersuchungen und Klinikbesuchen – und irgendjemand mir noch unangemeldet einen Besuch abstatten wollte, war mir das zu viel. Doch einige Menschen verstanden es nicht, dass ich nach solch anstrengenden Tagen keine Lust auf *deren* heile Welt hatte. Sie wollten mich womöglich nur ablenken und meinen Kummer lindern. Ich aber redete mir ein, dass sie mich nicht verstanden. Kindergeburtstage von gesunden Kindern zum Beispiel mied ich zeitweise, weil ich gekränkt war, dort nur *gesunde* Mädchen und Jungen zu sehen. Überhaupt hatte ich in dieser Zeit keine Freude mehr an Feiern, Unternehmungen mit der Familie oder Treffen mit Freunden. Ich beschäftigte mich mit mir selbst und meiner kleinen Familie. Und es war mir wichtig, unser Leben ganz nach unseren Wünschen und Bedürfnissen auszurichten. Wir hatten schließlich die Diagnose von Loreens Behinderung noch gar nicht verkraftet, geschweige denn verarbeitet. Ich öffnete an manchen Tagen nicht einmal mehr die Tür, wenn es klingelte, und ging auch nicht mehr ans Telefon.

Eines Abends kam ich mit Loreen vom Kinderarzt zurück. Sie hatte wieder eine ärztliche Kontrolle wegen ihrer nächtlichen Schreiattacken gehabt. Der Arzt hatte mir gesagt, dass sie sehr starke Wahrnehmungsstörungen habe und die Entwicklung ihrer Beine nicht ganz in Ordnung sei. Als ich zur Haustür hereinkam, hörte ich bereits, dass wir gerade einen unangemeldeten Besuch in unserem Wohnzimmer hatten. Dabei wollte ich mit meinem Mann in Ruhe über die gesundheitlichen Probleme von Loreen sprechen. Doch das war jetzt nicht möglich. Nach einer Weile konnte ich mich nicht mehr zurückhalten und brüllte den ganzen Frust, der sich über Wochen angestaut hatte und auf meine Seele drückte, aus mir heraus. Ich wollte allen zu verstehen geben, dass ich dieses Leben nicht mehr ertragen konnte. Zuerst bekamen wir ein geistig behindertes Kind, das größter Fürsorge und Förderung bedurfte, immer wieder körperliche Leiden hatte und sich ständig erbrach, ein Arztbesuch folgte dem anderen, nebenbei der schon alltägliche Ärger mit den Behörden, dann die Freude auf das zweite Kind, angeblich war alles in Ordnung, doch auf einmal ein Herzfehler, wieder eine Diagnose auf eine geistige Behinderung und alles von vorn, Förderungsmaßnahmen, ärztliche Kontrollen, Behördenärger, die anhaltenden Schreiattacken und immer wieder neue Probleme, bei denen einem keiner hilft, denn was bekommt man stattdessen zu hören? »*Das wird schon, andere Kinder sind auch …*«

Ich musste mir Luft machen, und es war mir völlig gleichgültig, wer meine Wut abbekam. Ich konnte nicht anders. Ich schrie meinen Mann und den Besuch an, dass ich mir immer von allen Verständnis erhofft hätte und gutes Zureden. Aber die meisten würden doch bloß wollen, dass wir uns nicht aufregten, wir sollten »normal« leben und unsere Kinder als

»ganz normal« betrachten und nicht immer so einen Aufstand machen.

Natürlich wusste ich, dass sich manche auch Sorgen machten, weil wir uns abkapselten, und sie deshalb sagten, ich dürfe mich nicht immer mit anderen Behinderten beschäftigen. Ich solle mich lieber mit den »Normalen« abgeben, dann würde ich auch nicht ständig mit diesem Leid konfrontiert. Andere wieder behaupteten sogar, wir würden unsere Kinder als wandernde Katastrophen betrachten.

Ich hatte den Eindruck, diese Menschen verstanden nicht, dass es mir half, mich mit anderen Eltern behinderter Kinder zu treffen, über alles reden und mich austauschen zu können. Ich hatte doch so viele Fragen. Eltern mit größeren behinderten Kindern hatten schon ihre Erfahrungen gemacht und konnten mir Hilfe und Trost geben. Sie erzählten offen, wie sie sich gefühlt hatten, als ihr Kind auf die Welt gekommen war, oder wie die Reaktionen von Familie, Freunden und Bekannten gewesen waren. Menschen, die keine Behinderten in ihrem Umfeld haben, wissen nicht, welche Kraft es kostet, diese Kinder großzuziehen, und dass man das Bedürfnis hat, immer wieder darüber zu sprechen, um es zu verarbeiten. Und mit dem Heranwachsen der Kinder würden die Probleme schließlich noch zunehmen. Ich wollte niemandem einen Vorwurf machen, weil er sich in unsere Lage nicht hineinversetzen konnte, aber war es zu viel verlangt, etwas Verständnis für unsere Situation zu erwarten?

Ständig musste ich mir Vergleiche anhören. »Früher hatte man viele Kinder und musste dabei auch noch auf dem Feld ackern …« Mir wurde der Vorwurf gemacht – oder zumindest empfand ich es als solchen –, Loreen würde so viel schreien, weil ich selbst oft so unruhig sei. Ich solle mal etwas lockerer werden, denn meine Anspannung würde sich auf die Kinder übertragen. Und ich dürfe Louise nicht immer Loreen vorziehen.

Ich erkannte erst spät, dass die Menschen um mich herum es bloß gut mit mir meinten. Aber ich war zu empfindlich, um die Zwischentöne wahrzunehmen.

In der Stadt traf ich eine ehemalige Kollegin. Die bemerkte vorwurfsvoll: »Ich hätte mich nicht getraut, noch ein Kind in die Welt zu setzen, wenn das erste schon behindert ist. Warum hast du denn keine Fruchtwasseruntersuchung gemacht? Heutzutage kann man so was doch wegmachen lassen.«

Ich wusste keine Antwort. Wieder zweifelte ich an mir selbst. Ich kriegte anscheinend nichts hin außer zwei Kindern, die behindert auf die Welt gekommen waren. Dazu vielleicht noch Essen kochen, den Haushalt erledigen und die Therapien mit den Kindern absolvieren. Dabei raubten mir die Kinder und die Förderungen, all die Arztbesuche und die Formalitäten mit den Behörden meine Kräfte. Was bekam ich denn überhaupt in den Griff?

Immer habe ich versucht, mich zu rechtfertigen, aber jetzt kam ich dagegen nicht mehr an. Ich war an einem Punkt angelangt, an dem ich mir sagen musste: »Schluss, sonst gehst du zugrunde! Deine Kinder und dein Mann sind dir wichtig, sonst nichts!«

Sätze wie »Der Mann ist zuständig für die Arbeit und den Garten und die Frau für den Haushalt und die Kinder!« nahm ich wahr, ärgerte mich aber nicht mehr darüber. Für mich war es selbstverständlich, in dieser besonderen Lebenssituation die Erziehung und Betreuung der Kinder als Eltern gemeinsam wahrzunehmen. Ich kümmerte mich von dieser Zeit an nur noch um meine eigenen Probleme und mein Umfeld. Ich spürte, wer es ernst mit uns meinte und wer nicht, und mir wurde immer klarer, dass wir uns von einigen Menschen lösen mussten, wie auch einige nicht mehr mit uns befreundet sein konnten. Aber wir gewannen auch neue Menschen hinzu, mit denen wir uns sehr gut ergänzten. Die wenigen vertrauten Verwandten und Freunde um uns herum waren so wertvoll, mehr brauchten wir nicht.

Ich schaffte es, die Termine mit den Kindern einigermaßen gut zu regeln, war dabei aber auf die Unterstützung von meinem Mann angewiesen. Das bedeutete, dass weder ich noch Rolf ausgiebig Zeit für Hobbys hatten. Mein Mann etwa spielte gelegentlich in seinem Heimatdorf in einem Fußballverein. Die Belange unserer Kinder vereinnahmten auch ihn so sehr, dass es ihm manchmal unmöglich war, seinen Sport ausreichend und regelmäßig auszuüben. Das wöchentliche Fußballtraining und die Spiele am Wochenende stahlen uns Zeit, die wir dringend für Kinder, Arbeiten am Haus oder im Garten benötigten. Es gab eigentlich immer etwas zu tun. Dass Rolf dann immer häufiger am Training und an den Spielen nicht mehr teilnahm, stieß bei vielen seiner Sportfreunde auf Unverständnis. Uns persönlich gegenüber äußerten sie, sie würden es bewundern, wie wir die Sache mit unseren Kindern meistern. Hintenherum erfuhren wir, dass sie mich dafür verantwortlich machten, dass Rolf den Sport anscheinend aufgab. Ich hörte von den Freundinnen einiger Spieler, dass die Männer sich ausgiebig darüber unterhielten und meinten, ich habe Rolf das Fußballspielen verboten. Aber ein Mann brauche seinen Freiraum in einer Ehe.

Ich war wütend und gekränkt über diese Äußerungen. Diese Leute hatten doch gar keine Ahnung, was bei uns zu Hause los war? Wir lebten nicht in einer »stinknormalen« Ehe. Keiner von ihnen hatte überhaupt das Recht, uns mit sich oder anderen zu vergleichen. Wussten die überhaupt, wie sehr ich mit meinen Nerven oft am Ende war und dass ich deshalb jede Hilfe von Rolf benötigte, auch wenn er noch so hart arbeitete?

Oftmals erschienen wir nicht zu Einladungen. Ging Rolf auf ein Bier allein zu Bekannten und brach dann aber schon bald wieder auf, um für seine Familie da zu sein, hieß es, er bekäme von mir wohl eine Uhrzeit gesagt und hätte nur kurz Ausgang.

Rolf war aber vielleicht auch selbst ein wenig daran schuld, dass die anderen sein Verhalten falsch deuteten. Er hatte es nie auf den Punkt gebracht, weshalb er an gewissen Aktivitäten oder Veranstaltungen nicht mehr so teilnehmen konnte wie früher. Vielleicht hätte er den anderen mehr erklären müssen.

NEID

Ich lernte in einer Spielgruppe für behinderte und nicht behinderte Kinder eine Mutter kennen, die mehrere gesunde Kinder hatte. Sie zeigte vom ersten Tag an ein großes Interesse an unseren Kindern und hatte immer ein offenes Ohr für mich.

Ich konnte ihr alle meine Sorgen erzählen und berichtete ihr auch von dem Ärger mit den Behörden, deren Mitarbeitern wir die aufwändige Pflege der Kinder nicht ausreichend glaubhaft machen konnten, sodass wir keine nennenswerte und der Pflege entsprechende Entschädigung vom Staat erhielten. Die Bekannte stand mir eine ganze Weile mit Rat und Tat zur Seite.

Als ich ihr eines Tages berichtete, dass wir endlich einiges an finanzieller Hilfe von den Behörden bekommen würden, wollte sie exakt die genauen Beträge wissen. Und als sie dann hörte, was uns zustand, fing sie plötzlich an, unsere Kinder mit ihren zu vergleichen. Sie war der Ansicht, dass Loreen sich sehr gut entwickelt hatte, und ihr Blick sagte mir, dass sie der Auffassung war, unsere Kleine mache nicht mehr Arbeit als andere Kinder in dem gleichen Alter. Ich war wie vor den Kopf gestoßen. Unsere intensiven Bemühungen und die Therapien, die tägliche Krankengymnastik, die Geduld und Fürsorge, die wir aufbrachten, waren doch gerade für Loreens gute Entwicklung verantwortlich. Solchen Aufwand musste diese Mutter bei ihren Kindern mit Sicherheit nicht durchführen. Alles, was ich tagtäglich leistete, sollte nicht belohnt werden? Ich war gekränkt über ihre Vergleiche, denn ihr kleinster Sohn konnte im Alter von acht Monaten schon an einem Keks knabbern und die Nuckelflasche allein festhalten. Loreen musste in dem Alter noch wie ein Baby gefüttert werden. Der kleine Knirps saß im Alter von zehn Monaten aufrecht in seinem Kinderwagen und biss von einem Würstchen ab, während Loreen im gleichen Alter noch nicht einmal den Unterarmstütz beherrschte und wie ein Säugling im Kinderwagen lag. War diese Frau etwa neidisch? Auf was denn bloß?

Ich kochte innerlich vor Wut und bekam einen Hass auf gesunde Kinder. Ich konnte es gut ertragen, wenn die behinderten und nicht behinderten Kinder zusammen spielten, aber ich konnte es nicht ertragen, wenn eine Mutter meinte, ihr Kind würde dieses und jenes auch nicht können und sie bekomme kein Geld dafür vom Staat. Sie vergaß, dass ihre Kinder im Laufe der Zeit bei weiterer Gesundheit alles erlernen konnten, was andere gesunde Kinder auch beherrschten. Bei uns war das anders.

Aus lauter Frust – nicht wegen der Behinderungen meiner Kinder, sondern wegen beleidigender Bemerkungen und Ungerechtigkeiten uns gegenüber, die mich manchmal an den Rand des Wahnsinns trieben – begann ich, viel zu viel zu essen. Wie den Kummer stopfte ich auch das Essen in mich hinein. Innerhalb von zwei Jahren hatte ich mir fast dreißig Kilogramm angefuttert. Ich wog vor den Fressattacken sechzig Kilogramm, hinterher fast neunzig. Wenn Loreen nachts nicht aufhören wollte zu schreien, setzte ich sie in den Babywipper und mich aufs Sofa, schubste sie mit dem Fuß an und futterte dabei eine Dose Erdnüsse oder zwei Tafeln Schokolade. Manchmal kochte ich mitten in der Nacht Spaghetti. Der ganze Ärger, der sich in mir angestaut hatte, drückte sich immer mehr in meinem Äußeren aus. Ich trug nur noch ganz weite Pullis, Hemden und Hosen mit Gummizug – alles in den Farben Grau oder Schwarz. Ich war so unglücklich und unzufrieden. Kummer mit Essen bekämpfen zu wollen hieß, nur noch größeren Kummer einstecken zu müssen. Nach den Fressattacken war ich erst recht verärgert, weil ich mich nicht zusammengerissen hatte. Es war ein Teufelskreis. Ich wollte abnehmen, aber ich schaffte es einfach nicht. Ich nahm es mir immer wieder vor, wenn ich mal wieder eine übergroße Portion in mich hineingestopft hatte, aber nach ein paar Stunden hatte ich wieder Platz in meinem Magen, und die Futterei ging weiter.

Das gemütliche Abendessen, nachdem wir die Kinder ins Bett gebracht hatten, tat mir aber auch gut. Mit Rolf gemeinsam in Ruhe zu essen und ein Glas Wein dazu zu trinken … Es war eine so wohltuende Abwechslung gegenüber dem stressigen Alltag mit den vielen Problemen. Außerdem machte es mir großen Spaß, etwas Leckeres auf den Tisch zu zaubern. Ich hatte in der Küche meine Ruhe, hörte Musik, schnitt die Zwiebeln ganz fein, die Gurkenscheiben ganz dünn. Ich ließ mir viel Zeit und konnte richtig entspannen dabei.

Ich merkte später, dass es eine reine Kopfsache war, mich so mit dem Abnehmen unter Druck zu setzen. Und je mehr ich mich davon löste, umso besser klappte das Abspecken. Es waren zwar keine großartigen Erfolge, aber ein oder zwei Kilogramm pro Monat waren es schon. In sehr stressigen Situationen hatte ich diese schnell wieder auf der Waage, aber ich kam nach und nach besser mit all meinen persönlichen Problemen klar und wurde wieder zufriedener. Ich kaufte mir hübsche farbenfrohe Sachen zum Anziehen, die gerade modern waren, ein paar kurze Pullover und Hemden in Rosa, Grün, Blau, Rot oder Weiß, kariert oder gestreift, ein paar Hosen in ebenso bunten Farben mit breitem Umschlag, schicke Schuhe mit höherem Absatz. Ich ging zum Friseur und ließ mir die Haare mahagonifarben tönen und mir einen modischen Haarschnitt verpassen. Ich wollte nicht mehr die kleine problemgefrustete Dicke sein. Ich wollte meinen Kindern und meinem Mann endlich zeigen, dass ich auch eine strahlende Mutter sein konnte.

ZWEI GANZ BESONDERE MENSCHEN

Louises zweiten Geburtstag feierten wir mit ihren Freunden vom Miniclub. Die Frauen aus meinem damaligen Geburtsvorbereitungskurs hatten ihre Kinder ungefähr zur gleichen Zeit entbunden, als auch Louise geboren worden war, und wir hatten uns alle gemeinsam zu einer Spielgruppe für Kinder – Kleinstalter bis drei Jahre – angemeldet. Das war der Miniclub. Wir feierten gemeinsam die Geburtstage der Kleinen, und jetzt waren wir an der Reihe. Ich lud die Kinder und ihre Mütter in unser Haus ein. Es gab für die Mamis Kuchen und Kaffee und für die Kleinen Kekse, Schokoküsse, Eis, Saft und Kakao. Wir hörten Musik, spielten etwas und sangen zusammen Lieder. Beim Dosenwerfen gab es kleine Preise für die Kinder wie beispielsweise Kuchenbackförmchen oder Schaufeln für den Sandkasten. Abends kamen Louises Omas und Opas, die ihr ein Dreirad schenkten. Von Tante Sammy bekam Louise eine Hupe für ihr Dreirad. Hupend sauste Louise durch unseren sieben Meter langen Flur.

Mit Louise war vieles einfacher und leichter als mit Loreen. Wir hatten uns so sehr eine »gesunde Schwester« für Louise gewünscht, aber jetzt sorgten wir uns nicht weniger um Loreen. Es war dennoch eine Erleichterung zu wissen, warum Loreen diese Schreiattacken und die Empfindlichkeit und Unruhe hatte.

Uns wurde nach und nach klar, dass all die Probleme, die Loreen von Geburt an gezeigt hatte, eigentümlich waren für Kinder mit ihrer Behinderung. Ich hatte mich informiert und vieles genauer recherchiert, was die Ärzte schon angesprochen hatten. Auch Probleme mit den Augen gab es beim Williams-Beuren-Syndrom häufig. Während einer Suche im Internet stieß ich auf einen Selbsthilfeverein in Bayern. Ich schrieb mir die Telefonnummer auf und rief dort an. Horst, Vater einer Tochter, die das Williams-Beuren-Syndrom hat, erzählte mir, dass er viele Kinder mit dieser Behinderung kenne und alle eine sehr extreme Geräuschempfindlichkeit zeigten. Sie seien alle sehr unruhig und ängstlich. Gesa, seine Tochter, litt darüber hinaus an starken Sehstörungen.

Durch die Informationen und den Kontakt mit anderen betroffenen Eltern löste sich meine innere Anspannung; Rolf und ich wurden beide lockerer, lernten Loreens ganz besondere Bedürfnisse kennen und konnten uns gut auf die Behinderungen der Mädchen einstellen.

Wir informierten uns weiterhin ausführlich über beide Syndrome, knüpften immer mehr Kontakte zu anderen betroffenen Eltern. Allerdings Familien ausfindig zu machen, die mit Loreens Behinderung Erfahrung hatten, war nicht einfach. Doch schließlich gelangte ich durch das Internet zu einem Bundesverband für Williams-Beuren-Patienten. Ich erfuhr, dass in Deutschland zu dem Zeitpunkt nur dreihundert Fälle dieses Syndroms bekannt waren. Die Dunkelziffer konnte man nur erahnen, denn es handelt sich um eine Behinderung, die manchmal erst spät erkannt wird. Über das Internet suchte ich bald auch Kontakt zu ausländischen Familien. Ich erfuhr, dass beispielsweise bei einer Frau dieses Syndrom erst im Alter von neunundvierzig Jahren diagnostiziert worden war. Wir traten dem Bundesverband bei, der damals seinen Sitz noch in Schleswig-Holstein hatte, und erhielten eine Liste mit Namen und Anschriften von Familien in ganz Deutschland. Unter all den Adressen entdeckte ich die einer Familie, die nur drei Kilometer von unserem Wohnort entfernt lebte.

Ich rief die Mutter des betroffenen Jungen an, wir vereinbarten einen Termin für ein Treffen, und die Familie besuchte uns. Wir waren von diesem Jungen begeistert. Er hatte eine ruhige und nette Art, und seine Sprache war verständlich. Das Kennenlernen des Jungen machte uns Hoffnung.

Rolf und ich akzeptierten die Behinderungen unserer beiden Mädchen und wollten dies allen um uns herum vermitteln.

Diesen Wunsch hatten wir ans Leben: Die Menschen mögen offener mit dem Thema »Behinderung« umgehen, auf uns zukommen und uns einfach fragen, warum unsere Kinder auf ihre Art »anders« sind. Keiner musste Mitleid haben und peinlich berührt wegschauen. Ich formulierte diesen Satz für mich:

Unsere beiden Mädchen sollen ihren Weg ins Leben gehen, und unsere Aufgabe ist es, dafür zu sorgen, dass das Glück sie zu jeder Zeit begleitet.

Und so nahmen wir diese große Herausforderung an, zwei ganz besondere Menschen mit viel Liebe, Geduld, Fürsorge und aller Kraft, die uns zur Verfügung stand, bei allen Höhen und Tiefen durchs Leben zu begleiten.

Nach ihrem zweiten Geburtstag meldeten wir Louise in einem heilpädagogischen Kindergarten an, damit ich mich vormittags ganz Loreen und ihren Bedürfnissen widmen konnte. Eine Integrationsgruppe, also für nicht behinderte und behinderte Kinder, befand sich zwar gleich in unserem Nachbardorf, aber wir wählten den entfernter gelegenen heilpädagogischen Kindergarten, weil wir dort die beste Fördermöglichkeit für Louise erwarteten. Außerdem konnte der integrative Kindergarten bei uns in der Nähe die Kinder erst ab einem Alter von drei Jahren aufnehmen, der heilpädagogische Kindergarten nahm Louise bereits jetzt. Letzterer lag obendrein im selben Ort wie die Schule für geistig behinderte Kinder, die später auch für unsere Kinder in Frage kam. Louise konnte sich somit von klein auf an die Fahrten mit dem Bus gewöhnen.

Allein der Gedanke, Louise allein mit fremden Kindern im Bus fahren zu lassen, fiel mir schwer. Sie war die Jüngste und Kleinste von allen. Der Bus stand schließlich zum ersten Mal morgens vor unserer Haustür – um halb sieben. Das war viel zu früh, denn ich hätte Louise dann bereits um sechs Uhr wecken und aus dem Tiefschlaf reißen müssen, was nahezu unmöglich war. Also bemühten wir uns um eine andere Lösung, stellten einen Antrag auf eine spätere Abholung, gegebenenfalls auf eine Taxibeförderung. Bis zur Entscheidung über dieses Antragsverfahren fuhr ich Louise morgens selbst zum Kindergarten und ließ sie lediglich mit dem Bus zurückfahren. Das Bringen war sehr anstrengend, da auch Loreen morgens immer mitmusste. Sie hatte aufgrund ihrer nächtlichen Unruhe am Morgen jedoch meist großen Schlafbedarf und ließ sich kaum wecken, geschweige denn fertig machen. Das war jedes Mal ein Aufstand. Das Busunternehmen des Kindergartens regelte dann spontan eine Abholung morgens um halb neun. Obwohl der Kindergarten bereits um acht Uhr begann, versäumte Louise zwischen acht und neun nicht viel.

Die lange Fahrt allein am Morgen – der Kindergarten lag von unserem Wohnort dreißig Kilometer entfernt – war neu für Louise, und es zerriss mir jedes Mal das Herz, wenn der Bus losfuhr, sie ganz artig auf ihrem Platz saß und mir zum Abschied zuwinkte. Um ein Uhr war der Kindergarten mittags beendet. Louise schlief dann während der Heimfahrt und war gegen zwei Uhr zu Hause. Sie war immer gut gelaunt, und bereits nach einer kurzen Eingewöhnungszeit klappte alles prima.

Louise machte der Kindergarten sehr viel Spaß. Sie lernte plötzlich erstaunlich schnell das Laufen, allein zu essen und zu trinken. Sie fing an zu erzählen und machte Fingerspiele. Sie wollte uns alles zeigen, was sie im Kindergarten gelernt hatte. Morgens stand sie wartend mit Jacke und mit ihrer Kindergartentasche vor der Haustür. Wenn sie den Motor des Busses hörte, rief sie aufgeregt: »Bo, Bo, Bo!«

Die Spielkameraden in Louises Gruppe waren begeistert von ihr. Louise guckte sich viel von ihnen ab. Unsere anfänglichen Befürchtungen, sie würde unter »nur Behinderten« vielleicht nicht richtig gefördert werden, verwandelten sich in große Anerkennung für die Einrichtung. Praktisch war, dass die Krankengymnastin Louise einmal pro Woche im Kindergarten behandelte und ich dadurch wieder einen Termin in meinem eigenen Kalender streichen konnte. Weitere freie Zeit hatte ich zur Verfügung, weil durch die Kindergartenförderung für Louise keine Frühförderung mehr zu Hause nötig war. Das entspannte unseren Alltag.

Loreen entwickelte sich in dieser Zeit ebenfalls prächtig. Sie erhielt einmal pro Woche Krankengymnastik und einmal Frühförderung. Sie blühte richtig auf und genoss die Stunden allein mit ihrer Mama. Im Alter von vierzehn Monaten begann Loreen zu krabbeln und sich an Gegenständen hochzuziehen. Im Alter von eineinhalb Jahren konnte sie am Tisch entlanggehen. In ihrer gesamten Art wurde sie etwas entspannter und war auch nachts nicht mehr so unruhig. Nur mit dem Essen klappte es leider überhaupt nicht. Loreen vertrug nur Gläschen, Säfte und Milch für Babys ab dem vierten Lebensmonat. Von allem anderen würgte und erbrach sie. Wir hofften, dass Loreen von einem Magen-Darm-Defekt verschont blieb. Kinder mit Williams-Beuren-Syndrom haben oft starke Ernährungsprobleme. Ich hatte gelesen, dass sie spät die Aufnahme von stückiger Kost akzeptieren. Deshalb machten wir uns darüber erst einmal keine Gedanken.

Drei Monate war Louise im Kindergarten, als sie plötzlich unter Durchfällen litt, die schließlich wochenlang anhielten. Louise wurde immer blasser und schwächer. Die Ärzte und wir schoben die Durchfälle auf die Aufbaukost, die sie nach ihrer Darmoperation wohl noch nicht vertrug. Wir warteten ab. Dann bekam Louise einige Tage lang zum Abend hin hohes Fieber, oft sogar bis vierzig Grad, und wir stellten fest, dass sie gelb am Körper wurde. Der Kinderarzt untersuchte, ob eine Leberentzündung vorlag, und machte ein großes Blutbild. Es wurden tatsächlich erhöhte Leberwerte festgestellt, aber keine ansteckende oder gefährliche Leberentzündung. Ich fragte unseren Kinderarzt, ob Louise an Leukämie erkrankt sein könnte. Ich hatte eine Vorahnung. Der Arzt jedoch verneinte, denn dafür wären die Blutwerte zu gut. Nach noch einer weiteren Woche bekam Louise dann kleine rote Pünktchen am Körper, die aussahen, als hätte jemand sie überall mit einer kleinen Nadel gestochen. Sie wurde ins Krankenhaus eingeliefert, und eine zweite Blutuntersuchung ergab, dass sich ihre Blutwerte noch verschlechtert hatten. Ich ahnte nichts Gutes. Louise musste sofort eine Bluttransfusion bekommen. Ich fragte die Ärztin, ob Louise Leukämie haben könnte. Sie nickte zögernd und meinte, es würde gar nicht gut aussehen. Genaueres könne sie aber nicht sagen. Dazu müsse unser Kind in eine Spezialklinik.

EINE SCHALLENDE OHRFEIGE

Am nächsten Tag wurde Louise in die Abteilung für Kinderonkologie und Hämatologie einer Kinderklinik überwiesen. Der Verdacht auf Leukämie bestätigte sich kurz darauf. Louise hatte eine akute lymphatische Leukämie, die Heilungschancen lagen bei achtzig Prozent. Die Wahrscheinlichkeit eines Rückfalls nach der Behandlung sollte sehr gering sein. Aber was sagte diese Prozentzahl schon aus? Außerdem trauten wir Formulierungen wie »geringe Wahrscheinlichkeit« nicht mehr. Zu oft hatte uns das Schicksal eines anderen belehrt.

Die Diagnose war wie eine schallende Ohrfeige. Als hätte mir jemand mit voller Wucht ins Gesicht geschlagen.

Mehr ging nun nicht mehr. Zwei geistig behinderte Kinder, davon eines zusätzlich an Leukämie – ja, an Krebs! – erkrankt.

Zusätzlich wurde Rolf sein Arbeitsplatz gekündigt. Offiziell wegen Arbeitsmangel, aber ich war mir sicher, dass man ihn für nicht mehr tragbar hielt, weil er das eine oder andere Mal einen Tag Urlaub oder Sonderurlaub für die Belange unserer Kinder eingereicht hatte. Ich konnte mich zeitweise aber nicht allein um all die Probleme mit den Kindern kümmern, die sich vor mir auftaten, und es war einfach unmöglich, eine Nachbarin oder gar meine Eltern oder Schwiegereltern zu Untersuchungen mit den Kindern zu schicken. Später stellten wir fest, dass die Kündigung uns eigentlich gelegen kam. Rolf war während der Arbeit in dem Betrieb immer unzufriedener geworden und häufig mit Migräneattacken nach Hause gekommen, hatte dunkle Augenränder gehabt. Es war wiederholt zu Streitigkeiten mit seinem Vorgesetzten gekommen, wenn er um Urlaub gebeten hatte. Der Chef hatte kein Verständnis für unsere Lage. Er setzte Rolf damit unter Druck, dass der Firma die Kunden wegliefen, wenn die Arbeiten nicht erledigt werden würden. Rolf fragte, ob es nicht möglich sei, eine weitere Kraft zur Vertretung einzustellen, denn er war als einziger Bauklempner in diesem Betrieb tätig. Es konnte auf Dauer einfach nicht so weitergehen, denn auch Urlaub stand ihm nur sehr begrenzt zu. Seine Kollegen konnten seine Arbeiten nicht mit ausführen. Anfangs hatte Rolfs Chef ihm immer wieder zu verstehen gegeben, er wäre ein guter Arbeiter, er könne in der Firma »alt werden«. Der Firmeninhaber hatte zuerst förmlich Angst, dass mein Mann sich eine andere Arbeit suchen könnte. Aber plötzlich, nachdem sich unsere Familiensituation so dramatisch zugespitzt hatte, wollte er ihn anscheinend loswerden. Wir gingen mit der Angelegenheit zu einem Rechtsanwalt und auch an die Öffentlichkeit. Wir schalteten die örtliche Tageszeitung ein. Sie brachten einen großen Bericht über unsere Familiensituation. Leider kam der Chef von Rolf viel zu gut davon. Es wurde zwar erwähnt, dass Rolf der Ansicht war, wegen unserer belastenden Familienproblematik und dem Fehlen im Betrieb gekündigt worden zu sein, sein ehemaliger Arbeitgeber jedoch äußerte sich der Presse gegenüber natürlich anders. Er behauptete, dass er keine Arbeit mehr gehabt hätte und auch anderen im Betrieb hätte kündigen müssen. Erwähnt wurde jedoch nicht, dass alle Mitarbeiter, denen gekündigt worden war, kurz darauf wieder ihre Arbeit aufnehmen konnten, und lediglich Rolfs Arbeitsplatz mit einem neuen Mitarbeiter besetzt wurde.

Als Rolf die Kündigung erhielt, war ich zunächst verzweifelt. Was passierte jetzt mit uns? Zwei behinderte Kinder, eins davon an Krebs erkrankt, und der Vater, der Alleinverdiener, arbeitslos? Ich wusste manchmal nicht, was ich mir wünschen sollte. Lieber keine Kinder und einen Mann, der Arbeit hat? Nein, ich wollte, dass Louise den Krebs überwand.

Schon bald nach der Diagnose musste Louise operiert werden. Sie bekam einen so genannten Port gelegt, über den die Infusionen der Chemotherapien laufen würden. Ich hatte Angst vor dieser Operation.

Leider durften wir nicht beide im Krankenhaus bleiben, da die Kinderkrebsstation pro Familie jeweils nur einen Elternteil mit aufnehmen konnte. Also verbrachte ich die erste Nacht mit Louise allein in dieser Einrichtung.

Am Tag der OP wurde Louise um sieben Uhr morgens aus ihrem Zimmer geholt und für die Operation vorbereitet. Sie bekam ein weißes Hemdchen angezogen, wurde auf eine Trage gelegt, angeschnallt und in einen Krankentransporter geschoben. Als der Motor des Wagens ansprang, zog sie ihren Arm unter dem Anschnallgurt hervor, winkte mir zu und rief: »Bo, Bo, Bo!« Sie dachte, es wäre der Kindergartenbus. Ich fuhr mit zum Operationszentrum. Louise bekam etwas zur Beruhigung und schlief schon vor der Narkose ein. Sie überstand den Eingriff gut. Nur der Beatmungsschlauch, der in den Hals eingeführt worden war, reizte ihre Schleimhäute so sehr, dass sie wieder starke Pseudokrupp-Anfälle bekam.

Einen Tag nach der OP war Louise in einem den Umständen entsprechenden guten Zustand, sodass die Intensiv-Chemo ohne Verzögerung beginnen konnte. Über den Port lief der Inhalt aus den Infusionsbeuteln in Louises Vene. Die Medikamente in den Beuteln sahen aus wie Rattengift, mal knallrot, mal knallgelb. Louise reagierte auf diese Mittel mit heftigen Nebenwirkungen. Der Mund und die Nase waren schon bald lädiert. Die Scheide und der Po waren wund und blutig. Sie musste mehrmals Bluttransfusionen bekommen, weil ihre Blutwerte teilweise sehr schlecht waren.

Louise hatte anfangs große Schwierigkeiten mit dem Krankenhausalltag und kam mit der ungewohnten Situation nicht zurecht. Es brauchte nur eine Schwester das Zimmer zu betreten, um nach ihr oder anderen Kindern zu sehen, dann schmiss sich Louise mit dem Kopf in die Kissen, ballte ihre Hände zu Fäusten und schlug mit ihnen auf das Bett ein. Sie schrie und knirschte heftig mit den Zähnen. Sie wollte einfach in Ruhe gelassen werden.

Nach sehr anstrengenden zwei Wochen saß sie nachts nur noch zitternd im Bett und wimmerte. Sie war wie weggetreten, in einem Dämmerzustand. Was war nur aus unserem lieben, aufgeweckten, fröhlichen Mädchen geworden? Louise war nicht wiederzuerkennen. Und ich konnte sie nicht einmal trösten. Ich musste selbst mit all dem fertig werden und sollte ihr zugleich Trost und gute Laune vermitteln? Ich konnte nur für sie da sein, ihren Kopf streicheln, die Händchen halten und ihr etwas vorsingen und gut zureden. Ich hoffte so sehr, dass sie mir nicht übel nahm, dass ich zu mehr keine Kraft fand. Ich hatte Angst, sie würde mir die Schuld an allem geben. Sie schaute mich an, als würde sie denken: Mama, warum lässt du zu, dass die das mit mir machen und mir so wehtun?

Louise sah erschreckend aus. Sie hatte ein Medikament bekommen, das als Nebenwirkung vor allem die Mundschleimhaut sehr stark reizte. Louise konnte kaum einen Ton von sich geben, weil ihr Mund so sehr angeschwollen war. Sie vegetierte förmlich dahin in ihrem Gitterbett. Wegen der Stäbe konnte ich mich nicht einmal zu ihr legen und ganz nah bei ihr sein.

Eines Abend, ich hatte Louise gewaschen, sie frisch für die Nacht umgezogen und ihre blutigen Stellen, die bereits sehr verkrustet waren, am Mund und an der Nase eingecremt, bemerkte ich plötzlich einen großen Blutfleck auf Louises Kopfkissen. Sie hatte sich eine Kruste am Mund abgekratzt. Die Krankenschwester versuchte, die Blutung zu stillen, aber das Blut schoss nur umso mehr hervor. Zwei Stunden lang quoll es immer wieder aus den Wunden am Mund hervor. Zusätzlich lief es auch aus der Nase. Die Schwester fauchte mich an: »Frau Ahrens, Sie müssen besser aufpassen, dass das Kind sich die Krusten nicht abpult! Sonst müssen wir ihr Handschuhe anziehen!« Wie konnte diese Person mir bei all meinem Kummer noch Vorwürfe machen? Außerdem fand ich es unmöglich, Louise noch Handschuhe anzuziehen. Ich erwiderte: »Dann können wir sie gleich noch festbinden, damit sie sich überhaupt nicht mehr bewegen kann!«

Louises Blutgerinnung war nicht in Ordnung. Die Krankenschwester bestellte Blutkonserven. Erst nach der Transfusion – vier Stunden nach Beginn der Blutungen – hörten diese endlich auf. Ich stand die ganze Zeit an Louises Bett, acht Stunden etwa. Ich hatte an der einen Seite das Gitter so weit wie möglich heruntergelassen und mich zu Louise hinuntergebeugt. Der Bettrahmen bohrte sich in meinen Magen. Ich streichelte Louise den Kopf, sang ihr etwas vor und sprach ihr Trost zu.

Die Intensiv-Chemotherapie dauerte ein halbes Jahr lang. Ich hätte diese Zeit wahrscheinlich nicht durchstehen können, wenn Rolf mir nicht hätte zur Seite stehen können. Es war im Nachhinein also gut, dass er keine Arbeit hatte. Rolf wäre auch gar nicht in der Lage gewesen zu arbeiten. Er machte sich um seine Familie große Sorgen, das alles nahm ihn mit. Rolf wurde schließlich arbeitsunfähig geschrieben. Er galt auf dem Arbeitsmarkt zunächst nicht mehr als vermittelbar.

Unser Mädchen stand dem Tod ganz nahe. Immer wieder fragte ich mich, was wäre, wenn sie zu den zwanzig Prozent derer gehörte, die nicht überlebten? Wäre es nicht einfacher gewesen, sie wäre durch einen plötzlichen Unfall ums Leben gekommen? Jetzt quälte sie sich so sehr. Sollte sie diese Leiden auf sich nehmen, und am Ende war die Krankheit doch stärker? Dann hätte man ihr all die Schmerzen doch ersparen können.

Nein, so durften wir nicht denken. Niemand wusste, wie das alles ausgehen würde. Louise war schon immer eine Kämpferin gewesen, und wir mussten jetzt die Nerven behalten.

Die deprimierenden Erlebnisse auf der Kinderkrebsstation machten uns die Zeit nicht leichter. Wir erlebten, wie Kinder und Eltern am Rande ihrer Kräfte waren. Wir sahen, wie Kinder starben.

Die Mitarbeiter der Klinik versuchten natürlich, den Patienten und Angehörigen die Zeit in der Klinik so angenehm wie möglich zu gestalten. Eine Therapeutin malte, eine andere bastelte mit den Kindern, und ein Musiktherapeut sang Lieder für sie oder spielte Instrumente mit ihnen.

Der Musiker Gerhard – von Louise Gerd genannt – war der Einzige, der sie aus ihrer Trotzreaktion herausholen konnte. Er legte ihr große Trommeln ins Gitterbett und Schlagstöcke. Und Louise nahm diese und schlug kräftig und laut auf die Trommeln. Sie trommelte ihren ganzen Frust aus sich heraus. Ihre Augen waren dabei weit aufgerissen. Es war so schön, sie in ihrem Element zu sehen, denn Musik hatte sie schon immer begeistert. Ich war endlich mal wieder für einen Moment richtig glücklich. Gleich am nächsten Tag kaufte ich Bongo-Trommeln und brachte sie ihr ins Krankenhaus. Unsere Tochter war begeistert und schlug mal mit den Händen, mal mit Schlagstöcken darauf. Die Bongos wurden zu ihren ständigen Begleitern, sie waren bei jedem längeren Stationsaufenthalt dabei.

BALDRIAN UND OHRSTÖPSEL

Die Zeit der Intensiv-Chemo war eine einzige Qual. Die Kinderkrebsstation befand sich gerade im Umbau, sodass alle Patienten notdürftig auf einer Behelfsstation untergebracht waren. Dort gab es für alle Eltern zusammen lediglich eine einzige Dusche ohne Fenster und eine einzige Toilette, ebenfalls ohne Fenster. Die hygienischen Zustände empfand ich persönlich teilweise als eine Katastrophe, aber eine Schwester klärte mich auf, dass Staubwölkchen kein Risiko für die Patienten darstellen würden, sondern herumfliegende Bakterien, die man gar nicht sehen könne.

Viel Platz für die Unterbringung der Patienten und der Eltern war nicht vorhanden. Manche Zimmer waren mit drei Kindern und drei Erwachsenen belegt, manchmal waren die Betten so dicht nebeneinander gestellt, dass nicht einmal mehr eine Zeitung dazwischen gepasst hätte. Man musste aufpassen, dass man nicht mit der Nase über dem Mülleimer schlief. Die Infusionsständer standen völlig chaotisch im Zimmer herum, nachts piepten die medizinischen Geräte, und regelmäßig kamen Schwestern ins Zimmer und leuchteten mit Taschenlampen, um die Geräte zu kontrollieren und nach den Patienten zu sehen. Es waren nicht nur Sorgen mit dem eigenen Kind, man kam auch deshalb nicht zur Ruhe, weil es anderen kleinen Patienten schlecht ging. Sie weinten vor Schmerzen oder erbrachen sich. Der allabendliche Griff zu Baldriandose und Ohrstöpseln war schon Routine.

Immer musste man Geduld aufbringen, Verständnis für alles zeigen und vor allen Dingen viel Zeit mitbringen. Ich war aber manchmal sehr ungeduldig, vor allem, wenn wir für ein paar Tage nach Hause entlassen wurden. Der Entlassungsvorgang konnte schon mal Stunden dauern. Selbst für ein Rezept wartete man oft bis zu einer Stunde, weil die Ärzte gerade in einer Besprechung waren oder Ähnliches. Ich hatte dafür kein Verständnis, denn für mich zählte jede Minute, jede Sekunde, die ich mit meiner Familie außerhalb des Krankenhausgeländes verbringen konnte.

Mussten wir in die Klinik, weil Louise unter heftigen Nebenwirkungen litt, kam es nicht nur einmal vor, dass kein Platz auf der Kinderkrebsstation war und wir auf einer anderen Kinderstation untergebracht wurden. Völlig isoliert von der Außenwelt. Eingesperrt in einem Einzelzimmer. Louise saß in ihrem Gitterbett wie ein Affe im Käfig. Wenn meine Nachtliege aufgeklappt war, war noch ein halber Meter Platz zwischen beiden Betten. Louise durfte nicht auf den Flur, nicht in den Essraum und nicht in das Spielzimmer, weil sie sich bei anderen Patienten anstecken konnte. Was war das für eine Klinik, in der immunschwache krebskranke Kinder in Zimmern lagen, denen gegenüber sich solche mit Kindern befanden, die Windpocken oder Scharlach hatten? Eine Kinderkrebsstation musste doch ausreichend Betten und Einzelzimmer zur Verfügung haben. Die Begründung, dass dann einige Betten öfter nicht belegt wären, weil meistens nicht so viel los war, konnte ich nicht nachvollziehen. Dann waren diese Betten eben leer. Immer noch besser, als diese armen Kinder der Gefahr auszusetzen, sich anzustecken und womöglich zu sterben.

Louise durfte auch nicht an der frischen Luft spazieren gehen, weil sie mit dem Infusionsständer nicht zurechtkam. Ständig riss sie sich die Portnadel heraus, den Zugang zum Port, der unter ihrer Haut lag.

Wir hatten nach wenigen Tagen in dem Einzelzimmer genug und wollten umgehend zurück auf die Kinderkrebsstation. Dort bestand der Kontakt zu anderen Eltern, und ein Zimmer, in dem ich am Abend andere Erwachsene treffen konnte, war auch vorhanden.

Für meine Situation brachten die Ärzte jedoch wenig Verständnis auf. Mir wurde deutlich gesagt, dass die Schwestern von der Arbeit abgehalten würden, wenn ständig jemand auf der Kinderkrebsstation anriefe, um nach einem freien Bett für Louise zu fragen. Das Krankenhauspersonal konnte anscheinend nicht nachempfinden, wie es ist, wenn man sich ausrangiert und abgeschoben fühlt.

Probleme unter den Eltern gab es auch. So war die Verständigung mit den ausländischen Familien ein großes Problem. Man konnte diesen Patienten und ihren Angehörigen nicht verständlich machen, warum die Kinder Ruhe brauchten und es einfach nicht ging, dass die gesamte Verwandtschaft stundenlang und schwatzend im Zimmer herumsaß, dabei drehten sie die Heizung auf Stufe fünf und schlossen sämtliche Fenster. Doch statt zu vermitteln, meinten Ärzte und Schwestern, die deutschen Eltern hätten wohl etwas gegen Ausländer, was absolut nicht stimmte.

Doch der folgende Missstand bedrückte mich am meisten: Das knappe Personal machte es bei Notfällen nötig, Hilfe von einer anderen Kinderstation anzufordern. Da die anderen Stationen auf dem Krankenhausgelände ziemlich weit von der Kinderkrebsstation entfernt lagen, konnte es dauern, bis ein Arzt kam. Mir war bereits angst und bange zumute als Louise nachts fünf Stunden aus Mund und Nase blutete und die Schwestern mit viel Geduld und Fürsorge versuchten, die Blutungen zu stillen. Mir wäre es lieber gewesen, einen Arzt in der Nähe zu haben. Ein anderes Mal hatte Louise sich nachts die Nadel ihres Ports herausgerissen und an anderer Stelle wieder in die Haut gesteckt. Auch zu diesem Zeitpunkt war kein Mediziner auf der Station. Es musste erst telefoniert werden, und es dauerte eine ganze Stunde, bis endlich ein Arzt vor Ort war. Später erklärte man uns, es hätte sich in keinem Fall um einen akuten Notfall gehandelt und ausreichende Versorgung sei immer gewährleistet gewesen. Als Elternteil sieht man das anders.

SEELENTRÖSTER

Vor Louises Augen habe ich nie geweint. Ich wollte nicht, dass sie sieht, dass ihre Mama traurig ist. Meinem Kummer habe ich nur freien Lauf gelassen, wenn ich zu Hause oder im Auto allein war. Auf den Fahrten zur Klinik rollten vor mir auf der Autobahn oft Autos oder Campingwagen mit Gepäck beladen. Ich dachte dann manches Mal, wie schön die Leute es doch haben. Jetzt in den Urlaub fahren und all den Sorgen entfliehen.

Wem – außer Rolf – sollte ich nur all meine Sorgen anvertrauen? Ich wollte niemanden belästigen. Ich hatte ja immer nur Schicksalsnachrichten zu erzählen. Wer wollte das hören? Ich hatte zu einigen Personen noch nicht wieder so viel Vertrauen gefasst, als dass ich ihnen hätte mein Herz ausschütten mögen. Und meine Eltern wollte ich auch nicht belasten. Meine Mutter hatte selbst das Bedürfnis, ihre Angst zu erleichtern, und sagte oft: »Ja, aber lebensbedrohlich ist das doch nicht, oder? Wird das denn wieder gut?« Was sollte ich auf diese Fragen antworten, die ich selbst gern beantwortet gehabt hätte? Wen hätte ich anrufen sollen, wenn Rolf mit Louise in der Klinik und ich allein zu Hause war und nachts panisch aus dem Schlaf hochschreckte, nicht schlafen konnte und mich danach sehnte, über alles zu reden? Es gab nur wenige Menschen in meiner Umgebung, die mir zu jeder Zeit beistanden: Das waren meine Freundin Regina – Gine –, mit der ich bereits fünfzehn Jahre lang eine dicke Freundschaft pflegte, die Mitarbeiterin von der Perspektive Meldorf aus der Abteilung Frühförderung – Frau Kirsten Hansen –, die so viel Verständnis aufbrachte, da sie durch gesundheitliche und behinderungsbedingte Fälle in ihrer eigenen Familie erfahren war, die Mitarbeiterin des Familienentlastenden Dienstes der Lebenshilfe in Meldorf – Frau Angelika Wienhold –, die mir in vielen Gesprächen so viel Mut zusprach, und ein sehr lieber Mensch, den ich über die Kommunikationsliste für Betroffene im Zusammenhang mit dem Down-Syndrom im Internet kennen gelernt hatte. Er hatte einen Sohn, der nicht geistig behindert war, aber an einem Herzfehler litt. Dieser Mann hatte es sich zur Aufgabe gemacht, Eltern in besonderen Lebenslagen zu betreuen und ihnen mit Gesprächen zur Seite zu stehen.

Die vier waren mir gute Zuhörer, denen ich alles anvertrauen konnte. In die Kommunikationsliste im Internet schrieb ich täglich, manchmal sogar mehrmals am Tag. Bei jeder Panikattacke wegen des Gesundheitszustands von Louise schmiss ich meinen Computer an und schrieb alles auf, was mich bewegte. Die tröstenden Antworten kamen schnell. Es war schön zu wissen, dass dort Menschen waren, denen ich Tag oder Nacht meine schiere Verzweiflung anvertrauen konnte, und durch die schriftlichen Mitteilungen konnte ich mich etwas beruhigen. Wenn ich die Mitteilungen geschrieben und abgeschickt hatte, konnte ich ein wenig erleichtert den Computer ausschalten und einschlafen, denn ich wusste, bald würde mir jemand antworten.

Es waren mittlerweile fast drei Jahre seit Louises Geburt vergangen, und ich dachte oft an die erste Zeit mit ihr zurück. Ich schämte mich für meine damaligen Gedanken, dass es besser sei, sie würde nicht überleben. Wie hatte ich nur so denken können? Ich konnte nicht begreifen, dass wir Louise nach ihrer Geburt knapp zwei Wochen allein auf der Intensivstation gelassen und sie nur tagsüber besucht hatten. Ich schämte mich dafür, dass ich Louise manchmal ausgeschimpft hatte, wenn sie unartig gewesen war. Ich war auch davon überzeugt, viel zu wenig Zeit mit meinem Mädchen verbracht zu haben. Ich empfand mich plötzlich als Rabenmutter und konnte es mir nicht verzeihen, Louise bereits so früh in den Kindergarten geschickt zu haben, nur damit ich etwas Ruhe hatte und mich mehr um Loreen kümmern konnte. Ich hatte Angst, dass die Zeit verloren war, das alles wieder gutzumachen.

Der Kindergarten von Louise verschickte einige Briefe. Für Rolf und mich war auch ein Brief dabei. Ich ließ die Tränen laufen, während ich die Zeilen las. Die Kinder hatten Bilder gemalt und Fotos beigelegt. Auf den Fotos war Louises Gruppe beim Frühstücken zu erkennen. Louises Stuhl war leer. Alle saßen dort, nur sie fehlte. Einfach herausgerissen aus ihrer gerade beginnenden schönen Kinderzeit.

TAPFERE LOUISE, GENÜGSAME LOREEN

Trotz der Chemotherapie konnte man Louise bei Aufenthalten zu Hause die Erkrankung nicht unbedingt ansehen. Sie war zwar blass, aber das war sie eigentlich schon immer gewesen. Sie hatte auch noch alle Haare auf dem Kopf.

Im März waren wir mit Louise – trotz Chemo! – und mit Loreen, die viel zu kurz kam in dieser Zeit, sogar zum Schlittenfahren gegangen.

Wir versuchten das, was andere tagtäglich unternehmen konnten, wenigstens hin und wieder zu machen. Fast möchte ich sagen, wir gewöhnten uns schon daran, dass die großen Probleme, die Katastrophen, an der Tagesordnung waren und wir die normalen Dinge nur in kleinen Portionen und außer der Reihe genießen konnten. Aber das stimmte nicht. Jeder neue Schicksalsschlag haute uns erst einmal um. Dass wir dennoch funktionierten, verwundert mich im Nachhinein.

Manchmal wollten Rolf und ich tagsüber gern gemeinsam bei Louise sein, dann kam Loreen mal zu den Großeltern, mal zu einer Kinderpflegerin, dann zu Nachbarn oder Freunden. Bei längeren Aufenthalten im Krankenhaus wechselten wir uns ab, denn es war zu anstrengend, mehr als einen Tag und eine Nacht auf der Station zu verbringen, und einer von uns hatte bei Loreen zu bleiben.

Rolfs Eltern nahmen die Kleine in dieser Zeit, sooft es ging, zu sich. Sie kümmerten sich um Loreen wie um ihr eigenes Kind. Sie waren selbst nicht mehr so jung, aber muteten sich die Hilfe mit erstaunlicher Fürsorge und Geduld zu.

Wir waren so dankbar dafür. Dabei lernten sie Loreens Behinderung und ihre Probleme besser kennen.

Zum Beispiel hatten sie die Möglichkeit, Loreen bei der Krankengymnastik zuzusehen. Oma Karin war sehr berührt von Loreens Wein- und Schreikrämpfen während des Turnens – sie wurde nach einer Gymnastik namens Vojta behandelt. Es war nun mal keine gewöhnliche Hausfrauengymnastik, sondern anstrengende schrei- und weinkrampfauslösende Gymnastik, die auch zu Hause dreimal täglich an Loreen durchgeführt werden musste. Meine Schwiegermutter hatte sich vorher nicht vorstellen können, dass die Therapie Loreen so viel Kraft kostete.

Ich gab unseren nächsten Verwandten jetzt auch die Möglichkeit, Louise zu den ambulanten Kontrollen zur Kinderkrebsklinik zu begleiten, damit sie einen Einblick in diese belastenden Situationen bekamen. Die ambulanten so genannten Lumbalpunktionen waren sehr unangenehm. Louise wurde von einer Krankenschwester von hinten mit einem speziellen Griff festgehalten, sodass sie sich nicht mehr rühren konnte, der Oberkörper wurde nach vorn gekippt, und ohne Betäubung wurde ihr mit einer dicken Nadel in den Rücken gepiekst. Von dort wurde eine Hirnwasserprobe entnommen und gleichzeitig ein Medikament hineingespritzt, welches – eher vorbeugend – Leukämiezellen im Gehirnwasser beseitigen sollte. Louise schrie jedes Mal furchtbar. Das Schreien war eigentlich nicht auf den »Rückenpieks« zurückzuführen. Sie schrie bereits, wenn sie von der Krankenschwester festgehalten wurde.

Auch die Fotos von Louises kaputtem Mund, eine der Nebenwirkungen der Therapie, enthielten wir unseren Familien und Freunden nicht vor. Sie hatten ja keine Ahnung, wie schmerzhaft das war. Sie stellten sich vor, dass die Lippen und die Mundwinkel ein wenig eingerissen waren oder der Mund etwas gerötet war, ähnlich wie bei einer Mandelentzündung. Was sie aber dann von den tatsächlichen Mund-kaputt-Geschichten sehen konnten, von denen wir ihnen immer berichtet hatten, verschlug ihnen die Sprache.

Dennoch begriff auch ich selbst erst richtig, dass Louise ein »Krebskind« war, als ihre Haare ausfielen. Jeden Morgen lagen auf ihrem Kissen Haare. Der Ausfall wurde von Tag zu Tag stärker. Wenn Louise sich in die Haare fasste, hatte sie gleich büschelweise welche in der Hand. »Ohhh!«, rief sie dann überrascht. Louise hatte bald viele kahle Stellen, nur wenige lange Strähnen waren noch auf dem Kopf. Jetzt sah sie richtig krank aus. Wir beschlossen, die Haare ganz abzuschneiden. Heike, eine Bekannte von uns, die das Friseurhandwerk beherrschte, schnitt die restlichen Haare ab und rasierte Louises Kopf. Danach sah Louise gut aus, wie ein geschorenes Schäfchen. Es fiel Heike schwer, Louise die Haare zu rasieren, ihr die letzten Haare zu nehmen, aber es war besser so.

Wir mussten mal tage-, mal wochenlange Aufenthalte in der Klinik über uns ergehen lassen, weil Louise so heftig unter den Nebenwirkungen der Chemotherapie und der Medikamente litt. Ständig waren bei ihr die Mundschleimhäute sowie Speiseröhre und Magen- und Darmbereich von den Arzneien stark angegriffen. Sie hatte Pseudokrupp, denn auch ihre Atemwege waren von der Chemo in Mitleidenschaft gezogen. Sie hustete viel, musste täglich mehrmals inhalieren. Sie blutete am Zahnfleisch, hatte viele Herpesbläschen im und am Mund, die sich manchmal bis zur Nase und den Augen hochzogen. Das ganze Gesicht war dann aufgequollen und dick angeschwollen, sodass sie den Mund nicht mehr schließen konnte und die Zunge heraushing. Louise musste aufgrund solch einer Herpesinfektion einmal fast zwei Wochen lang auf der Station verbringen. Sie sah elend aus, hatte hohes Fieber. Wir und auch die Ärzte waren sehr besorgt. Erst später wurde mir klar, wie schlecht es Louise während dieser Zeit gegangen war, denn ein kleiner Spielgefährte von ihr starb sogar an den Folgen einer Herpesinfektion.

Bei nicht behinderten Kindern waren die Nebenwirkungen einer Chemo nicht so stark ausgeprägt. Es lag bei Louise eben auch an ihrer Grunderkrankung, dass sie solche Beschwerden hatte. Sie brachte von vornherein ein schwaches Immunsystem und einen gestörten Stoffwechsel mit, was die Nebenwirkungen verstärkte und Louise anfälliger werden ließ.

Ich war froh, als ich erfuhr, dass wir Louises dritten Geburtstag zu Hause verbringen konnten. Wir feierten zu viert. Es zählte nur, dass wir vier zusammen waren.

Louise hatte ihre Schwester Loreen bei jedem Klinikaufenthalt sehr vermisst. Diesmal sprang sie aus dem Auto und lief Loreen mit ausgestreckten Armen entgegen. Sie rief: »Meine Loheen, bin wieder da!«

Loreen machte Luftsprünge vor Freude. Beide tanzten im Flur wild umher und drückten und küssten sich. Die Tage zu Hause waren für uns alle wunderschön.

In der Nachbarschaft war zu dieser Zeit eine Party angekündigt – Louises Lieblingsnachbar Frank wurde dreißig Jahre alt. Es war Sitte bei uns, dass Männer, die in diesem Alter noch nicht verheiratet waren, Sägespäne oder sonstige Kleinmaterialien an ihrem Ehrentag zusammenkehren mussten. Da Frank Elektriker von Beruf war, hatten sich seine Arbeitskollegen und Freunde etwas Besonderes einfallen lassen. Frank musste auf dem Hof seiner Eltern vor einer großen Menschenmasse als Frau verkleidet und mit Haarspangen in den Haaren Elektrokabelstücke zusammenfegen. Louise und Loreen durften mitgehen und zuschauen. Natürlich hatten wir Bedenken, dass sich Louise unter den vielen Fremden einen Infekt einfangen könnte. Aber sie war so gut drauf und wollte so gern mit, und so sprangen wir über unseren Schatten und zogen gemeinsam los.

Louise hatte großen Spaß an der Veranstaltung. Frank fegte und fegte … Nur eine Jungfrau konnte ihn durch einen Kuss von dieser Last erlösen. Louise machte es. Sie ging, ohne zu zögern, auf Frank zu und küsste ihn.

BESSERWISSERMUTTER

Mein Stressbarometer befand sich jetzt ständig im roten Bereich. Außerhalb der stationären Aufenthalte in der Kinderkrebsklinik bekam Louise einige ambulante Behandlungen. Dafür fuhren wir bereits frühmorgens mit dem Taxi in die Klinik. Louise erhielt aufgrund schlechter Blutwerte, die immer wieder nach den Chemotherapien oder den Tabletteneinnahmen vorkamen, Blutkonserven oder auch mal eine ambulante Chemotherapie. Bis 17 Uhr lag sie dann meist am Tropf. Vor 20 Uhr waren wir selten zu Hause.

An einem Tag, nachdem sie eine ambulante Chemo erhalten hatte, sagte mir die Ärztin, Louise müsse am Abend unbedingt noch ein Medikament oral einnehmen, da sich sonst nach dieser Chemotherapie die Blase entzünden könne. Sie kündigte mir an, dass dieser Saft sehr schlecht schmecke und dass unbedingt eine neue Verabreichung notwendig sei, falls Louise ihn erbrechen sollte. Sie gab mir daher zur Vorsorge zwei Portionen von dem Medikament mit. Sollte Louise auch die zweite Portion erbrechen, müssten wir in unser nahe gelegenes Krankenhaus fahren und Louise bekäme das Mittel dort per Spritze injiziert.

Ich fragte, ob ein stationärer Aufenthalt dafür nicht sinnvoller wäre, was die Ärztin jedoch verneinte. Ich besorgte Mutter machte mir natürlich auch Gedanken, ob das nahe gelegene Krankenhaus über das benötigte Mittel verfügte.

Aus Erfahrung als »gute alte Besserwissermutter« war mir bekannt, dass diese Klinik auf Krebskinder nicht so gut vorbereitet war. Aber die Ärztin war sich sicher, dass die Klink das Mittel dort schon haben werde. Erschöpft von diesem Tag, kamen wir zu Hause an. Die Kinderpflegerin hatte tagsüber Loreen versorgt, und ich gab ihr die einhundertsechzig Mark Lohn für den Tag – wir befanden uns zu diesem Zeitpunkt erst in der Umstellung von der Deutschen Mark auf den Euro.

Rolf hielt sich wegen einer Mund- und Rachenraumentzündung und der damit verbundenen Ansteckungsgefahr für die Kinder – und ganz besonders für Louise – im Haus seiner Eltern auf. Ich konnte daher den wohlverdienten »Feierabend« noch nicht genießen, da ich bis zur Schlafenszeit beide Kinder allein zu versorgen hatte. Ich gab Louise am Abend dann auch das Medikament. Sie schluckte es brav, und ich freute mich schon, dass sie der üble Geschmack anscheinend nicht störte.

Eine halbe Stunde später sah die Lage anders aus: Louise erbrach ihren kompletten Mageninhalt. Ich wartete eine Weile und gab ihr die Reserveportion. Diese erbrach sie sofort. Ich rief in der nahe gelegenen Klinik an, schilderte den Tagesablauf in der Ambulanz der Kinderkrebsklinik, welche Chemotherapie Louise erhalten hatte und dass sie leider das Medikament erbrochen habe. Ich erkundigte mich, ob es nun möglich sei, ihr das Medikament dort als Spritze zu verabreichen. Die Ärztin teilte mir mit, dass sie das Medikament nicht dahabe und auch die Krankenhausapotheke bereits geschlossen sei, man es also dort auch nicht bekommen könne. Außerdem müsse es diese Apotheke auch erst selbst bestellen, denn solch ein Medikament sei sicher nicht vorrätig. Sie riet mir, in der Kinderkrebsklinik anzurufen und das benötigte Mittel von dort zu ordern. Ich rief also umgehend auf der Kinderkrebsstation an, da die Ambulanz bereits geschlossen war. Die Dienst habende Schwester bemerkte amüsiert, dass sie sich nicht vorstellen könne, dass in keiner einzigen Abteilung der anderen Klinik solch ein Medikament aufzutreiben sei.

Das hatte mir gerade noch gefehlt. Kluge Sprüche.

Sie holte eine Ärztin ans Telefon. Auch die Ärztin konnte sich überhaupt nicht vorstellen, dass ein Krankenhaus dieses Medikament nicht vorrätig habe. Sie sagte dann, dass das Mittel aus Kostengründen nicht mit einem Kurier zu unserer nahe gelegenen Klinik geschickt werden könne. Sparmaßnahmen auf Kosten der Patienten. Wunderbar! Und jetzt? Meine Tochter brauchte das Medikament.

Die Ärztin forderte mich auf, mit Louise wieder zur Kinderkrebsklinik zu kommen. Diese Aufforderung konnte nur ein Witz sein. Ich kam doch gerade erst von dort, hatte einen sehr anstrengenden Tag gehabt.

Mittlerweile war mein Nervenkostüm reichlich strapaziert. In mir stieg nur noch Wut auf, ich spürte mein Herz im Hals pochen. Ich wusste genau, wie dieser Tag enden würde.

Nach endlosen Diskussionen mit beiden Krankenhäusern erklärte sich die Ärztin aus dem nahe gelegenen Krankenhaus bereit, das Mittel irgendwie zu beschaffen.

Ich zog meine Tochter also wieder an, suchte für Loreen noch schnell einen Aufpasser.

Louise sagte immer wieder: »Loheeni soll mitkommen!«

Ich erklärte Louise, dass Loreen nicht mitkommen könne, weil es schon spät sei und sie ins Bett müsse.

Loreen schrie, weil ihr alles zu hektisch und unruhig war, bekam eine Panikattacke, wippte mit dem Oberkörper hin und her. Ich hatte nicht mal Zeit gefunden, Loreen ihre Flasche zu machen.

Ich lud Louise ins Auto ein.

Auf der Hinfahrt zur Klinik schlief sie ein. Ich hatte Mühe, sie in der Klinik wieder wach zu bekommen, endlich erhielt sie dann diese Spritze. Anschließend fuhren wieder nach Hause. Auf der Rückfahrt erbrach Louise sich wieder. Ich fuhr rechts heran und säuberte mit Hilfe der Erbrechen-Durchfall-Notfall-Ersatzbekleidungs-Tasche, die ich immer im Auto liegen hatte, die Angelegenheit. Um Mitternacht waren wir dann endlich alle im Bett.

Ich nahm mir vor, mir zum einen nichts mehr gefallen zu lassen und zum anderen Menschen, die ein ähnliches Schicksal erfuhren, eine Hilfe zu sein. Ich wollte für Aufklärung sorgen und anderen Kraft geben. Sicherlich fiel ich einigen Menschen auf die Nerven mit meinen guten Ratschlägen und meiner Besserwisserei, aber ich hatte nun mal eben aufgrund meiner großen Erfahrung mit den Kindern gute Ratschläge parat und durfte es mir wohl erlauben, etwas besserwisserisch zu sein. Oft genug hatte ich im Nachhinein Recht gehabt.

Ich hatte so viel gelernt und verstand es nun, auch bei den Behörden sachlich, aber doch fordernd unsere Rechte geltend zu machen.

Wir waren auf finanzielle Hilfe angewiesen. Weil Rolfs Kündigung zu Unrecht ausgesprochen worden war, hatte unser Rechtsanwalt zwar eine sehr hohe Abfindung mit Rolfs ehemaligem Chef für uns ausgehandelt, aber mit dem Arbeitslosengeld und der Abfindung des Betriebes konnten wir gerade mal einige Monate überbrücken und unsere Hausraten finanzieren.

Wir beantragten Wohngeld, eine Haushaltshilfe und eine höhere Pflegestufe für Louise und Loreen. Um vieles mussten wir kämpfen, da einige Ämter uns immer wieder Steine in den Weg legten. Wir waren – wie auch schon in vergangener Zeit – gezwungen, viele Widersprüche einzulegen und Rechtsberatungen in Anspruch zu nehmen. Und das alles raubte uns zusätzlich die sowieso schon blank liegenden Nerven.

Beispielsweise sagten wir drei Termine für die Begutachtung zur Pflegehöherstufung von Louise ab, da wir plötzlich wegen akuter Beschwerden mit Louise in die Klinik mussten. Die Behörde brachte dafür kein Verständnis auf. Man war überfordert, die Termine aus dem Computer zu löschen und neue Daten einzugeben oder eine Gutachterin zu finden, die flexibel und spontan nach Absprache zu uns ins Haus kommen konnte. Als dann die Begutachtung nach einem halben Jahr endlich stattfinden konnte, mussten wir förmlich betteln, damit der höhere Pflegebedarf anerkannt wurde.

Aber wir hatten keine Lust mehr, uns über die Behörden zu ärgern. Daher reichten wir eine Beschwerde an höherer Stelle ein. Diese Stelle sollte zwischen Betroffenen und Behörden vermitteln. Gleichzeitig schalteten wir einen Rechtsanwalt einer Sozialorganisation für unsere Widerspruchs- und Klageverfahren ein. Und plötzlich klappte alles reibungslos. Das Kämpfen hatte sich mal wieder gelohnt. Für uns zählte an erster Stelle, dass Louise gesund wurde und wir vier – eine kleine chaotische Familie – einigermaßen gut leben konnten. Und dafür taten wir alles nur Erdenkliche.

FLOHPOCKEN

Fünf Monate nach Beginn der Intensiv-Chemo hatten wir viel bewältigt. Wir waren glücklich, dass der erste Chemoblock endlich überstanden war, auch, weil sich die Situation auf der Behelfsstation in der Kinderkrebsklinik nicht verbessert hatte.

Seit der Diagnosestellung und der beginnenden Chemotherapie hatte man uns gesagt, dass wir während der gesamten zwei Jahre Therapie möglichst isoliert leben müssten. Aber erst nach und nach wurde uns bewusst, was das bedeutete. Louise durfte nicht in den Kindergarten, nicht zur Krankengymnastik, nicht in geschlossene Räume, in denen sich viele Menschen befanden, nicht Bus oder Bahn fahren, nicht in Supermärkte, nicht ins Schwimmbad. Überall dort lauerte die Gefahr, dass sich Louise einen Infekt oder Schlimmeres einfing, den ihr Immunsystem nicht abwehren konnte.

Und auch mit Loreen mussten wir vorsichtig sein, denn auch sie durfte sich möglichst nicht anstecken, weil sie damit zur Gefahr für ihre Schwester geworden wäre. Wir meldeten die Frühförderung für Loreen zunächst ab und begannen erst wieder damit, als Louise so gute Abwehrkräfte hatte, dass eine Infektion – ein Schnupfen oder Husten – ihr nicht schaden konnte. Auf die Krankengymnastik für Loreen wollten wir nicht verzichten und wählten daher einen Termin am Wochenanfang, zu dem die Therapeutin zu uns ins Haus kam und noch keinen Kontakt zu anderen Patienten gehabt hatte.

Eines Morgens, als ich Loreen aus ihrem Bett hob und sie auszog, bekam ich einen großen Schreck. Am Arm, am Hals und auf der Brust hatte Loreen kleine rote Pocken mit einem erhabenen weißlich gelben Herd. Die Pocken waren eigenartig aneinander gereiht. Windpocken! Das war mein erster Gedanke. Panikartig schloss ich die Fenster und Türen und brachte Louise in Sicherheit.

Das hatte uns gerade noch gefehlt. Alle hatten uns zuvor gewarnt, nur keine Windpocken. Diese Krankheit sollte für Leukämiepatienten und immunschwache Kindern sehr gefährlich sein. Rolf fuhr sofort mit Louise zur Untersuchung in die Klinik. Ausgerechnet jetzt hatte unser Kinderarzt Urlaub. Ich zog Loreen an und fuhr mit ihr zur Kinderärztin, die seine Vertretung machte. Eine erste Begutachtung ergab, dass es wohl tatsächlich Windpocken waren, aber höchstwahrscheinlich erst der erste oder zweite Tag. Wir sollten Loreen und Louise trennen und abwarten, ob sich die Pocken bei Loreen vermehrten.

Auch Louise wurde gründlich untersucht. Es gab keine Auffälligkeiten, ihre Ärzte waren ebenfalls der Meinung, dass die Kinder vorsorglich lieber zu trennen seien, um eine Ansteckung – wenn sie denn nicht schon passiert war – zu vermeiden.

Loreen sollte, so lange wie nötig, zu Oma Karin. Rolf begleitete sie zunächst, damit sie nicht das Gefühl bekam, immer abgeschoben zu werden … Mein schlechtes Gewissen erleichterte dieses Vorgehen ebenfalls ein wenig. Rolf verbrachte also den restlichen Tag mit Loreen bei seiner Mutter, und ich war mit Louise bei uns. Nachmittags säuberte ich Loreens

Zimmer gründlich und zog das Bett ab. Als ich die Decke hochnahm, hüpfte mir ganz frech ein kleiner Floh entgegen. Ich schnappte und entsorgte ihn. Dieser Übeltäter hatte doch tatsächlich Loreen gebissen. Jetzt erklärte sich auch, warum Loreen in den zwei Nächten zuvor plötzlich aufgeschrien, senkrecht im Bett gestanden und weinend »Aua« gerufen hatte. Ich hatte sie auf den Arm genommen, und sie hatte danach gar nicht mehr in ihr Bett zurückgewollt.

Nachdem ich das Bett und die Matratze abgesaugt und alles gewaschen hatte, rief ich die Kinderärztin an und berichtete ihr von meinem Fund. Sie sagte, dass das wohl die Ursache für diese eigenartigen Pocken sei. Jetzt klärte sich auch das trittleiterartige Vorkommen der Pocken, das typisch für Flohbisse ist: aufwärts hüpfen und beißen, hüpfen und beißen, hüpfen … Ich informierte Rolf bei seinen Eltern und gab Entwarnung. Abends lachten wir dann schon über dieses außergewöhnliche Ereignis und darüber, was uns dieser kleine Floh den Tag über an Aufregung beschert hatte.

ZERSTREUUNG

Um der Isolierung zu entgehen, wagten wir im Sommer einige kleine Tagesausflüge. Wir hatten keine Lust mehr, bei hochsommerlichen Temperaturen im Haus zu hocken.

Wir unternahmen beispielsweise einen Ausflug an die Nordsee und fuhren mit einem Fischkutter auf das Meer hinaus. Wir durften unseren Kinderwagen im Gang des Bootes abstellen und suchten uns mit den Kindern ein schattiges Plätzchen an der Luft. Es störte sich hier niemand an uns, und die Mädchen fanden den Ausflug herrlich. Loreen hatte Spaß an dem schäumenden Wasser und den Möwen, die wir mit Pommes frites fütterten. Wir erlaubten uns sogar eine kleine Besichtigung des Oberdecks, auf dem viele Urlauber saßen. Es waren überwiegend ältere Personen. Louise hatte ihre Pommes frites in der Hand und bot jedem freundlich davon an. Sie verzauberte jeden Einzelnen mit ihrem Charme. Sie sah sogar mit ihrer Glatze drollig aus. Aus einem Lautsprecher tönten ein paar Schlager, und Loreen wippte im Takt hin und her. Es war wunderbar, nur für ein paar Stunden dem Alltag zu entfliehen.

Als wir nicht mehr tage- oder wochenlang wegen irgendwelcher Nebenwirkungen mit Louise in die Klinik mussten, meldeten wir sie und Loreen erneut zur Frühförderung an, die Kindern in der Regel bis zum dritten Lebensjahr zustand. Da

Louise jedoch bis zum fünften Lebensjahr aufgrund ihrer Erkrankung und der damit verbundenen Infektionsgefahr durch gefährliche Krankheiten den Kindergarten nicht besuchen durfte, wurde ihr die Frühförderung bis dahin bewilligt. Einmal pro Woche kam die Frühförderin nachmittags für beide Kinder zu uns nach Hause.

Den Kindergarten ersetzte die Förderung für Louise natürlich nicht. Aber zusammen mit der Frühförderin versuchten wir, unseren Kindern eine angenehme abwechslungsreiche Zeit zu gestalten. Wir fuhren gelegentlich zu Louises altem Kindergarten, der nachmittags leer und gereinigt war. Dort konnten sich die Mädchen dann richtig austoben.

Ich stellte mir einen Wochenplan auf und teilte die Termine für beide Kinder unter der Woche so auf, dass sie erträglich wurden. Ich passte auf, dass nicht zu viele Termine auf einen Tag fielen, denn dann waren die Kinder und ich einfach überfordert.

Ich delegierte an einigen Tagen in der Woche Aufgaben an meine Schwiegereltern, meine Eltern, unsere Geschwister und unsere Kinderpflegerin. Und es tat gut, wenn meine Schwiegermutter mit Loreen die Krankengymnastik einige Male übernahm, mit ihr in die Stadt fuhr, um neue Schuhe oder eine neue Hose zu besorgen, oder einfach mit ihr spazieren ging. Meine Schwiegermutter erledigte dies meistens mit dem Bus, da sie selbst keinen Führerschein besaß. Loreen fand die Fahrten mit Oma aufregend. Und obendrein musste meine Schwiegermutter die Busfahrt nicht bezahlen, da wir im Behindertenausweis das Merkzeichen »B« (für Begleitung erforderlich) eingetragen hatten. Im Sommer fuhr Oma Karin oft mit Loreen Fahrrad, besuchte das Freibad und spielte ausgiebig mit ihr. Montags kam eine Gruppe von Frauen zu meiner Schwiegermutter, um gemeinsam zu handarbeiten, sie sangen dabei und unterhielten sich. Loreen amüsierte sich dabei köstlich. Sie schaute den Frauen begeistert zu, machte ziemlich viel Unordnung und genoss, dass sie im Mittelpunkt stand.

Oma Karin verstand es, Loreen mit ihrer angenehmen Stimme zu beruhigen, wenn diese wieder einmal allzu aufgedreht war. Oma Karin sang ihr dann leise Lieder vor oder erzählte ihr Geschichten; ich erlebte sie nie hektisch oder überfordert. Sie war die geborene Hausfrau, Mutter und Oma. Einkaufen, Saubermachen, Frühstück zubereiten, nebenbei noch einen Rinderbraten für das Mittagessen im Ofen schmoren und zig Kilo Bohnen aus dem eigenen Garten verlesen und schneiden war noch lange nicht alles, was zu ihrem Können gehörte. Loreen werkelte mittendrin, oder sie besuchte ihren Opa Rolf im Garten oder im Gewächshaus. Dort hörte sie ihm zu, wie er zu seiner Schunkelmusik im Radio pfiff oder sang. Sie half Opa auch gern beim Blumengießen. Und irgendwann rief Oma Karin dann: »Mittagessen ist fertig, ihr beiden!« Nachdem sich dann alle den Braten mit Gemüse und Kartoffeln hatten schmecken lassen, tätigte Oma den Abwasch, nähte Gardinen oder stickte. Loreen faszinierte das Geratter der Nähmaschine und die Handbewegungen beim Sticken. Dann gingen Oma und Loreen spazieren oder besuchten Erika und Bruno und deren Enkelkinder Bea und Lou schräg gegenüber in der Nachbarschaft. Loreen fühlte sich bei Rolfs Eltern immer wohl und wurde sogar zweisprachig erzogen: hochdeutsch und plattdeutsch.

Auch meine Schwester unterstützte uns und holte Loreen an einigen Wochenenden zu sich, fuhr mit ihr in den Tierpark oder ging mit ihr spazieren.

Die Beaufsichtigung von Louise erledigte anfangs nur ich, denn ich hatte große Angst, es könnten plötzlich Nebenwirkungen der Medikamente auftreten, und dann wollte ich da sein. Nachmittags spielten wir zu dritt: Louise, Loreen und Mama. Und die Kinder genossen es. Louise war eine wunderbare große Schwester. Sie sorgte sich sehr um Loreen und achtete immer mit darauf, dass deren Saftflasche gefüllt war, dass Loreen ihren Schnuller bekam, wenn sie weinte, dass sie genug zu essen erhielt. Oft kam sie zu mir, zeigte auf Loreen und sagte: »Mama! Muss essen!« Oder: »Mama! Muss Kille!« Das bedeutete, Loreens Windel muss gewechselt werden. Sie achtete auch darauf, dass Loreen ausreichend Liebkosungen ihrer Eltern erhielt. »Du küssen!«, forderte sie Rolf oder mich auf.

Nur zögerlich überließ ich die Beaufsichtigung von Loreen *und* Louise auch mal für ein paar Stunden in der Woche anderen. So konnten Rolf und ich seit langem mal wieder bei einem gemütlichen Abendessen ausspannen und ein bisschen Freizeit genießen. Wenn in der Nachbarschaft im Sommer Grillfeste oder Partys veranstaltet wurden, brachte ich beide Kinder zu meinen Schwiegereltern, weil die laute Musik ihren Schlaf stören würde. Und so kamen Rolf und ich auch noch einmal unter Leute. Wir blieben aber nie länger als bis Mitternacht auf einer Feier, fuhren dann meist zu meinen Schwiegereltern und schliefen ebenfalls dort, um die Kinder – besonders Louise – besser bewachen zu können – und um auch selbst besser Schlaf zu finden und Ruhe und Gewissheit zu haben, dass alles in Ordnung ist.

ERSTER NERVENZUSAMMENBRUCH

Eine Weile lief unser Alltag ohne besondere Zwischenfälle. Doch gerade als sich eine gute Routine eingespielt hatte und ich endlich auch einmal zur Ruhe kam, erlitt ich einen Schwächeanfall. Ich konnte mich plötzlich nicht mehr auf den Beinen halten und nur noch auf allen vieren durch das Haus kriechen. Mir war schwindelig, die Ohren brummten, mein Kopf tat weh, ich hatte Schweißausbrüche, und vor meinen Augen verschwammen die Bilder. Ich rief den ärztlichen Notdienst an, der sofort kam. Der Arzt sagte, dass dieser Zusammenbruch zu erwarten gewesen sei. Die vielen Probleme und Aufregungen vor allem der letzten Monate zerrten an meinen Nerven. Ich musste mich einen ganzen Tag lang hinlegen. Immer, wenn ich versuchte aufzustehen, verließen mich meine Kräfte. Es riss mich förmlich zu Boden. Ich hatte große Angst, dass ich eine schlimme Krankheit haben und für die Mädchen nicht mehr sorgen könnte. Gerade jetzt, wo sie mich doch so sehr brauchten.

Nachts schreckte ich aus dem Schlaf hoch, weil ich das Gefühl hatte, ich falle im Liegen um. Meine Angst, Rolf oder ich könnten durch Krankheit oder einen Unfall nicht mehr für Louise und Loreen da sein, wuchs von Tag zu Tag. Täglich erlitt ich einen oder mehrere Kreislaufzusammenbrüche – beinahe Ohnmachtsanfälle. Ich war nicht mehr in der Lage, Auto zu fahren oder einkaufen zu gehen. Im Auto wurde mir plötzlich schwarz vor Augen, beim Bäcker oder Fleischer fiel ich sogar vor dem Tresen um. Aber ich konnte es mir nicht leisten, krank zu sein. Was erlaubte sich mein Körper da einfach? Ich wollte alles perfekt erledigen, schaffte aber kaum noch, was ich mir vornahm.

Rolf versorgte die Kinder schließlich eine Woche lang allein, bis ich wieder einigermaßen in Ordnung war. Ich schlief in dieser Zeit viel und verrichtete nur die notwendigen Handgriffe im Zeitlupentempo.

Mein Arzt verschrieb mir pflanzliche Tropfen gegen Unruhe, Kreislaufprobleme und Schlafstörungen. Diese nahm ich täglich ein, und nach einiger Zeit besserten sich meine Kreislaufbeschwerden.

Die Angst vor erneuten Zusammenbrüchen aber blieb. Ich suchte ein ausführliches Gespräch bei einer Psychologin, die auch die Krebspatienten der Kinderstation betreute. In dieser Frau fand ich eine große Vertrauensperson. Ich konnte all meinen Kummer aus der Vergangenheit, meine Sorgen und Ängste bei ihr loswerden. Sie hörte mir aufmerksam zu. Sie verstand es hervorragend, meine ganz speziellen persönlichen Probleme hervorzuheben und mit mir daran zu arbeiten. Jedes Gespräch bei ihr war für mich wie eine Seelenmassage. Es war verblüffend, wie all meine Schwächen und Stärken dank ihrer Hilfe greifbar wurden. Ich erzählte ihr von meinem bisherigen chaotischen Leben und dass es mir so vorkam, als würde ich die negativen Dinge des Lebens förmlich anziehen. Ich erzählte ihr, dass ich ständig schnell genervt war, auch wegen Belanglosem, dass für mich immer alles furchtbar und ungerecht sei. Es führte so weit, dass ich mich unter vielen Menschen nicht mehr wohl fühlte. Ich konnte es nicht ertragen, wenn viele Leute durcheinander redeten oder wenn der Fernseher lief und die Kinder laut spielten. Wir suchten gemeinsam nach einer Lösung, damit ich besser mit der belastenden Familiensituation und meiner Gefühlswelt zurechtkam.

KINDHEIT

Die Psychologin fragte nach meiner Kindheit. Sie vermutete, ich würde alles so perfekt machen wollen, weil ich mich als Kind immer nur als unvollkommen erfahren hatte. Ich sollte ihr von schönen Erlebnissen aus meiner Kinderzeit berichten. Das konnte ich nicht. Ich hatte mich früher häufig ins Abseits gedrängt gefühlt und so gut wie keine Bestätigung erfahren. Statt mein Selbstbewusstsein zu fördern, gaben mir meine Eltern beinahe nur negative Rückmeldungen.

Mir fiel eine Begebenheit ein, als ich meinen Eltern einmal eine Freude bereiten wollte, weil es kurze Zeit zuvor einen Streit gegeben hatte. Ich war damals sieben oder acht Jahre alt gewesen. Ich hatte Brot backen, es köstlich belegen und es dann Mutter und Vater als Überraschung servieren wollen. Als sie zum Einkaufen fuhren, begann ich, Wasser, Mehl, Salz und einige andere Zutaten zu einem Teig zu verrühren, kippte die Masse auf ein Backblech und strich die Marmelade darauf. Das Ganze ließ ich dann im Backofen brutzeln. Mein Backwerk war natürlich nicht zu genießen. Die Küche sah aus wie ein Schlachtfeld, und es stank nach Angebranntem. Dieser Geruch war mir später noch lange in der Nase. Als meine Eltern vom Einkaufen zurückkamen, gab es großen Ärger. Dabei hatte ich in guter Absicht gehandelt.

Ich erinnerte mich auch an eine Fahrt im Auto, als ich noch kleiner war. Wir Kinder sollten neu eingekleidet werden. Wir fuhren – wie so oft – nach Kiel zu einem günstigen Bekleidungsgeschäft. Meine Mutter rauchte während der Fahrt. Von dem Zigarettendunst wurde mir schlecht. Mein Vater war genervt, weil ich mich die ganze Fahrt über beklagte und ständig fragte, wann wir endlich da seien. Als die Hosen und Blusen dann auch noch zu groß oder zu kein waren, jammerten meine Schwester und ich, und die Laune meines Vaters wurde nur noch schlechter – wir fuhren, ohne etwas einzukaufen, zurück nach Hause. Dort angekommen, wollte ich den Ärger mildern und sang laut fröhliche Lieder. Doch die gute Absicht wurde verkannt, ich musste sofort ohne Abendbrot und Waschen ins Bett. Als ich im Bett lag, musste ich sehr nötig auf die Toilette, ich traute mich aber nicht, meine Eltern zu rufen oder das Zimmer zu verlassen, also blieb mir nichts anderes übrig, als in meinen Spielzeugeimer zu machen und ihn danach unter dem Bett zu verstecken. Als meine Mutter ihn Tage später unter dem Bett entdeckte und es meinem Vater berichtete, gab es wieder großen Ärger.

Eines Tages, ich besuchte die Realschule, kam ich mit der Note »Sechs« in einer Mathematikarbeit nach Hause, woraufhin mein Vater mir befahl, alle Poster meines Lieblingsstars von den Wänden zu nehmen und sie in einen Karton zu packen. Als ich es erledigt hatte, nahm er den Karton, stellte ihn mitten auf den Rasen in den Garten und verbrannte alles. Er wollte mich für die schlechte Note bestrafen.

Diese Strafe traf mich sehr. Es waren aber nicht allein die verbrannten Poster, die eine enorme Traurigkeit in mir auslösten. Das Geld für diese Poster hatte ich mir selbst verdient. Mit einer befreundeten Nachbarin war ich einmal pro Woche an einem Nachmittag Zeitschriften austragen gegangen. Wir erhielten jede fünf Mark Lohn von dem Zeitschriftenhändler.

Von dem Geld leistete ich mir eine Jugendzeitschrift, in der es Poster zum Herausnehmen gab, die ich sammelte und in meinem Zimmer aufhing. Ich hatte für die Poster gearbeitet, ich war stolz auf meinen Job und die selbst verdienten Bilder. Dass mein Vater die Poster verbrannt hatte, verletzte mich sehr. Er bestrafte mich damit nicht nur für meine schlechte Note, sondern irgendwie auch für meinen Fleiß. Ich hatte das Gefühl, alles, was ich tat, war schlecht.

Einmal nahm mir mein Vater meinen Kassettenrekorder weg. Er war der Auffassung, das musikalische »Gedudel« halte mich vom Lernen ab. Dabei konnte ich mit Musik hervorragend lernen. Ich baute mir mit ihrer Hilfe Eselsbrücken. Zu einer bestimmten Reihenfolge von Liedern merkte ich mir eine bestimmte Zahlenreihe, mathematische Formeln oder Textpassagen für einen Aufsatz. Das Auswendiglernen klappte mit musikalischer Untermalung hervorragend. Wenn ich im Unterricht etwas nicht auf Anhieb wusste, dachte ich an die Liedfolge auf der jeweiligen Kassette, und an einer bestimmten Stelle fiel mir spontan die gesuchte Lösung oder Antwort ein.

Ich erzählte meiner Psychologin von den vielen schlechten Erinnerungen und Erfahrungen und dass sie mich immer noch durch mein Leben begleiten würden. Sie erklärte mir, dass ich diese Dinge noch nicht richtig verarbeitet hätte. Das gekränkte Kind stecke noch in mir, und es trage ganz viel Wut in sich. Mich würde das Gefühl bestimmen, nicht erwünscht zu sein, alles falsch zu machen im Leben, was aber tatsächlich nicht stimmen würde. Ich sei es selbst, die so pessimistisch auf mein Leben blicke, und steigere mich viel zu sehr in die vergangenen Erlebnisse hinein, die doch eigentlich jedes Kind erfahre und durchleben müsse.

Ich unterhielt mich mit Freundinnen über die Erfahrungen, die sie mit ihren Eltern gemacht hatten, und erfuhr, dass ich im Gegensatz zu manch anderer noch recht milde Strafen erhalten hatte. Heute war ich selbst Mutter und wollte alles anders machen: den Kindern ein harmonisches, gemütliches, ruhiges Zuhause bieten und eine rundum glückliche Familie haben. Doch stattdessen hatte ich zwei behinderte Kinder, eins davon zudem an Leukämie erkrankt. Ich empfand es – mal wieder – als ein Gestraftwerden, ich fühlte mich – wie früher schon – ins Abseits gedrängt.

Mein Therapeutin brachte mein Leiden auf den Punkt. Und erstmals lernte ich, meine Kindheits- und Jugenderlebnisse aus einem anderen Blickwinkel zu sehen und auch meine Eltern zu verstehen.

Nach der bestandenen Realschulprüfung war ich von zu Hause ausgezogen, und ich hatte mir mit meinem ersten Freund eine gemeinsame Wohnung gesucht.

Als meine Eltern uns zum ersten Mal besuchten, fand mein Vater alles schön eingerichtet und war begeistert davon, dass wir jungen Leute so selbstständig zusammenlebten. Er war stolz auf mich. Er brachte eine große Tüte Lebensmittel mit und überreichte uns einen Geldschein. Ich war froh, endlich etwas erreicht zu haben, worauf mein Vater stolz sein konnte.

Ich machte eine Ausbildung zur Büroangestellten und bestand die Prüfung – ebenfalls voller Stolz. Ich bekam eine Anstellung bei der örtlichen Kreisverwaltung und machte viele Überstunden, die ich mir als Mehrlohn auszahlen ließ. So verdiente ich mir nebenbei ein paar Mark, um meinen Führerschein finanzieren zu können.

Die Beziehung mit meinem ersten Freund hielt fünf Jahre. Eines Tages fand ich einen Zettel auf dem Tisch, auf dem stand, dass es für ihn noch zu früh wäre, um eine so feste Bindung einzugehen. Er brauche seinen Freiraum, müsse sich erst einmal austoben. Ich konnte das nicht begreifen. Für mich war alles bestens gewesen. Ich hatte mein eigenes kleines, harmonisches Zuhause genossen, ich wollte es nicht aufgeben. Dass sich mein Freund eingeengt gefühlt hatte, hatte ich nicht gespürt, ich konnte auch nicht nachvollziehen, dass er sich nicht fest binden wollte. Für mich kam die Trennung völlig überraschend. Da ich mir die Wohnung allein nicht leisten konnte, kündigte ich sie und zog wieder bei meinen Eltern ein. Ich empfand es als einen Rückschritt.

Ich lebte bei meinem Eltern in einem kleinen Zimmer. Meine Möbel hatte ich größtenteils bei einer Freundin im Keller untergestellt. Ich war völlig am Ende, und meine Mutter tat alles, um mich wieder aufzubauen. Immer wenn ich das Bedürfnis hatte, konnte ich mit ihr über die Trennung sprechen, mich bei ihr ausweinen. Meinem Vater wurde dies bald zu viel. Er war verärgert, dass ich ständig heulte, ständig fragte, warum mein Freund mich verlassen habe und wie es nur weitergehen solle.

Auch damals fühlte ich mich allein und ins Abseits gedrängt. Und ich suchte nach Schuldigen. Ich machte meine Eltern dafür verantwortlich, dass ich so früh – wahrscheinlich zu früh – von zu Hause ausgezogen war. Ich war der Auffassung, dass sie mir keine behütete Kindheit und keinen Start in ein einigermaßen sorgenfreies Leben bereitet hatten. Ich merkte nicht, dass ich die Schuld immer bei anderen suchte und die Muster der Kindheit dabei nur fortsetzte.

Als ich nun das kleine Zimmer in dem Haus meiner Eltern bewohnte, richtete ich mich nicht auf einen längeren Aufenthalt ein. Ich packte nicht einmal meine Zahnbürste und meine Kosmetikutensilien aus meinem Kulturbeutel aus. Ich lebte wie in einem Hotelzimmer aus dem Koffer. Wie ein vorübergehender Gast. Ich wollte für mich selbst nicht den Anschein erwecken, mich im Haus der Eltern niederzulassen.

Ich baute mir einen großen Freundeskreis auf und versuchte, so wenig wie möglich zu Hause zu sein. Ich wollte meine Eltern nicht stören, und sie sollten mich nicht stören.

Ich überlegte hin und her, wie es weitergehen konnte. Sollte ich mein Auto verkaufen und dann eine eigene kleine Wohnung mieten? Oder war es besser, das Auto zu behalten, erst einmal im Elternhaus wohnen zu bleiben, so viel Zeit wie möglich bei Freunden zu verbringen und, so oft ich es mir erlauben konnte, zu verreisen? Ich war noch nie in einem anderen Land gewesen. Im Alter von fünfzehn Jahren war ich erstmals mit einer Freundin in Urlaub gefahren. Mit sechzehn besuchte ich das erste Mal ein Kino.

Ich beschloss, zunächst bei meinen Eltern zu bleiben, meine Freizeit zu genießen und mich ebenfalls »auszutoben«.

Innerhalb kurzer Zeit holte ich meine »versäumten Jahre« nach – und das auf Kosten meiner Eltern. Mir ging es in dieser Zeit blendend. Ich war sehr egoistisch und wollte gar nicht bemerken, dass meine Eltern in ihrem Leben gestört wurden, weil sie zum Beispiel nachts wach wurden, wenn ich erst spät nach Hause kam. Sie beklagten sich nie, sie ertrugen es einfach.

Später lernte ich dann Rolf kennen, verkaufte mein Auto, um Geld für eine neue Wohnungseinrichtung zu haben, und freute mich riesig auf unser kleines gemietetes Haus auf dem Land.

Mein Grundproblem bestand darin, dass ich die negativen Seiten des Lebens zu oft und zu intensiv in mir hochkommen ließ, sodass die schönen und positiven Erlebnisse und Gedanken davon überdeckt wurden.

Ich fühlte mich zum Beispiel von Rolfs großer Familie manchmal wie überrollt, statt mich zu freuen dazuzugehören. Bei kleinen Feiern kamen von Rolfs Seite meist über zwanzig Personen – und das waren dann nur die Eltern und Geschwister mit ihren Kindern. Fand ein großes Fest statt, kamen über fünfzig Verwandte von Rolf, von unserer Seite aber höchstens fünf Personen – gleichgültig, ob Geburtstags- oder Hochzeitsfest.

Das lag vor allem daran, dass die Verwandtschaft meiner Eltern schon lange zerstritten war und mein Vater eher einen kleineren Familienrahmen ohne viel Trubel mochte. Ich hatte meinen Opa und meine Oma väterlicherseits nie richtig kennen gelernt, sie waren früh verstorben. Ich erinnere mich nur schwach daran, dass mein Opa vielleicht einmal pro Jahr zu Besuch kam, uns etwas Geld in die Hand drückte und wieder verschwand. Ich erfuhr, dass mein Vater im Ruhrgebiet einen Bruder hatte und eine Schwester ganz in unserer Nähe. Die hatten auch alle Kinder. Ich kannte sie nicht. Die Mutter meiner Mutter lebte allein. Ihr Mann war im Krieg umgekommen, sie hatte ihre vier Kinder allein großgezogen. Es gab keinen großen Zusammenhalt und kaum Verbindung untereinander. Für uns Kinder war es sehr schade, denn wir hatten viele Tanten und Onkel, Cousinen und Cousins, aber wir hatten keinen persönlichen Kontakt zu ihnen.

Auch unter uns Geschwistern sind die Bindungen nicht gleich fest. Zu meiner Schwester halte ich einen regen Kontakt. Mein Bruder ging schon früh seine eigenen Wege.

Nach vielen intensiven Gesprächen, die ich über Wochen mit meiner Therapeutin führte, lernte ich mich selbst erst richtig kennen. Ich begriff die Auslöser für meine Schwächen und lernte, meine Nerven und Kräfte nicht mehr für Belangloses zu vergeuden. Meine Psychologin machte mit mir eine Reise durch meine Vergangenheit. Sie lobte mich zum Beispiel für das Brotbacken, für das mein Vater mich bestraft hatte. Und ihr Lob tat so gut – jetzt, wo ich das Alter von dreißig überschritten hatte!

Das Verhältnis zu meinen Eltern veränderte sich. Meine Eltern haben so viel für Louise und Loreen getan, und sie sagten uns nicht nur einmal, dass sie uns diese Schicksale mit zusätzlichen Erkrankungen und Sorgen so gern erspart hätten. Ich spürte, dass sie uns von Herzen gönnten, dass wir in Ruhe leben konnten. Mein Vater war sehr zurückhaltend geworden, lobte und bewunderte uns spürbar für unsere Leistungen. Man merkte ihm ganz besonders an, dass es ihm das Herz zerriss, wenn es uns oder den Kindern schlecht ging. Oft äußerte er Sätze wie diesen: »Was haben eure beiden Kinder es schön. Diese schönen Spielsachen und das behütete Zuhause. Das alles habt ihr früher nicht gehabt.«

Unsere beiden Mädchen hatten meine Eltern ebenfalls fest in ihre Herzen geschlossen.

Mit Hilfe der therapeutischen Gespräche ging es mir zusehends besser. Ich ordnete mein Leben neu, richtete mir gedanklich Schubladen ein, in denen ich meine Lebensabschnitte einordnete, so konnte ich einzelne Schubladen auch mal zumachen. Meine Psychologin verglich mich mit einer Lotusblüte, die aus dem Schlamm hervorkam. Ich hatte es geschafft, dem Sumpf zu entfliehen, und lernte fleißig, mich auf das Wesentliche in meinem Leben zu konzentrieren.

Ich musste abschalten, durfte mir nicht zu viel Ballast aufladen. Wenn ich zurückblickte und mir vorstellte, dass ich mich früher über Dinge aufgeregt hatte, wie zum Beispiel Parkplatzmangel auf dem Klinikgelände, eine lange Menschenschlange vor der Supermarktkasse oder verfaultes Obst beim Gemüsehändler, so nahm ich diese Probleme nun gelassener hin, und es war ein Moment der Muße für mich, in einer langen Menschenschlange vor der Supermarktkasse oder der Wurst- und Fleischtheke zu stehen und mir die Menschen, ihr Verhalten und ihre Reaktionen anzusehen. Es war eine herrliche Abwechslung, die Bäckereiverkäuferin über das »doofe Wetter heute wieder« sprechen zu hören oder beim Friseur den Tratschgeschichten der anderen Kunden zu lauschen, die über die Nachbarschaft oder ihre Freunde herzogen oder sich über die neuesten Ereignisse in der Weltgeschichte unterhielten. Ich genoss einfach nur die Haarwäsche und ließ mich verwöhnen. Dabei hatte ich die Möglichkeit, über mein Leben nachzudenken. Meine Wertvorstellungen hatten sich verschoben. Ich fand das Leben von den Menschen interessant, denen es ähnlich ging wie uns. Es gab genug Spießer auf dieser Welt, zu denen ich sicherlich lange Zeit auch gezählt hatte. Das war nun vorbei.

WEHWEHCHEN

Auch an Rolf waren die Monate voller Stress nicht spurlos vorübergegangen. Er hatte immer mal wieder starke Migräneattacken, Rückenbeschwerden und war anfällig für Mund- und Rachenraumerkrankungen, die sich über Wochen hinzogen. Seine Mundschleimhaut war dann übersät mit weißen Bläschen, und er konnte selbst flüssige Nahrung nur unter starken Schmerzen zu sich nehmen. Da diese Erkrankungen ansteckend waren, musste Rolf sich von uns fern halten und konnte mich dann auch nicht bei der Pflege der Kinder unterstützen. Manchmal quartierte er sich für einige Tage im Haus seiner Eltern ein, da eine Ansteckung für Louise lebensgefährlich gewesen wäre.

Als Rolf wieder einmal erkrankt war, hatten wir kurz zuvor – aufgrund unserer Beschwerden bei den zuständigen Behörden – endlich eine Haushaltshilfe erhalten. Die Krankenkasse zahlte einen Zuschuss für sechs Stunden pro Tag. So hatte ich zum Glück Hilfe bei der Hausarbeit und der Betreuung der Kinder. Oma Karin und Opa Rolf waren während dieser Zeit in den Urlaub gefahren. Louise, die Medikamente mit starken Nebenwirkungen erhalten hatte, war ungewöhnlich aggressiv und bockig, hatte häufig Wutausbrüche, die sogar dazu führten, dass sie Loreen mit dem Trommelstock auf den Kopf haute oder mir ins Gesicht schlug. Ich konnte daher unmöglich allein die Aufsicht beider Kinder übernehmen.

Unser Tagesablauf musste während dieser Zeit gut organisiert sein. Die Haushaltshilfe machte sauber, kochte Essen für die Kinder und fuhr mit Loreen spazieren oder spielte mit einem der Mädchen. Sie war manchmal zwölf Stunden am Tag bei uns. Zusätzlich musste Louise während dieser Zeit täglich in die Klinik zum Spritzen oder zur Blutkontrolle. Ihre Blutwerte hatten sich nach der letzten Chemotherapie noch einmal stark verschlechtert und wurden deshalb täglich kontrolliert. Es kam auch vor, dass sie eine Bluttransfusion erhielt.

Trotz aller Unwägbarkeiten kamen wir in dieser Zeit gut zurecht. Rolf und ich, die Großeltern, wenn sie Zeit hatten, und die Haushaltshilfe waren ein eingespieltes Team.

Louise musste nach der Intensiv-Chemo noch für ein ganzes Jahr in eine so genannte Dauertherapie, die aus täglicher Tabletteneinnahme bestand, damit sich keine neuen Leukämiezellen im Blut bildeten. Sie wurde ebenfalls zur Vorsorge weiterhin in immer größer werdenden Abständen mit Spritzen behandelt, um Leukämiezellen im Gehirnwasser vorzubeugen. Einmal wöchentlich musste sie sich Blutkontrollen unterziehen. Glücklicherweise konnte auch unser Kinderarzt vor Ort die Blutkontrollen vornehmen, jedoch nicht wie die Spezialisten der Kinderkrebsklinik, die dafür einmal kurz in den Finger stachen und anhand weniger Blutstropfen ein Blutbild erstellten, sondern durch eine richtige Blutabnahme aus der Vene. Wir fuhren im Wechsel zur Krebsklinik oder gingen zum Kinderarzt. Louise war sehr tapfer. Sie weinte keine einzige Träne, als ihr das Blut aus der Vene entnommen wurde. Sie ging trotz aller Unannehmlichkeiten ohne Murren in das Behandlungszimmer. Und wenn der Arzt das Blut entnommen hatte, sagte sie: »Danke, Doktor!«

Schließlich wurde in der Kinderkrebsklinik der Port wieder entfernt, Louise also noch einmal operiert. Auch diese OP verlief ohne Komplikationen.

Rolf und ich vergaßen unsere eigenen Wehwehchen. Es blieb keine Zeit für Klagen. Mir war mal eben meine Kaiserschnittnaht aufgetrennt worden, da sie sich vernarbt hatte; und Rolf hatte zwischendurch vier Zähne gezogen bekommen.

DIE KINDER ENTWICKELN SICH

Zu Loreens zweitem Geburtstag konnten wir eine kleine Tanzparty veranstalten. Louise befand sich noch in der Dauertherapie, und ihre Abwehr war so gut, dass auch ein paar andere Kinder eingeladen werden durften. Louises Immunsystem hatte sich gut erholt.

Die Nachbarskinder Max und Paul, sie passten vom Alter her zu Loreen und Louise, kamen. Mehr Kinder luden wir nicht ein, da Loreen nicht allzu viel Trubel und laute Geräusche vertrug. Sie hatte auch Angst vor Luftballons.

Kurz vor ihrem Geburtstag hatte Loreen das Laufen gelernt. Zuerst hatte sie im Zeitlupentempo einen Fuß vor den anderen gesetzt. Ganz vorsichtig. Jeden Tag ein paar Schritte mehr. Sie hatte es ganz allein schaffen wollen. Es war für mich wie ein Geschenk, Loreen nun mit Louise tanzen zu sehen. Anfassen oder sich helfen lassen, das mochte sie nicht. Sie entzog einem ihr Händchen und marschierte allein los. Wie ein kleiner Roboter lief sie, fünf Schritte vor, dann ruckartig eine Drehung zur Seite, was nicht selten zum Sturz führte. Sie kannte durch ihre Schaukelei in der Autoliegeschale ja nur die Bewegungen vor und zurück. Sich nach links oder rechts zu wenden war ihr fremd. Außerdem war ihr Gleichgewichtssinn noch nicht genügend ausgereift. Aber nach und nach lernte sie, ihr Gleichgewicht zu halten, und sie drehte sich, ohne umzufallen. Ihre Schritte wurden sicherer und flotter, sodass sie bald so flink laufen konnte, dass wir aufpassen mussten, dass sie uns nicht davonlief.

Probleme machte Loreen weiterhin die Nahrungsaufnahme. Sie konnte auch im Alter von zwei Jahren noch immer keine stückige Kost schlucken. Sie würgte daran und erbrach sie meist wieder. Wir versuchten unzählige Male und mit viel Geduld, sie mit einem Marmeladenbrot zu füttern. Das Brot war in kleine Stückchen geschnitten, die maximal so groß waren wie ein Streichholzkopf. Loreen lutschte, aber sie bekam sie nicht hinuntergeschluckt. Sie konnte auch nicht abbeißen, geschweige denn kauen. Es war ihr wohl unangenehm im Mund. Unsere Krankengymnastin machte mit Loreen viele Übungen für den Mundraum, die wir auch zu Hause durchführten. So gut sie es sich gefallen ließ, strichen wir ihr zum Beispiel mit ihrer Zahnbürste den Mund aus oder rieben mit Wattestäbchen an ihrem Zahnfleisch. Wir ließen sie viele Dinge in den Mund stecken, damit sie ein Gefühl dafür bekam: Lutscher, Knäckebrot oder Lakritzschnecken. Sie kaute darauf herum, spuckte es aber immer wieder aus. Wir übten dennoch fleißig weiter, und der Erfolg bleib endlich nicht länger aus: Loreen aß eines Mittags ihre ersten weich gekochten Reiskörner mit viel Soße! Sie würgte dabei noch, und ihr stiegen die Tränen in die Augen, aber auch das war irgendwann überwunden. Wir gaben ihr kleine Kartoffelstückchen, die wir nach einiger Zeit immer größer schnitten. Irgendwann schaffte sie es zum ersten Mal, einen Teelöffel voll Kartoffelstückchen hinunterzuschlucken. Wir waren stolz auf sie und glücklich.

Loreen brauchte viel Zeit beim Essen. Sie behielt alles lange im Mund, bevor sie es hinunterschluckte. Sie war auch sehr wählerisch. Süße Mahlzeiten mochte sie anfangs überhaupt nicht. Bekam sie beispielsweise einen Löffel Apfelmus, spuckte sie ihn in hohem Bogen wieder aus. Das sah sehr unappetitlich aus. Überhaupt waren Loreens Essmanieren sehr schlecht, oder besser gesagt, sie hatte keine. Sie matschte ständig mit den Fingern im Essen herum. Ihre Trinkflasche war immer voll von Fingerabdrücken, der Sauger mit Essensresten verstopft. Es kam vor, dass wir Loreen stündlich die Hände waschen mussten.

Loreen war ein neugieriges Mädchen, aber auch sehr ängstlich. Schaute Louise sich einen Zeichentrickfilm im Fernsehen an, schrie Loreen die meiste Zeit. Loreen hatte zum Beispiel panische Angst vor Gegenständen, die in die Luft flogen, oder vor Dingen, die vom Himmel fielen und auf der Erde landeten – wie beispielsweise ein Fallschirmspringer. »Oh Mann, Loheen, Ruhe!«, rief Louise dann. Sie wollte ungestört ihre Sendung sehen. Oder Louise schickte Loreen aus dem Zimmer und knallte hinter ihr die Wohnzimmertür zu.

Einmal hörte Loreen gar nicht auf zu weinen, als im Fernsehen ein Trickfilm-Baum seine Blätter verlor. Die Blätter flogen vom Wind in den Himmel davon. Loreen hatte große Angst. Es lag nicht am Ton oder an den Geräuschen, die ihr sonst immer Angst machten. Wir konnten den Ton abstellen, sie hatte trotzdem Angst vor den fliegenden Blättern.

Während der Krebstherapie hatte sich Louises Sehfähigkeit verschlechtert. Es fiel mir daran auf, dass sie Bücher oder Zeitschriften auf einmal sehr dicht ans Gesicht hielt, um etwas erkennen zu können. Bei einer Augenuntersuchung stellte der Arzt schließlich eine Weitsichtigkeit fest. Die Fahrt zum Brillengeschäft war für Louise wie ein Ausflug, denn sie war lange nicht mehr in der Stadt oder in einem größeren Geschäft gewesen. Louise bestaunte alles, die Regale mit den Brillen und die Kunden. Sie hatte Spaß, die verschiedenen Gestelle anzuprobieren, und wir entschieden uns am Ende für ein knallrotes Modell. Endlich hatte auch Louise eine Brille. Sie war schon immer neidisch auf die Brille von Loreen gewesen, die ihre bereits zum ersten Geburtstag bekommen hatte.

Die Freude an der Brille hielt jedoch nur zwei Tage. Dann wollte Louise sie nicht mehr tragen. Da sie nur eine leichte Sehschwäche hatte, war es zum Glück nicht unbedingt notwendig, dass sie die Brille täglich trug.

Louise war sehr begabt im Malen. Bereits seit ihrem zweiten Geburtstag malte sie mit Wachsmalstiften und schwungvollen Handbewegungen kunstvolle Zeichen und Flecken auf das Papier. Später erhielt sie von meiner Mutter einen Tuschmalkasten, verschiedene Pinsel und einen Malblock. Sie hielt den Pinsel geschickt in der rechten Hand, tauchte ihn in den Wasserbehälter und tupfte zart und geschmeidig Farbe damit auf, bevor sie dann ganz gezielt wunderschöne Gestalten und Figuren auf das Papier brachte. Mal waren die Bilder wässrig verlaufen, weil sie den Pinsel zu lange ins Wasser getaucht und zu wenig Farbe benutzt hatte; mal waren sie kräftig und schillernd. Louise fertigte während ihrer vielen Krankenhausaufenthalte unzählige solcher Bilder an.

Wir gaben den Malwerken Namen. *Das Schwein im Weltall* nannten wir eines zum Beispiel. Louise hatte mit rosa Farbe einen großen Klecks in die Mitte des Papiers gemalt und dann kleine schwarze Pünktchen drum herum. Ein anderes Bild erhielt den Titel *Bunte Flugzeuge*. Auf dem Papier waren deutlich drei Flugzeuge zu sehen. Ein blaues, ein schwarzes und ein rotes. Die Tragflächen waren deutlich zu erkennen. *Der blaue*

Pilz war ein Bild, auf dem ein wunderschöner, großer blauer Pilz zu sehen war. Ein weiteres Bild nannten wir *Feuervogel*. Darauf war ein roter Vogel, der seine Flügel weit spannte.

Louise hatte eine enorme Fingerfertigkeit. Deshalb hatte ihr Oma Karin bei einem ihrer Krankenhausaufenthalte ein Computerlernspiel für Kinder geschenkt. Wir übten mit ihr, und sie verstand schnell. In einem Programm erschien ein schwarz-weißes Bild, welches ausgemalt werden sollte. Sie musste nur die Maus hin und her bewegen, nach rechts, nach links, nach oben und nach unten. Mittels dieser Bewegungen malte sie das Bild dann auch großflächig aus. Als sie fertig war, erklang passend zum Motiv eine Musik. Louise freute sich. Nach der Musik kam ein neues schwarz-weißes Bild. Sofort begann Louise, eilig die Maus zu bedienen. Und als auch dieses Bild fertig ausgemalt war, freute sie sich über die neue Musik. Das Spiel brachte Louise Abwechslung, und sie liebte sowieso jegliche Art von Fingerspielen. Wenn ihr jemand etwas vorsang, lauschte sie dem Text und machte Zeichen mit den Fingern dazu. Bei einem anderen Spiel in dem Computer brauchte sie ebenfalls nur die Maus hin und her zu schieben. Auf dem Bildschirm waren lauter Bilder zu sehen, und wenn man mit der Maus auf ein Bild kam, sang ein Hase ein Lied und bewegte selbst seine Hände und Finger dazu. Louise machte die Bewegungen sofort begeistert nach.

Zu lange durfte sie aber nicht am Computer spielen. Zwei- bis dreimal pro Woche für jeweils zehn bis fünfzehn Minuten. Aber sie vergaß den Computer nicht. Abends, wenn ich sie zu Bett bringen wollte, stand sie aufgeregt vor unserem Arbeitszimmer, klopfte an die Tür und machte Zeichen mit ihren Fingern, während sie rief: »Da, da, da!«

Wir freuten uns über Louises Lernverhalten und ihre tollen Fortschritte trotz der anstrengenden Krebstherapie. Anfangs dachten wir, sie würde sicher vieles verlernen oder in ihrer Entwicklung stehen bleiben. Glücklicherweise hatte es sich nicht so ergeben.

Besonders stolz waren wir auf ihren ausgeprägten Sinn für Ordnung. Wenn sie oder Loreen beispielsweise beim Essen kleckerten, dann holte sie einen Lappen und wischte den Tisch sauber. Sie reinigte auch ihren Mund nach jedem Bissen, den sie in den Mund steckte. Eine Serviette oder ein Lätzchen musste grundsätzlich neben ihrem Teller liegen.

Louise half mir gern. Wenn sie bemerkte, dass ich das Essen vorbereitete, kam sie in die Küche, öffnete die Schranktüren und Schubladen und holte alle möglichen Teller, Bestecke, Brettchen und Tassen hervor und legte alles ordentlich auf den Küchentisch. Ich lobte sie dafür, auch wenn all das Geschirr und Besteck meist gar nicht benötigt wurde. Wenn der Kühlschrank aufstand, ging sie hin und holte einen Pudding heraus. Sie nahm nicht irgendeinen Pudding. Sie nahm genau die Sorte, die Loreen immer bekam. Den Pudding stellte sie auf das Tischchen vor Loreens Hochstuhl. Dann zog sie die Besteckschublade auf, reckte und streckte sich und zog – ohne in die Schublade sehen zu können – einen Löffel hervor, den sie dann neben den Pudding legte. Auch den Geschirrspüler räumte sie gern aus. Sie wusste genau, dass Messer, spitze Gegenstände oder zerbrechliches Porzellan für sie tabu waren. Nur die Löffel, Bretter oder Kunststoffgegenstände nahm sie heraus, reichte sie mir und freute sich, wenn ich ihr bei jedem Gegenstand für ihre freundliche Hilfe dankte. Während sie die doch sehr leichten Gegenstände aus dem Geschirrspüler herausholte, stöhnte und schnaufte sie, als wären sie felsbrockenschwer. Ich war erleichtert, dass Louise sich so gut beschäftigen konnte, denn was konnte ich ihr zu Hause schon Großartiges bieten. Es war hilfreich, dass ihr diese spielerischen Tätigkeiten im Haushalt so viel Freude bereiteten, ich hatte befürchtet, Louise könne sich wegen der Isolierung von den anderen Kindern durch das Kindergartenverbot langweilen.

Als ich eines Abends einen Hefeteig zubereitete, diesen kräftig knetete, immer auf den Tisch warf, hineinschlug und so tat, als schimpfte ich ihn aus, schaute Louise mir erstaunt zu. Sie meckerte ebenso herum und zeigte mit dem Finger auf den Teig und rief: »Du, du du!«, so als wollte sie den Teig ermahnen. Ich gab die zähe Masse in eine Schüssel, deckte diese mit einem Handtuch ab und stellte sie in der Wohnstube auf die Heizung, damit der Teig schön aufgehen konnte. Ich räumte noch etwas auf. Louise sah mir zu. Sie beobachtete die Schüssel und war sehr entzückt, als sich später das Handtuch wölbte und ein kleiner Hügel zu erkennen war. Sie marschierte in die Küche und holte eine Schüssel aus dem Schrank. Dann fuchtelte sie aufgeregt mit den Händen in der Luft herum und schimpfte. Sie holte eine andere höhere Schüssel aus dem Schrank, steckte diese in die größere hinein, nahm ihr Kuscheltuch, legte es über die Schüsseln und stellte alles neben den Hefeteig auf die Heizung. Da die zweite Schüssel, die Louise in die andere gesteckt hatte, etwas höher war, sah sie unter dem Kuscheltuch wie ein Hefeteig aus.

In solchen Momenten hätte ich vor Freude weinen können. Es waren Lichtblicke, wenn ich sah, wie schlau Louise sich verhielt, wie klug sie beobachtete und nachahmte. Das war der größte Dank für unsere Fürsorge, den wir erhalten konnten.

Mit Familie und Freunden feierten wir kurz vor Loreens drittem Geburtstag im Sommer ein schönes Tauffest. Wir waren stolz auf unser zweites behindertes Mädchen und suchten dementsprechend ihren Taufspruch aus.

Herr, ich danke dir, dass ich so wunderbar gemacht bin!

Louise und Loreen trugen an diesem Tag jede ein hübsches dunkelblaues Satinkleid, das an den Ärmeln und am Saum mit hellblauen Blümchen bestickt war. Oma Karin hatte sie zuvor noch passend zurechtgeschneidert. Wie zwei Prinzessinnen saßen unsere beiden Mädchen artig auf der Kirchenbank in der ersten Reihe. Louise verfolgte staunend das Taufritual. Die Pastorin kündigte an, dass auf lautes Orgelspiel mit sämtlich gezogenen Registern der Orgel verzichtet werde, da Loreen eine extreme Geräuschempfindlichkeit habe. Niemand hatte ein Problem damit. Auch nicht, als Loreen dann selbst noch bei dem leisem Orgelspiel laut schrie und sich die Ohren zuhielt. Tante Sammy und Oma Karin wurden Loreens Taufpatinnen. Sammy überraschte uns mit dem Auftritt zweier Sängerinnen und einem Klavierspieler des Gospelchores aus der Nachbargemeinde. Das vorgetragene Lied *Pie Jesu* ging allen unter die Haut. Es war ein wundervolles Geschenk. Im Anschluss an den Taufgottesdienst saßen wir mit Familie und Freunden bei uns zu Hause zum Kaffee zusammen.

Zum Sommer fand Rolf eine neue Anstellung, zunächst arbeitete er nur stundenweise einige Tage pro Woche. So konnte er die Kinder teilweise weiterhin noch mit betreuen und besonders Louise zu den Kontrollbesuchen ins Krankenhaus oder zur Arztpraxis begleiten. Rolfs neuer Chef konnte unsere Familiensituation sehr gut nachvollziehen, da er durch die Behinderung seines eigenen Kindes Erfahrung hatte. Rolf durfte sich die Arbeitszeit selbst einteilen. Nach Bedarf fuhr er mal morgens gegen sieben Uhr oder erst gegen neun Uhr zur Arbeit. Wenn er zu Hause gebraucht wurde, konnte er bereits mittags Feierabend machen. Das war optimal für uns alle.

Louise war in einem Alter, in dem sie gern Einkaufengehen spielte. Unsere geräumige Speisekammer war ein Paradies für sie. Die Kammer wurde zum Supermarkt umfunktioniert. Rolf hatte große Regale in dem Raum angebracht, sodass er wie ein kleiner Tante-Emma-Laden aussah. Louise hängte sich ihre Geldbörse um den Hals, nahm sich einen Korb und suchte sich aus der reichlichen Anzahl Dosen und Schachteln – es gab Pilze, Tomaten, Erbsen und Möhren, Milch, Chips, Negerküsse, Salzstangen und Duschgel – einige aus und packte die Waren in ihren Korb. Bei jedem neuen Teil in ihrem Korb machte sie ein paar Bemerkungen. Nudeln hießen »Giko«, Milch »Mi« und die übrigen Dinge »Mhhhh«. Dabei rieb sie sich dann den Bauch, weil es ja alles so lecker war. Unter den Arm klemmte sie sich ein großes Paket Toilettenpapier. Danach ging sie schwer bepackt, stöhnend und schnaufend aus der Speisekammer und verteilte die Sachen in der Küche, im Badezimmer und im Wohnzimmer. Von meiner Schwiegermutter und meiner Schwester bekam Louise einen Kindereinkaufswagen zum Spielen und eine Registrierkasse. Ich stellte beides in die Speisekammer, und Louise kaufte ein, bezahlte, räumte die Waren in den Kühlschrank und die Küchenschränke oder brachte das Duschgel und das Toilettenpapier ins Badezimmer. Louise begriff sehr schnell, was wohin gehörte.

Als Louises Blutwerte – und besonders die Werte für die eigene Abwehr – sehr gut waren, fuhr ich mit ihr zur Abwechslung in den kleinen Einkaufsladen in dem Ort, in dem meine Schwiegereltern lebten. Ich hoffte, dass dort keine Flut von Bakterien, Viren und sonstigen Erregern umherschwirrten und ich Louise mit dieser kleinen Abwechslung etwas Gutes tun konnte. Louise stolperte vergnügt in den Laden hinein und rief lauthals: »Hallo, Käthe Kaufmann!« Die Besitzerin hieß Käthe und weil sie den Ausdruck »Zum Kaufmann gehen« kannte, rief Louise sie eben »Käthe Kaufmann«. Wie Louise es beim Spielen mit ihrem Kinderkaufladen gelernt hatte, nahm sie gleich den kleinen Einkaufswagen, schob ihn durch die Gänge und kam aus dem Staunen nicht mehr heraus. Sie packte den Wagen voll mit Bananen, Pudding, Chips, Mandarinen in Dosen, Gewürze und Nudeln, fuhr zum Wursttresen, zeigte auf ihre Lieblingswurst und rief: »Da, Wu!« – Da Wurst!

Der Ladenbesitzer, der hinter dem Fleischtresen stand, schnitt ein paar Scheiben der leckeren Jagdwurst ab, wickelte sie ein und überreichte sie Louise, die sie artig in ihren Einkaufswagen legte. Danach fuhr Louise durch die Gänge mit Süßwaren weiter zur Kasse. Ich half ihr, die Waren auf das Einkaufsband zu legen. Louise schaute gespannt auf die Kassiererin Marga, die Louise mit »Hallo, Marga Kaufmann!« begrüßte. Louise staunte, wie flink sie auf den Tasten der Kasse tippte. Dann öffnete Louise ihre Geldbörse, holte einen Geldschein heraus, übergab ihn der Kassiererin und machte die Geldbörse wieder zu. Ich packte die Waren in die Einkaufstasche und ging mit Louise zum Auto. Louise lief vergnügt neben mir her und stöhnte und schnaufte heftig, weil die Tasche ja so schwer war – dabei trug ich den Einkauf allein. Wir verstauten die Tasche im Kofferraum und fuhren nach Hause. Louise räumte alle Waren in der Küche aus und brachte sie an ihren Platz. Danach setzte sie sich in ihren Fernsehsessel im Wohnzimmer. Sie hatte sich eine Ruhepause verdient.

Rolf hatte unsere Fahrräder repariert und die Kindersitze daran befestigt, sodass wir nun bei schönem Wetter fast jeden Abend eine kleine Fahrradtour mit den Kindern unternahmen. Dabei stellte ich immer wieder aufs Neue fest, wie wunderschön die Landschaft in unserer Gegend ist. Wir haben gleich vor der Haustür ein wahres Urlaubsparadies. Es ist nicht weit bis zur Nordsee, nur ein paar Kilometer. Wir befinden uns wie auf einer kleinen grünen Insel, umgeben von der See, dem Nord-Ostsee-Kanal und dem Fluss Eider. Bei unseren Fahrradausflügen kamen wir an herrlich angelegten Gärten, reetgedeckten Häusern und bezaubernden Bauernhöfen vorbei. Es roch so herrlich nach frisch gemähtem Gras oder Kuhdünger. Die Kinder erfreuten sich an den Gänsen, Hühnern, Kühen, Kälbchen, Eseln, Pferden, Katzen und Hunden. Beide konnten die Tiergeräusche nachmachen. Loreen machte »buhhh«, als eine Kuh muhte, Louise grunzte, als wir an frei laufenden Schweinen auf einer Wiese vorbeikamen.

Wir erlebten einen glücklichen Sommer.

MIT NIEMANDEM TAUSCHEN

Loreen wurde aufgeweckter und mobiler, was grundsätzlich natürlich positiv zu bewerten war, aber sie kannte keine Grenzen, was uns auch wieder mehr Sorgen bereitete. Sie wirkte, als stünde sie ständig unter Strom. Loreen hatte eine unvorstellbare Ausdauer. Bereits morgens, wenn sie wach wurde, brabbelte und kicherte sie im Bett, stand am Gitter und wippte aufgeregt hin und her. Sie konnte es nicht erwarten, aus dem Bett zu kommen. Kaum herausgehoben, begann sie zu tanzen, sich zu drehen und dabei laut zu lachen. Beim Aus- und Anziehen, beim Waschen, beim Kämmen, beim Zähneputzen musste ich sie zwischen meine Beine klemmen, damit sie überhaupt mal stillhielt. Ließ ich sie los, krabbelte oder lief sie wie von einer Tarantel gestochen von einem Zimmer ins nächste. Loreen bewegte sich sehr hektisch und wirkte immer beschäftigt. Wenn wir im Wohnzimmer saßen und zum Flur blickten, sahen wir sie hin und her gehen, eiligen Schrittes in die Küche, dann zurück in den Flur, ins Bad usw. Jedes Mal hatte sie einen anderen Gegenstand unter dem Arm, einen Löffel, den sie sich aus der Küchenschublade geangelt, ein Buch, das sie aus dem Schrank im Flur genommen, eine Rolle Toilettenpapier, die sie aus dem Bad mitgenommen hatte. Sie marschierte mit diesen Dingen unter dem Arm wie ein hochbeschäftigter Professor von Raum zu Raum. Der Oberkörper war dabei meist vorgebeugt, und so eilte sie geschäftig wie zu einem wichtigen Termin.

Williams-Beuren-Kinder werden oft als Kobolde oder Elfen beschrieben. Wir stuften Loreen absolut in die Kategorie Kobold ein. Wir fanden auf dem Treppenabsatz eine Socke, eine Gabel im Zahnputzbecher, Steine in unseren Schuhen.

Beim Frühstück stand Loreen im Hochstuhl immer auf und setzte sich auf die Rückenlehne des Stuhls. Selbst ein kurzzeitig angebrachter Gurt half nicht. Loreen befreite sich jedes Mal schnell. Also durfte sie bereits im Alter von zwei Jahren auf unserer Kücheneckbank Platz nehmen, um ihr Essen einzunehmen. Aber auch dort blieb sie keine fünf Sekunden sitzen, stellte sich hin, kletterte in Windeseile auf den Tisch, setzte sich in die Butter, riss den Wurstteller vom Tisch, stand wieder auf und schwang die Deckenlampe hin und her. So schnell, wie es mir möglich war, setzte ich Loreen zurück auf die Eckbank. Aber sie schaffte es immer wieder, blitzschnell auf den Tisch zu gelangen und, wenn wir nicht rechtzeitig eingriffen, von dort über die kleine Mauer, die Essplatz und Küche trennt, direkt in das Abwaschbecken. Dort lutschte sie genüsslich an einem Schwamm oder einem Putzlappen, der im Becken lag. Unsere Nerven lagen oft blank. Es blieb uns nichts anderes übrig, als Loreen zeitweise im Stehen essen zu lassen. Das hatte allerdings den Nachteil, dass sie anfing, während des Essens auf Wanderschaft zu gehen. Sie holte sich einen Bissen Marmeladenbrot am Tisch ab, den sie weder kauen noch hinunterschlucken konnte, sondern nur lutschte, lief eilig von der Küche in die Wohnstube, von der Wohnstube in den Flur, vom Flur wieder in die Küche und spuckte – dies ist noch freundlich ausgedrückt – uns den Bissen direkt vor die Füße und verlangte einen neuen Happen.

Louise, der wir bereits früh sehr gute Manieren beigebracht hatten, war bis dahin immer sehr anständig gewesen. Doch die akrobatischen Kletteraktionen ihrer Schwester und das ständige Ausspucken der Nahrungsmittel imponierten ihr, und sie machte es ihr nach. Da saß ich dann als Mutter mit zwei völlig durchgeknallten Kindern und versuchte, Ordnung in das Chaos zu bringen.

Wenn solch ein anstrengender Tag vorbei war, fielen Rolf und ich müde und ausgelaugt ins Bett. Aber der Wunsch nach einem anderen Leben kam uns trotz allem nicht in den Sinn.

Wir vier hatten schon so viel gemeinsam geschafft und auch die schwere Zeit der Leukämieerkrankung mit all ihren Tücken überstanden. Louises Blutzwischenwerte waren bestens. Untersuchungen am Knochenmark ergaben, dass dieses frei von Leukämiezellen war. Wir sahen endlich wieder Licht am Ende des Tunnels und waren stolzer denn je zuvor auf unsere beiden Mädchen und auf uns. Jetzt galt es nur noch, die Dauertherapie, die zur Vorsorge eines erneuten Ausbrechens von Krebszellen diente, durchzuhalten.

Da Louise noch immer nicht wieder den Kindergarten besuchen konnte und Loreen das Kindergartenalter für die Integrationsgruppe in unserer Wohnortnähe noch nicht erreicht hatte, nutzten wir jetzt regelmäßig das Angebot, mit unseren Mädchen im Kindergarten zu spielen, wenn die anderen Kinder längst zu Hause waren. Dies hatten uns die Mitarbeiterin der Perspektive Meldorf von der Abteilung Frühförderung und die Heilpädagogin des Heilpädagogischen Kindergartens Meldorf ermöglicht. Diesmal überraschten uns Frau Hansen und Frau Glindemann mit einer großen Hüpfburg, auf der

Louise und Loreen ausgelassen turnen konnten. Danach durften sich die Mädchen in einem Kuschelraum ausruhen und sich von musikalischen Klängen und Lichterspielen verwöhnen lassen.

Rolf und ich waren immer häufiger sehr erschöpft und überlegten, dass eine gemeinsame Erholungskur uns allen gut tun würde. So stellten wir einen Antrag für eine Familienkur bei unserer Krankenkasse. Diese wurde zunächst nicht für die ganze Familie bewilligt, deshalb ging der Antrag von einer Behörde zur anderen, um nach langer Bearbeitungszeit doch noch für die gesamte Familie von meiner Rentenversicherungsanstalt bewilligt zu werden. Unsere Freude war groß!

Geplant war eine Kur für den Frühwinter 2001 im Schwarzwald. Wir überlegten, ob wir die Reise mit der Bahn oder mit dem eigenen Pkw antreten sollten. Aber beides barg irgendwelche unlösbaren Probleme. Die Bahnfahrt wäre mit beiden Kindern sicherlich sehr anstrengend gewesen, da besonders Loreen nicht zwei Minuten stillsitzen konnte und immer weglief. Unser Pkw war für all das Gepäck und die beiden Kinderwagen viel zu klein. Ein Kleinbus wäre nicht schlecht gewesen, aber als Mietwagen für uns viel zu teuer. Einen Bus zu kaufen und monatliche Raten abzuzahlen kam überhaupt nicht in Frage. Da kam mir eine Idee: Wir waren bereits jahrelang bei einem großen Autoclub Mitglied, und so hoffte ich, dass dieser uns solch einen Bus womöglich günstig vermitteln könnte. Ich setzte einen Brief auf, erläuterte darin unsere Situation und legte ein paar Fotos von uns und den Kindern dazu. Der Club antwortete rasch. Leider konnten sie uns keinen Kleinbus vermitteln. So entschieden wir uns doch für die

Bahnfahrt. Der Autoclub schlug uns dennoch vor, die gesamten Koffer mit der Bahn vorauszuschicken und die Beförderungskosten der Gepäckstücke für die Hin- und Rückfahrt zu übernehmen. Das war eine große Hilfe. Somit hatten wir keine Mühen mit den Koffern und nur die Kinder mitsamt den Kinderwagen zu befördern.

Die Kosten für die Bahnfahrt bekamen wir aufgrund der zwei Behindertenausweise komplett erstattet. Und wir konnten für uns ein ganzes Abteil reservieren, sodass Loreen und Louise sich frei bewegen konnten und nicht durch Fremde gestört wurden und umgekehrt. Ende November traten wir dann unsere heiß ersehnte Reise in unseren wohlverdienten ersten gemeinsamen »Familienurlaub« an.

Wir ließen uns auf eine abenteuerliche Bahnfahrt ein. Für Louise und Loreen hatte meine Schwester in einem Spielwarengeschäft ein paar Schaffnerutensilien wie Mütze, Trillerpfeife, Kelle, Spielfahrkarten und einen Fahrkartenentwerter besorgt, damit wir ihnen die Bahnfahrt unterhaltsam gestalten konnten.

Aufgeregt standen wir auf dem Bahnhof und warteten auf unseren Zug. Als er heranrollte, jubelten Louise und Loreen. Ich freute mich, denn ich hatte befürchtet, dass Loreen vielleicht panikartig schrie, da der Zug sehr laut war. Sie wippte in ihrem Kinderwagen hin und her und konnte es gar nicht erwarten, in den Zug zu kommen. Als der Zug stillstand, drängten die vielen Menschen auf dem Bahnsteig hektisch in den Zug, jeder wollte der Erste beim Einsteigen sein. In dem Trubel fanden wir nicht so schnell unsere Wagennummer. Ein Bahnangestellter herrschte uns an: »Sehen Sie zu, dass Sie einsteigen! Ihr Abteil ist dort hinten!« Rolf und ich sahen uns an und verdrehten nur die Augen. Wir ließen uns von dieser Panikmache nicht anstecken und stiegen in aller Ruhe in den Zug.

Die Mädchen erkundeten neugierig das Abteil. Sie machten es sich in ihren Sitzen gemütlich und blickten aus dem Fenster. Als der Zug losfuhr, freuten sie sich. Louise zeigte aus dem Fenster und rief: »Da Hau.« Sie hatte dabei auf ein Haus gezeigt. Kurz nach der Abfahrt holte sie die Schaffnerutensilien für sich und Loreen aus meinem Rucksack und blies kräftig in die Pfeife. Loreen erschrak und weinte. Louise stiefelte als Schaffner verkleidet aus dem Abteil Richtung Großraumwagen. Dort begrüßte sie jeden Fahrgast per Handschlag und schwang die Kelle durch die Luft, danach verteilte sie die Spielfahrkarten mit *Reiseziel Paris* an die fremden Leute. Plötzlich stand die Schaffnerin vor ihr, doch die Dame schimpfte nicht, sondern zeigte Louise, wie man die Fahrkarten entwertete. Louise hatte sehr viel Spaß an diesem Spiel.

Doch die Bahnfahrt dauerte sechs Stunden. Trotz aller Abwechslung für die Kinder war sie für uns alle sehr anstrengend. Rolf und ich waren erleichtert, als wir schließlich ohne besondere Zwischenfälle an unserem Reiseziel ankamen.

Die ersten drei Tage und Nächte in der Kureinrichtung schrie Loreen viel. Es war einfach zu laut und hellhörig in unserer Wohnung. Neben und über uns waren ebenfalls Familien untergebracht. Schon ein nächtliches Betätigen der Klospülung aus der Wohnung über uns ließ Loreen aus dem Schlaf hochschrecken. Sie schrie manchmal drei Stunden am Stück und konnte sich an die Geräusche nicht gewöhnen. Der Schlafentzug setzte uns allen zu. Wir suchten die Kurleitung auf und teilten dieser mit, dass wir am liebsten wieder abreisen wollten, denn bei dieser Hellhörigkeit und den Geräuschen aus den anliegenden Wohnungen würde Loreen nie zur Ruhe kommen. Wir schilderten die behinderungsbedingte extreme Geräuschempfindlichkeit, schienen aber zunächst leider auf wenig Verständnis zu stoßen. Loreen habe sicherlich wie üblich für Kinder Anpassungsstörungen, sagte man uns. Die lange Bahnfahrt, die Umgewöhnung von zu Hause in die Kureinrichtung und die Müdigkeit sollten an Loreens Schreiattacken schuld sein. Wir wussten jedoch, dass wir keine Erholung bekämen, wenn wir nicht wenigstens eine Wohnung im obersten Stockwerk hätten, sodass zumindest niemand über uns wohnte. Glücklicherweise tauschte eine Familie mit uns die Wohnung. Gleich in der ersten Nacht nach diesem Wohnungstausch schlief Loreen ruhig. Es war eine erholsame Nacht für uns alle, und wir saßen morgens ausgeschlafen und gut gelaunt beim Frühstück.

Nach den ersten ärztlichen Untersuchungen bekamen wir unter anderem Bewegungsbäder, Massagen, Krankengymnastik, Entspannungsübungen und Wannenbäder verordnet. Die Kinder wurden vor- und nachmittags sehr gut in kleinen Gruppen betreut. Für Loreen wurde eine Extrabetreuungskraft eingestellt, die ein wachsames Auge auf sie hielt. Während die Kinder gut untergebracht waren, konnten Rolf und ich unsere Anwendungen genießen und uns beim Fitness, Schwimmen, Basteln, bei Wanderungen im Schnee oder beim Faulenzen entspannen.

Was uns aber sehr an der Kureinrichtung störte, war, dass diese in erster Linie auf Krebskinder und nicht auf behinderte Kinder spezialisiert war. Für uns standen jetzt wieder die

Behinderungen der Kinder im Vordergrund. Da bei Louise jedoch regelmäßig die Blutwerte kontrolliert werden mussten und diese Kureinrichtung eine optimale ärztliche Versorgung bot, hatten wir uns für diese Einrichtung entschieden. Die Gruppengespräche, die dort angeboten wurden, behandelten in der Regel die Themen Krebs, Angst vor Spätfolgen, Leiden der Geschwisterkinder und Eltern durch die Krebserkrankung und Krebstherapie. Davon wollten wir jedoch am liebsten nichts mehr wissen. Für uns war die Leukämieerkrankung endlich einmal in den Hintergrund getreten, wir wollten das alles schnell vergessen und sahen die Dauertherapie mit den wöchentlichen Aufenthalten in der Kinderkrebsambulanz als Begleittherapie an, genauso wie auch die Krankengymnastik und die Frühförderung. Wir wollten uns einfach nur vom Winterwetter verwöhnen lassen und uns etwas von der anstrengenden Zeit ausruhen, und dazu nutzten wir die Kur auch.

Da viele Kinder und Erwachsene, die sich in der Kureinrichtung befanden, erkältet waren, machten Infekte die Runde. Ein Schnupfen oder Husten bei zwei oder drei Kindern wäre ja nicht weiter schlimm gewesen, aber hier keuchte und hustete jedes Kind. Jedem lief die Nase. Dann erkrankten auch noch mehrere kleine und große Gäste an einer Magen- und Darmgrippe, und die trockene Luft in den Räumen reizte unsere Atmungsorgane. Louise hatte bald starke Hustenanfälle. Das Inhaliergerät, welches für Loreen viel zu laut war, lief stundenlang. Draußen war eisige Kälte, und beide Mädchen fingen sich eine Mittelohrentzündung und eine Bronchitis ein. Mich ärgerte das sehr, denn zu Hause hatte ich so wachsam darauf geachtet, dass kein unmittelbarer Kontakt zwischen uns und erkrankten Personen stattfand. In der Kinderkrebsklinik hatte man uns immer wieder ermahnt, hustende Menschen zu meiden und Louise aufgrund des sehr geschwächten Immunsystems von Grippekranken fern zu halten. Durch ihre Behinderung war Louise sowieso schon anfälliger für Infekte als andere. Während der ganzen Kurzeit hatte sie Schnupfen, hustete und schleimte nachts so sehr, dass sie nicht genügend Luft bekam.

Wir hatten das Glück, dass Louises Patenonkel gerade im hohen Norden weilte und statt, wie geplant, mit dem Zug nun mit unserem Auto zurück Richtung Karlsruhe fuhr und uns unseren Wagen vorbeibrachte. Jetzt konnten wir wenigstens an den Wochenenden diesem »Bazillenladen« entfliehen. Wir tankten bei Ausflügen frische Luft. Ein besonderes Erlebnis war das Weltcup-Skispringen in Neustadt am Titisee, das von meinem Lieblingsmoderator Günther Jauch moderiert wurde. Skispringen interessierte mich zwar eigentlich nicht so sehr – mein Herz schlug mehr für die holländische Fußballnationalmannschaft mit meinem Lieblingstorwart Edwin van der Sar –, aber es war dennoch ein unvergessliches Erlebnis, die Skiathleten Sven Hannawald und Martin Schmitt einmal live zu sehen. Wir unternahmen Ausflüge zu einem traumhaften Weihnachtsmarkt ins nahe gelegene Frankreich und nach Konstanz an den Bodensee. Diese Erlebnisse und die Erholung während der vier Wochen ließen die negativen Eindrücke in den Hintergrund rücken.

Wir hatten eine türkische, eine afghanische und eine italienische Familie kennen gelernt, von denen wir uns gar nicht mehr trennen wollten. Der Abschied von diesen lieb gewonnenen Menschen am Ende der Kur fiel uns schwer. Wir hielten mit den Familien anschließend engen Kontakt und beschlossen, irgendwann einmal zusammen eine weitere Kur anzutreten. Wir fühlten uns zu diesen Menschen hingezogen. Ich hatte – wie auch bei einigen Familien während der Leukämietherapie auf der Kinderkrebsstation – das Gefühl, diesen Menschen schon lange sehr nahe zu stehen, obwohl ich sie gar nicht kannte. Sie waren mir auf Anhieb ungemein sympathisch. Wahrscheinlich lag es daran, dass wir ähnliche Schicksale zu bewältigen hatten. Das verband uns miteinander.

Schließlich traten wir die Rückfahrt mit unserem Auto an. Die Koffer ließen wir uns nachschicken. Es war verblüffend, wie artig Louise und Loreen die Fahrt durchhielten. Fünf Stunden fuhren wir ohne Pause und von Rolf-Zuckowski-Kassetten begleitet Richtung Zuhause. Wir stärkten uns in einem Fast-Food-Restaurant, bei deren anderen Filialen Louise bereits Stammkundin war. Es gab – wie immer – reichlich Pommes mit viel Ketchup. Die restlichen vier Autostunden schliefen die beiden Mädchen. Einige Kilometer vor unserem Heimatort wachte Loreen auf und weinte etwas, weil es angefangen hatte zu regnen und sie das Prasseln des Regens gegen die Fensterscheiben nicht hören mochte. Wir versuchten sie zu trösten.

Rolf und ich waren begeistert, dass die beiden so gut durchgehalten hatten. Es war schön, wieder zu Hause zu sein. Unsere Haushaltshilfe hatte alles sauber gemacht, meine Schwester hatte das Haus geheizt und die Zimmer weihnachtlich geschmückt. Da wir keinen Koffer auszupacken und noch keine Wäscheberge zu erledigen hatten, machten wir es uns gemütlich und ließen uns am Abend Pizza liefern.

Am nächsten Tag besuchten wir meine Schwiegereltern. Die Kinder freuten sich riesig. Besonders Loreen hatte Oma Karin sehr vermisst. Schon als das Auto vor der Tür anhielt, stieß Loreen freudenartige Laute aus und rannte ihrer Oma entgegen. Die beiden Mädchen wollten gar nicht wieder mit nach Hause. Sie waren so glücklich, dass Oma Karin und Opa Rolf da waren. In der vergangenen Zeit hatten sie uns viel Arbeit abgenommen, die Kinder oft betreut und uns tatkräftig zur Seite gestanden.

Als ich Louise und Loreen so glücklich mit ihren Großeltern sah, kam aber auch das gekränkte Kind wieder in mir hoch. Ich hatte nie eine so wunderbare Oma und einen so wunderbaren Opa gehabt. Das fehlte mir sehr. Ich begann über das Leben meiner Großeltern mütterlicherseits nachzuforschen, aber erst nach dem Tod meiner Oma fanden wir alte Briefe, Papiere und Fotos. Sie hatte nie über ihre Erlebnisse zum Beispiel bei der Flucht aus Pommern gesprochen. Jetzt bastelte ich mir mit Hilfe von Notizen, Briefen und Bildern meine eigene Oma-Opa-Welt.

Louise hatte sich bald einen für ihre Verhältnisse großartigen Wortschatz angeeignet. Rolf und ich verstanden ihre Äußerungen ohne Probleme, anderen fiel es schwer, sich mit Louise zu verständigen. Louise benutzte teilweise Gebärden, wenn sie etwas trinken oder essen wollte. Sie hatte lediglich für verschiedene Getränke und Nahrungsmittel eigene Wörter oder Anfangsbuchstaben der Wörter. »Mama Ti!« bedeutete: »Mama Tee!« Das war nicht schwer zu erraten, da sie dabei ihre leere Trinkflasche aufgeregt in die Luft streckte. Wenn ihre Schwester Loreen etwas trinken wollte, die sich aber nicht gut äußern konnte, hatte Louise eine bezaubernde Art, es uns zu vermitteln. Sie rief zum Beispiel: »Mama Heen Mi Kaka!«, wenn Loreen Milch mit Kakao wünschte.

Als Louise im Fernsehen einmal einen Elefanten sah, rief sie aufgeregt: »Mamaaaaaaaaaaaaaa, Ele, da, da!« Als ich nicht reagierte, kam sie eilig angelaufen, tippte mir mit dem Zeigefinger fest gegen das Bein, bis dieser sich fast durch das Fleisch bohrte und rief: »Duuu, Duuu, Duuu! Da Ele, Ele!«

Louise konnte aber auch ein wahres Schlitzohr sein. Wollte sie beispielsweise morgens aufstehen, dann rief sie einige Male: »Mama!« Kam ich nicht gleich zu ihr, dann wurde sie energischer. »Maaaamaaaa!« Und wenn ich dann noch nicht reagierte, ertönte ein lautes Grölen. »Mama AUUUAAA!« Und das half natürlich, denn Louise und Schmerzen, das kannten wir zur Genüge, und dann wurde sie ja immer schnell getröstet, und alle kümmerten sich um sie. Louise wusste genau, was Sache war.

Im Gegensatz zu Louise hatte Loreen kein großes Interesse an Spielzeug. Sie schmiss meist nur alles durch die Gegend und machte dadurch vieles kaputt. Sämtliche Video- und Musikkassetten sowie CDs mussten wir aus ihrer Reichweite verbannen, da sie entweder die Bänder herauszog und sich um den Hals wickelte oder die Dinge zerbrach. Die Schränke in unserem Haus waren bald völlig leer, weil vor Loreen nichts sicher war. Wir hatten uns beim Einzug in das neue Haus ein paar Möbel gekauft, deren Türen und Schubladen man leider nicht abschließen konnte. Herkömmliche Kindersicherungen passten nicht. Es befanden sich nur noch auf den obersten Regalen einige Sachen. Das sah ziemlich ungemütlich aus, aber wir hatten keine andere Wahl.

Loreen war immer so hektisch und konnte sich nicht auf einen Gegenstand konzentrieren. Sie drückte zwar mal die Tasten eines Babytelefons, geeignet für Kleinkinder bis zum zweiten Lebensjahr, aber mit altersgerechten Steckspielen oder Ähnlichem war sie noch überfordert. Loreen liebte es, ihre Babyrassel und Dosen, die mit trockenen Erbsen gefüllt waren, zu schütteln. Sie hatte eine Vorliebe für das Kratzen mit den Fingernägeln auf rauen Oberflächen. Bücher, Zeitungen und Kataloge zerriss sie und aß die Seiten auf, bis sie erbrach. Sämtliche Kinderbücher und Holzspielsachen waren angenagt. Auch draußen steckte Loreen alles in den Mund. Sie verschlang haufenweise matschigen Mutterboden und Blumen und machte sich über Glaswolle oder Betonreste her, die aufgrund von Baumaßnahmen überall in der Gegend herumlagen. Loreen biss in Kabel von Mischmaschinen oder vom Rasenmäher, trank wie ein Tier gebückt kopfüber Wasser aus Pfützen und wälzte sich mit dem Rücken wie ein Ferkel im Dreck.

Loreen saß lediglich artig und gespannt am Tisch in der Küche, wenn wir uns abends nach dem Abendbrot und der Körperpflege eine gute Stunde dort zusammenfanden, Geschichten erzählten, Lieder sangen und passend dazu die Finger bewegten. Es war unsere »Gute-Nacht-Stunde«.

Nach einem anstrengenden Tag war es Rolf und mir sehr recht, direkt vor dem Einschlafen der Kinder nur ein kurzes Einschlafritual – mit den Worten »Gute Nacht!«, einer liebevollen Umarmung und ein paar Küsschen – zu veranstalten und nicht noch lange Gutenachtgeschichten zu erzählen oder Einschlaflieder zu singen.

Kurz vor Weihnachten geschah ein kleines Wunder: Loreen saß in der Wohnstube auf dem Teppich und hatte solche Becher vor sich, die man zu Türmen stapeln kann. Nach und nach setzte sie langsam und konzentriert einen Becher auf den anderen. Zum Schluss stellte sie sich hin, setzte den kleinsten Becher ganz oben auf den Turm und klatschte in die Hände. Ich lobte sie ausgiebig, klatschte ebenfalls begeistert in die Hände, umarmte und küsste sie. Loreen quietschte vor Vergnügen, schubste den Turm um und baute ihn erneut auf.

ABWECHSLUNG ARBEIT

Im neuen Jahr kam mir der Gedanke, es könne mir gut tun, wenn ich nach meinem Erziehungsurlaub, der noch ein gutes halbes Jahr dauerte, in meinen Beruf als Sekretärin in einem Abfallwirtschaftsbetrieb zurückkehre. Ich hatte zwar nur wenig Lust darauf, mich von Bürgern wegen stinkender, mit Maden überfüllter Biotonnen beschimpfen zu lassen, für Mitarbeiter Kaffee zu kochen oder den Geschirrspüler auszuräumen. Andererseits konnten solche Arbeiten eine wohltuende Abwechslung zu meinem Alltag zu Hause sein. Und Louise und Loreen waren jetzt im Kindergartenalter, also würde die Betreuung sich eher erleichtern, hoffte ich.

Ich meldete mich also frühzeitig bei meinem Chef und teilte ihm mit, dass ich nach meinem Erziehungsurlaub gern wieder arbeiten würde, aber mir dies nur unter gewissen Umständen möglich sei. Ich erhielt eine positive Rückmeldung und konnte mir sogar aussuchen, ob ich ganz- oder halbtags arbeiten wollte.

Zunächst sah es so aus, als könne ich meine Ganztagsstelle wieder antreten, da Rolf sich seine Arbeit flexibel einteilte und Oma Karin und unsere Kinderpflegerin die Kinder in unserer Abwesenheit bestens versorgten. Es war jedoch auch abzusehen, dass ich häufiger freinehmen müsste oder fehlen würde, wenn die Kinder besondere Bedürfnisse hatten oder ich sie zum Arzt oder zu einer Therapie begleiten musste. Am liebsten hätte ich Schreibarbeiten und andere Bürotätigkeiten von zu Hause erledigt, aber dies war nicht möglich, da ich dort keine Telefonate aus dem Betrieb entgegennehmen konnte. Einen unbezahlten Sonderurlaub einreichen oder gar kündigen wollte ich nicht. Ich hatte nun schon so lange auf so vieles verzichtet, meinen Beruf, meine Arbeitsstelle wollte ich nicht auch noch aufgeben. Rolf und ich kamen zu der Ansicht, dass es am besten sei, wenn wir beide halbtags arbeiten gingen. Die Vorstellung, halbe Tage meinem alten Job wieder nachzugehen, meine ehemaligen Kollegen wiederzusehen und etwas Abwechslung zu haben, war verlockend.

Einige nahe Menschen waren jedoch der Meinung, die Mutter muss für die Kinder da sein und der Mann arbeiten gehen. Aber ich war nun schon vier ganze Jahre aufopfernd für die Belange der Kinder zur Stelle gewesen. Und etwas finanzielle Beisteuerung durch meine Arbeit war hilfreich, denn dann konnten wir mal wieder auf einen Urlaub sparen oder uns etwas außer der Reihe leisten. Und wenn Rolfs Arbeitgeber mehr zu tun bekam, konnte Rolf auch einmal ein paar Stunden mehr arbeiten und Oma Karin würde die Kinder betreuen.

Finanziell gab es bei uns einen ständigen Engpass. Wir hatten viele Ausgaben, den Abtrag für das Haus, den Lohn für die Kinderpflegerin oder einen Babysitter, die Haushaltshilfe zum Saubermachen, Versicherungen, Auto usw. Enorm hohe Ausgaben hatten wir zusätzlich für Nahrungsmittel, denn unsere beiden Mädchen vertrugen eine ganze Zeit lang aufgrund von Verdauungsstörungen und Nahrungsmittelallergien immer nur die kostspielige Gläschenkost sowie Säfte ohne Säure. Die Kranken- und Pflegegeldkasse erstatteten nur einen geringen Teil der Ausgaben. Wer der Ansicht war, der Staat würde uns finanziell kräftig unter die Arme greifen und Rolf und ich könnten uns ein schönes Leben mit stundenweiser Arbeit leisten, war im Irrtum.

Nach meinem Entschluss, im Herbst wieder arbeiten zu gehen, kam mein Leben wieder in andere Bahnen. Ich wollte auch einmal wieder ohne Sorgen und Rücksicht auf andere leben. Ich wollte mich nicht mehr im Haus zurückziehen und nur damit beschäftigt sein, dass meine Kinder gesundheitlich angeschlagen waren. Das war nicht alles im Leben. Wo war die selbstbewusste und beliebte Melanie geblieben? Mit der Geburt beider Kinder hatte mein Leben eine schlagartige Wende genommen. Ich hatte ausschließlich für meine Kinder gelebt, ich selbst war völlig auf der Strecke geblieben, hatte mich vernachlässigt, körperlich und seelisch. Das sollte sich jetzt ändern. Meine Energie für Krankenhäuser, mein Interesse für Behinderte, mein Ehrgeiz und Kampf gegen sämtliche Behörden waren auf dem Nullpunkt. Ich wollte nichts mehr hören und sehen von all dem Elend, den Bürokraten und dem Leben, das mich zermürbte und kaputtmachte.

Und weil ich zusätzlich wieder unter meinem Gewicht litt, traute ich mich schon gar nicht mehr auf die Straße, da ich immer befürchtete, Personen aus meiner Vergangenheit zu treffen. Dieses war schon das eine oder andere Mal passiert, und ich genierte mich dann unbeschreiblich. Was dachten die nur?, fragte ich mich.

Ich war psychisch und physisch noch immer ziemlich angespannt und befand mich weiterhin in psychologischer Betreuung.

NOCH EIN NERVENZUSAMMENBRUCH

Mein zweiter Nervenzusammenbruch kam bald. Ich weiß nicht, warum, er war einfach da. Ich merkte, dass ich mich nicht mehr konzentrieren konnte, das ständige Lärmen, Streiten und Gejohle der Kinder stresste mich. Mein Kopf dröhnte, meine Hände zitterten, innerlich war ich sehr unruhig. Ich wusste nicht, warum, aber ich hatte Angst. Ich hatte ständig das Gefühl, ich stünde kurz vor einer Prüfung. Ich war so aufgeregt, dass ich andauernd auf die Toilette musste. Schlafen konnte ich auch nicht mehr. Ich wälzte mich von einer auf die andere Seite, hatte das Gefühl, ich bekäme keine Luft mehr. Ich wollte mit den Kindern nicht allein sein, Rolf sollte immer in der Nähe bleiben. Ich hatte Angst, ich falle um und könne dann die Kinder nicht mehr versorgen. Es war schlimmer als bei meinem ersten Zusammenbruch.

Ich ging zu meinem Hals-Nasen-Ohren-Arzt. Zu ihm und seiner Familie hatten wir auch privat einen guten Kontakt. Sie war die erste Familie gewesen, die wir kennen gelernt hatten, deren Tochter auch ein Down-Syndrom hatte. Da der Arzt von unserer gesamten Familiensituation wusste und ich sehr ängstlich gegenüber irgendwelchen Tumorerkrankungen war, gab er mir, um mich zu beruhigen und uns Klarheit zu verschaffen, eine Überweisung zur Untersuchung meines Kopfes in einem so genannten Magnet-Resonanz-Therapie-Gerät. Ich hatte große Angst, dass ein Tumor in meinem Gehirn sitzen würde, der mir diese Probleme bereitete. Bis zum Untersuchungstermin sollte aber noch eine Weile vergehen. Da meine Schleimhäute in der Nase sehr angeschwollen waren, behandelte mich mein Arzt zunächst mit Antibiotika auf eine Nasennebenhöhlenentzündung. Es stellte sich jedoch so bald keine wesentliche Besserung ein. Und irgendetwas war in meinem Kopf oder in meinen Ohren, was ich nicht so recht deuten konnte. Als ich eines Abends zu Bett ging und schlafen wollte, hatte ich ständig Geräusche im Ohr – wie das Rauschen der Heizung und Zirpen von Grillen. Aber Letzteres konnte nicht sein, denn wir hatten Winter, da zirpten keine Grillen. Das Zirpen fand in meinem Ohr statt. Ein eigenartiger schriller Ton, der mich verrückt machte und lauter wurde, wenn ich darauf achtete.

Ich fuhr am nächsten Tag zum Krankenhaus. Dort hatte zufälligerweise mein Hals-Nasen-Ohren-Arzt Rufbereitschaft. Akuter Tinnitus hieß es, und ich erhielt durchblutungsfördernde Infusionen. Im Behandlungszimmer saßen bereits ein paar Patienten mit dem gleichen Befund. Alle hingen an Infusionen. Man kam schnell ins Gespräch. Alle hörten ein Zirpen wie von Grillen, Heizungsrauschen oder Ähnliches, einige von ihnen quälten drei oder vier verschiedene Töne auf einmal. Eine ältere Frau litt schon drei Jahre lang an Tinnitus, ein älterer Herr bereits seit über dreißig Jahren. Stress, Aufregung oder laute Musik, all das hatte diesen Patienten zu diesem »kleinen Mann im Ohr« verholfen. Ich brauchte nicht lange zu überlegen. Es war klar, woher ich diese Geräusche hatte.

Die Infusionen trieben meinen Kreislauf in die Höhe. Ich zitterte noch mehr, bekam einen heißen, hochroten Kopf, aber irgendwie überstand ich die Gabe der Infusionen, die acht Tage lang jeweils vier bis fünf Stunden dauerte. Danach durfte man nach Hause gehen, es waren nur teilstationäre Behandlungen, die auf Stühlen abgesessen wurden. Es sollten bei mir noch zwei Infusionen gemacht werden, als nach der achten mein linker Arm furchtbar schmerzte. Ich legte mich zu Hause früh ins Bett und nickte auch recht bald ein, schreckte aber plötzlich zwei oder drei Stunden später wieder hoch, war schweißgebadet, mein Puls raste, und meinen Herzschlag spürte ich im Hals und in den Ohren pochen. Ich zog mich irgendwie an und schleppte mich nach unten ins Wohnzimmer, wo Rolf fernsah. »Mir ist schlecht, ganz schlecht, ich glaube, es ist etwas Ernstes, mein Herz, rufe einen Krankenwagen!!!« Ich dachte, mein Leben ist zu Ende.

Rolf schaute ziemlich verdutzt, und noch ehe er den Hörer greifen konnte, hatte ich schon selbst den Krankenwagen angerufen und in den Hörer gebrüllt, es solle sofort Hilfe kommen. Der Mann am anderen Ende der Leitung bekam von mir alle wichtigen Informationen: »Tinnitus, Infusionen, hoher Blutdruck, Stress, zwei behinderte Kinder« – und unsere Adresse.

Im Stillen dachte ich, ich müsste noch schnell zu den Kindern hochlaufen und mich verabschieden. Ich wollte sie noch einmal sehen. Was hatte ich für eine Panik, die mir solche Gedanken in den Kopf schießen ließen?

Der Krankenwagen kam und kam nicht, mindestens eine Viertelstunde verging. Was bildeten die sich ein? Ich hätte schon längst tot sein können. Schlaganfall, Herzinfarkt, wer weiß, was ich hatte? Rolf rief noch einmal die Notrufnummer an. Der Krankenwagen war unterwegs. Er erreichte nach fünfundzwanzig Minuten, die mir endlos lange erschienen, unser Haus. Oma Karin und Opa Rolf waren mittlerweile auch verständigt und trafen kurz darauf ein. Der Notarzt untersuchte mich, konnte aber nur einen sehr hohen Blutdruck feststellen. Man nahm mich mit in die Klinik. Rolf fuhr hinter dem Krankenwagen her. Es verging eine Stunde, bis ich endlich untersucht wurde. Mittlerweile hatte sich mein Blutdruck wieder beruhigt. Der Arzt checkte mich gründlich durch. Herz, Wahrnehmung, Blutbild, alles in Ordnung. Meine Befürchtungen wurden nicht bestätigt. Man gab mir etwas Baldrian, und ich verbrachte eine Nacht in der Klinik. Am nächsten Morgen war die Visite sich einig, dass ich wohl etwas durchgedreht und es durch die sehr belastende Familiensituation zu einem Nervenzusammenbruch gekommen sei. Man bot mir ein Gespräch mit einem Therapeuten an. Oh, wie nett, dachte ich. Ein Gespräch, das nahm ich gern in Anspruch, zumal ich einen positiven Eindruck von solchen Gesprächen durch meine Psychologin in der Kinderkrebsklinik hatte.

Hier wurde es jedoch ein furchtbares Erlebnis für mich, das mir noch lange zusetzte. Ein kleiner, korpulenter Mann betrat das Zimmer. Forsch und energisch stellte er sich als Arzt der Psychiatrie vor. Von oben herab betrachtete er mich. Ich fühlte mich unwohl unter seinem Blick. Er hatte einen beigefarbigen Rollkragenpullover unter einem karierten Blazer an. Bisher hatte ich Karos als sehr hübsch empfunden, ob bei Küchengardinen oder Hosen, aber seit dieser Begegnung mag ich keine klein karierten Stoffe. Ich saß wie ein Häufchen Elend im Bett, nicht geduscht, die Haare hingen mir fettig ins Gesicht. Der Psychiater baute sich vor mir auf und sagte: »Ich habe von Ihren Problemen gehört. Das sage ich Ihnen gleich: Wenn Sie so was noch mal bekommen, dann müssen Sie bei mir stationär in der Psychiatrie aufgenommen werden. Das sind Angst- oder Panikattacken.«

Normalerweise hätte ich dem Arzt eine passende Antwort gegeben, aber ich schwieg lieber. Vielleicht hätte er eine Zwangsjacke geordert und mich gleich abtransportieren lassen. Ich erzählte also stattdessen brav in Kurzfassung, was in meinem Leben bisher geschehen war, und im nächsten Moment meinte er, sich ein komplettes Urteil über mich und meine Familie bilden zu können. Er sagte zu mir: »Das kann doch nicht sein. Sie sitzen hier mit einem Grinsen im Gesicht und erzählen mir, dass ihre Kinder beide behindert sind und ihre ältere Tochter noch zusätzlich Leukämie hat. Machen Sie sich da nicht etwas vor? So toll kann das alles doch nicht sein.«

Was wollte er mir vermitteln? Dass mein Leben nicht lebenswert ist?

Dann stellte er fest, dass ich Übergewicht habe.

Ich fühlte mich provoziert, als er mir zu verstehen gab, dass ich überfordert sei. Ich verstand es so, als wäre ich eine völlig durchgeknallte, frustrierte, fette Mutter, die der Wahrheit nicht ins Auge sah.

Er hätte mich am liebsten gleich auf seine Station eingewiesen. Da ich mich dagegen jedoch wehrte, drückte er mir noch eine Liste sämtlicher Psychologen und Neurologen in der Umgebung in die Hand und empfahl mir eine intensive Therapie. Nach dem ärztlichen Entlassungsbericht war ich eine überlastete Mutter mit Übergewicht, der die Nerven versagt hatten.

Nach diesem Krankenhausaufenthalt war ich noch ein paar Tage lang wie gelähmt. Hatte ich mir wirklich etwas vorgemacht? Ich musste dieses Erlebnis erst einmal verarbeiten. Da hatte dieser Arzt mich nun so weit gebracht, dass ich meinen eigenen Kindern beinahe aus dem Weg ging. Ich zerbrach mir den Kopf, wusste nicht, was ich nun tun sollte. Ich hatte Angst, wenn ich nicht in die Psychiatrie ginge, würde ich eines Tages komplett durchdrehen. Ich war so verunsichert und durcheinander. Was hatte dieser Mensch, der mir doch eigentlich hätte helfen sollen, nur angerichtet?

Eine Woche später waren wir bei unserer bekannten Arztfamilie eingeladen. Ich erzählte von dem Erlebnis. Mein Hals-Nasen-Ohren-Arzt schüttelte empört den Kopf. Er war sich völlig sicher, dass die Attacke, die ich erlitten hatte, eine Nebenwirkung des Tinnitus-Medikamentes war. Doch obwohl ich im Krankenhaus meine Tinnitus-Behandlung erwähnt hatte, war niemandem ein Bezug zu meinen Beschwerden in den Sinn gekommen.

Ich reichte eine Beschwerde über den Angestellten der Psychiatrie ein und erhielt bald darauf die Antwort, dass die Ärzte bei ihrer Meinung blieben.

Ich ließ noch die Untersuchung am Kopf durchführen, die ohne Befund ausfiel, und schloss dieses Kapitel ab.

Mir war klar, dass ich mehr für mich selbst tun musste. Ich führte erneut einige Gespräche mit meiner Psychologin und suchte mir eine Gesprächstherapeutin in der Nähe. Gleichzeitig entspannte ich mich bei Massagen, beim Schwimmen, bei leiser Musik und Spaziergängen.

Für die Zukunft wollte ich umdenken, mich ermahnen, auch an mich selbst zu denken, damit ich bei einigermaßen gut erhaltener Gesundheit meine Aufgaben als Mutter erfüllen konnte.

STINKNORMALE MUTTER

Das war es, was ich gern sein wollte: eine stinknormale Mutter. Dass ich es nicht ganz war, erfuhr ich kurze Zeit später, als es darum ging, für unsere Kinder einen Kindergartenplatz auszusuchen. Wir saßen mit einigen Müttern aus unserem Dorf und dem Nachbardorf zusammen. Die anderen Kinder besuchten teilweise den Kindergarten unseres Dorfes, der in wenigen Autominuten zu erreichen war. Die Mütter verabredeten sich zum Osterbasteln oder zu gemeinsamen Unternehmungen. Aber wir gehörten nicht dazu. Wir hatten ja bisher immer den dreißig Kilometer entfernten heilpädagogischen Kindergarten gewählt. Nun wurde mir bewusst, was dies bedeutete. Wir gehörten, was unsere Kinder betraf, nicht zur Dorfgemeinschaft. Wir konnten nicht mitreden, wenn sich die Eltern über Ereignisse im Kindergarten oder in der Grundschule unterhielten. Wieder ins Abseits gedrängt? Ich war unzufrieden mit dieser Situation. So wollte ich es nicht haben. Ich wollte mit meiner Familie auch dazugehören. Ich ging gleich am nächsten Tag zum Regelkindergarten in unserem Dorf und bat um Aufnahme unserer beiden behinderten Kinder. Die Erzieherin war sehr nett und aufgeschlossen. Sie teilte mir mit, dass es keine Integrationsgruppe gäbe, aber man sehr großes Interesse habe, eine Gruppe mit behinderten und nicht behinderten Kindern auf die Beine zu stellen. Probleme würden sicherlich das wenige Personal und Platzmangel bereiten und eine große Warteliste mit weiteren gesunden Kindern, deren Eltern alle auf einen Platz hofften, aber ich solle einfach einen Antrag stellen, und dann würden wir sehen, was passiert. Ich bat also beim Vorstand des Kindergartens schriftlich um Aufnahme unserer beiden Kinder. Ich erwähnte, dass meine Schwiegereltern, die die Kinder teilweise betreuten, im Ort wohnten und die Kinder hinbringen und abholen könnten. Es wäre für uns eine sehr große Erleichterung. Des Weiteren teilte ich mit, dass wir unseren Kindern die langen Busfahrten in den dreißig Kilometer entfernten Ort nicht zumuten wollten und die sozialen Kontakte mit anderen Kindergartenkindern und den Eltern, die wir aus der Dorfgemeinschaft kannten, gern intensivieren würden.

Wir warteten gespannt die Entscheidung ab. Schon bald hörten wir von anderen Eltern, dass sehr viele Kinder angemeldet waren und die Leitung des Kindergartens bemüht war, eine zweite Kindergartengruppe einzurichten. Es sollte eine Nachmittagsgruppe organisiert werden, die auch behinderte Kinder integriert. Das wäre optimal für uns gewesen. Da unsere Kinder nachts schlecht schliefen und sie morgens nicht so früh wach waren, wäre uns ein Nachmittagsplatz sehr gelegen gekommen.

Vorsorglich meldeten wir unsere Kinder zusätzlich in der Integrationsgruppe eines Kindergartens im Nachbarort an, der auch nicht allzu weit entfernt war, sodass die Kinder relativ kurze Fahrtwege haben würden. Für diesen Kindergarten waren allerdings erst in einem guten Jahr Plätze frei.

Ich hoffte auf eine positive Entscheidung des Kindergartens in unserem Ort.

UNTER BEHINDERTEN

Ich hatte mich von Anfang an zu viel in die Arbeit mit Behinderten gestürzt. Ich hatte mich dadurch abgekapselt, mein Interesse an betroffenen Familien war schon einer Sucht ähnlich geworden, und ich merkte erst viel zu spät, dass mich diese Beschäftigungen von meinem »normalen« Umfeld entfernten. Ich war ja nur noch umgeben von Kranken und Behinderten. So konnte es wirklich nicht weitergehen. Ich musste einen Mittelweg finden, musste mein Interesse an Behinderten und nicht Behinderten gleichermaßen zum Zuge kommen lassen. Ich erhoffte mir durch die Unterbringung in einem »stinknormalen« Kindergarten eine Kehrtwende unserer Situation. Es war also wieder einmal an der Zeit, einige Schubladen einzurichten, in denen ich Vergangenes ablegte. Und ich erarbeitete mir ein Konzept, in dem ich die Angelegenheiten meiner Kinder und meine eigenen Bedürfnisse gut unterbringen konnte.

Es war dennoch nicht einfach, diese Pläne umzusetzen. Ich hatte mir so sehr den Kontakt zu Müttern mit gesunden Kindern gewünscht und auf Kindergartenplätze im Regelkindergarten gehofft, aber dieser Wunsch ging nicht in Erfüllung. Ich hatte meine Energie umsonst eingesetzt. Zu viele Eltern hatten ihre Kinder doch wieder abgemeldet, sodass bis auf weiteres keine zweite Kindergartengruppe zustande kam und somit die Aufnahme unserer beiden Kinder nicht möglich war. Ich ärgerte mich. Erst stürzten sich alle auf die heiß begehrten Kindergartenplätze, aber dann machten sie doch einen Rückzieher. Nun mussten wir unsere Mädchen noch über ein ganzes Jahr zu Hause betreuen. Probleme könnte es vor allem geben, wenn ich im September wieder arbeiten ging. Ich freute mich doch schon so sehr auf die Rückkehr in meinen Beruf …

Mein Wunsch, mich und meine Kinder in eine »gesunde« Gemeinschaft zu integrieren, fand nicht immer Anklang. Als ich auf einem Kindergeburtstag mit einer Mutter von zwei nicht behinderten Kindern über die Themen Kindergarten und Schule ins Gespräch kam und ich ihr sagte, dass ich mir wünschte, unsere Kinder wohnortnah in einen Regelkindergarten zu geben, antwortete sie: »Lass die mal lieber in solch einen Kindergarten und eine Schule gehen, wo sie Behinderte betreuen. Da sind die gut aufgehoben und unter sich. Wenn die bei uns in den normalen Kindergarten oder in die normale Schule gehen würden, dann könnten die zwar von unseren Kindern lernen, aber letzten Endes stören die doch nur den Unterricht und halten die anderen vom Lernen ab. Die können ja nicht einmal stillsitzen …«

Ich lachte laut auf und konterte: »Ja, ich denke, es ist auch besser, dass eure Otto-Normalverbraucher-Nullachtfünfzehn-Gören in einem normalen Kindergarten und in einer normalen Schule besser untergebracht sind. Denn da bekommen sie auch eine optimale Betreuung und Aufsicht, falls sie mit Personen in Kontakt kommen, die mit Drogen dealen oder in Messerstechereien verwickelt sind. Das wird meinen Kindern zum Glück nicht passieren. Aber anders als du finde ich, dass deine Kinder sehr wohl von meinen Kindern etwas lernen könnten. Zumindest würden sie das lernen, woran es dir anscheinend fehlt!«

Sie guckte mich fragend an, verstand anscheinend nicht, was ich meinte.

Irgendwie hatte es auch etwas Gutes, dass meine beiden Mädchen eine Absage für eine Regelkindergartengruppe bekommen hatten, denn so brauchte ich kein schlechtes Gewissen zu haben, Louise und Loreen zu früh in den Kindergarten gegeben zu haben, wo sie zudem häufiger mit Kinderkrankheiten konfrontiert gewesen wären; und das war für Louises Abwehr womöglich zu viel. Schließlich befand sie sich immer noch in Dauertherapie wegen der Leukämieerkrankung, und ihre Werte waren auch während dieser Zeit oft alles andere als berauschend, und ihr Immunsystem war stark geschwächt. Andererseits würden wir Lösungen finden. Wenn Loreen krank würde, könnte sie bei Oma bleiben, um von Louise fern gehalten werden zu können. Die Gefahr, dass Louise durch den Kindergartenbesuch ernsthaft erkrankte, war in dieser Phase eigentlich wesentlich geringer als die Gefahr, dass ich vor Schwäche umfiel.

Louise und Loreen kamen nun beide schon jeweils zweimal wöchentlich zu Oma Karin, die die Mädchen mit viel Fürsorge behütete. Ich hatte an diesen Tagen Zeit, im Garten zu arbeiten, ein dickes Buch zu lesen, ausgiebig spazieren zu gehen, ins Schwimmbad zu fahren, den Kontakt zu Freunden zu intensivieren und mal mit einer Freundin ins Kino zu gehen – ich war drei Jahre lang nicht im Kino gewesen. Ich unternahm viel und genoss es in vollen Zügen. Wenn Rolf und ich gemeinsam eingeladen waren, passten Oma Karin und Opa

Rolf, die Kinderpflegerin oder meine Schwester auf die Kinder auf. Sie alle betreuten die Kinder liebevoll. Louise hatten wir ein großes Bett gekauft, in dem zwei Personen Platz hatten, damit unser »Besuch«, der die Kinder auch nachts betreute, dann bei Louise im Bett schlafen konnte. Endlich hatte ich kein schlechtes Gewissen mehr, mich von den Kindern auch einmal zu lösen. Ich hatte lange genug Probleme mit dem Loslassen gehabt. Aber was sollte schon passieren? Jeder, dem wir die Kinder anvertrauten, war bald bestens in die plötzlich auftretenden Probleme, wie beispielsweise Pseudokrupp-Hustenanfälle von Louise oder Loreens gelegentlichen Panik- und Schreiattacken, eingeweiht. Man lernte, damit umzugehen. Und wenn wir nach Hause kamen, freuten sich alle, dass die Betreuung so gut geklappt hatte. Und wir hatten Energie getankt, unsere Mädchen weiter zu versorgen.

Und ich brauchte viel Energie, denn die Kinder machten obendrein natürlich auch sehr viel Blödsinn, und das kostete Kraft und Ausdauer. Selbst im Kinderzimmer durfte man sie nicht ohne Aufsicht lassen. Dort hatte Loreen einmal die oberste Schublade von der Kommode aufgerissen, sich drangehängt, und der ganze Schrank war auf sie gekippt. Grundsätzlich ließen wir in allen Türschlössern von außen die Schlüssel stecken, um die Zimmer nach Bedarf sehr rasch auf- und zuschließen zu können. Es kam schon vor, dass sämtliche Zahnbürsten im Klo lagen, in der Speisekammer rollten die Kartoffeln durch die Gegend, oder die Kinder rissen lachend Mehl- oder Zuckertüten auf. Der Inhalt lag dann auf dem Boden, und ich hatte wieder einiges zu säubern. Im Heizungsraum standen Fahrräder, und Loreen war schon zweimal unter diesen eingeklemmt gewesen, nachdem sie sie umgestoßen hatte.

Am meisten Angst hatte ich jedoch, als die Kinder mich eines Morgens im oberen Badezimmer einschlossen. Sie hatten einfach den Schlüssel herumgedreht, was gar nicht so einfach war. Ich rief, sie sollen die Tür wieder öffnen. Ich hörte aber nur, wie Louise den Schlüssel abzog und ihn auf den Boden warf. Ich stand mit nassen Haaren und nur mit meinem Bademantel bekleidet im Bad und überlegte, wie ich mich befreien könnte. Alles, was mir vor die Augen kam, war unnütz: Nagelknipser, Zahnbürste, Inhaliergerät. Damit konnte ich die Tür nicht öffnen. Ich drückte mehrmals die Türklinke herunter in der Hoffnung, ich hätte mich geirrt. Vielleicht klemmte die Tür bloß, aber sie ließ sich nicht öffnen. Schließlich stieg ich durch das kleine Dachfenster des Badezimmers und rutschte die Dachpfannen hinunter bis auf das Dach vom angrenzenden Schuppen. Dort stand ich barfuß und frierend und rief um Hilfe. Eine halbe Stunde später etwa hörte mich eine Nachbarin und besorgte eine Leiter. In der Nähe arbeiteten Handwerker, die mir dann vom Anbau hinunterhalfen. Unsere Nachbarin lieh mir ein Paar Hausschuhe, ich rief meine Schwiegermutter an und bat, mir den Ersatzschlüssel vorbeizubringen. Die Haus- und Nebeneingangstüren waren natürlich auch verschlossen. Meine Schwiegermutter, die keinen Führerschein besaß, schwang sich auf ihr Fahrrad und kam, so schnell wie möglich, angeradelt. Inzwischen hatte ich vorn an unserer Haustür ein paarmal geklingelt. Louise stand hinter der Scheibe. Sie rief ganz aufgeregt: »Oh nein, Mama, rein, rein!« Sie fuchtelte aufgeregt mit den Händen und winkte mir zu. Dann gab ich ihr Anweisung, die Tür aufzuschließen. Der Schlüssel steckte ja im Schloss. Sie drehte ihn einmal in die richtige Richtung um und drückte die Klinke. Ich gab ihr Anweisung, den Schlüssel noch einmal im Schloss zu drehen und noch einmal und noch einmal. Mit so vielen Umdrehungen schlossen wir nämlich zur Sicherheit der Kinder gewöhnlich ab. Louise schaffte es und öffnete mir die Tür. Sie fiel mir in die Arme. Ich lobte sie natürlich für das Türöffnen, aber erklärte ihr auch, dass sie mich nicht noch einmal im Badezimmer einschließen dürfe. Mit ihren knapp vier Jahren erhoffte ich mir ein klein wenig Verständnis. Aber sie kicherte nur amüsiert. Den ganzen Tag brabbelte sie immer so vor sich hin und erzählte dann auch Rolf am Abend: »Mama, nein, obe, zu, zu, obe, da, nein, nein, oh, nein, Haus, aua!«

Später lachten wir über solche Geschichten, aber wenn solch ein Zwischenfall geschah, war mir nicht zum Lachen zumute. Die Kinder hatten so viel Blödsinn im Sinn, den andere gesunde Kinder im gleichen Alter nicht mehr machten. Die Pflege meiner Mädchen war dadurch sehr zeitaufwändig. Louise zog sich ständig die Hosen und die Windel aus und machte auch schon mal auf den Teppich oder auf das Sofa, wenn man sie für ein paar Minuten aus den Augen ließ. Es war so anstrengend, jeden Tag aufs Neue, ich war sehr unzufrieden. Mir war, als würde die Zeit stillstehen, die Tage schleppten sich so dahin, nichts veränderte sich, nur die Arbeit mit den Kindern fiel mir immer schwerer, und je größer sie wurden, umso mehr forderten sie an Zuwendung und Aufmerksamkeit. Ich bemühte mich um einen Zivildienstleistenden für die tagtägliche Betreuung unserer Kinder, aber meine Anfrage scheiterte. Ständig sprach ich bei den Behörden vor, um tatkräftige Hilfe zu erhalten. Da für jedes Problem ein anderes Amt zuständig war, wurden wir oft von der einen zur nächsten Stelle geschickt, um dort nach Unterstützung zu fragen, meist jedoch ohne Erfolg. Ich empfand diese Gänge als Bettelgänge, und in mir sträubte sich alles. Ich fühlte mich wie ein Pferd, das vor etwas hochschreckte, die Vorderbeine in die Luft warf und laut wieherte. Ich sträubte mich, ich wollte einfach nicht mehr. Ich hatte es so satt, von Behörde zu Behörde zu rennen, ich brauchte sofort jemanden, der meine Kinder betreute – und das jeden Tag. Und ich wollte eine Person, die mit Louise die wöchentlichen Blutkontrollen erledigte und mit Loreen die Krankengymnastik und die Frühförderung. Aber nicht einmal der Antrag auf Verdoppelung der Fördereinheiten im Haus wurde bewilligt. Damit hätte ich wenigstens für vier Stunden eine Hilfe im Haus gehabt, die mich entlasten und die Kinder hätte fördern können, denn die Haushaltshilfe wurde von der Krankenkasse nicht länger bezuschusst, und allein konnten wir sie leider nicht bezahlen. Oma Karin und Opa Rolf konnten aber auch nicht immer einspringen.

Bei einer Behörde machte man mir den Vorschlag, doch für fünf Euro pro Stunde jemanden ins Haus zu holen, der auf die Kinder aufpasst. Da würde sich doch sicherlich jemand finden. Was glaubten die eigentlich? Wer stellt sich für fünf Euro pro Stunde hin und erledigt solch zermürbende Arbeit, wie ich sie leistete? Außerdem beleidigten sie damit meine Arbeit und meine Ausdauer und Kraft. Die Betreuung der Kinder wollte ich selbst nicht mit fünf Euro pro Stunde bezahlt haben, denn die Arbeit war unbezahlbar. Ich beantragte ständig Gelder und Zuschüsse bei den Krankenkassen, beim Sozialamt, beim Gesundheitsamt und beim Ministerium, erhielt aber nur den Tropfen auf den heißen Stein, der uns selbst nicht die große Hilfe bescherte. Ich war verzweifelt. Wie lange würde ich das alles noch aushalten?

AUFGEBEN

Ich war in mich gekehrt, dem Aufgeben nahe. Am liebsten wäre ich abgehauen. Aber wohin sollte ich abhauen? Und was bedeutete aufgeben? Wollte ich die Kinder in ein Heim geben? Nein, das kam nicht in Frage. Wir hatten doch so viel Schönes miteinander erlebt. Rolf, ich und meine Kinder gehörten zusammen.

Aber warum war mir im Moment nur alles zu viel? Wir mussten doch nur warten, bis die Kinder halbtags von jemandem betreut wurden. Dann würde alles besser. Wir mussten so lange stark bleiben.

Am Muttertag war meine Stimmung auf dem Tiefpunkt. Ich fühlte mich schrecklich. Gesunde Kinder in dem Alter von Louise hatten ihrer Mami sicherlich ein Geschenk bereitet. Ich bekam keines, Louise verstand nicht, was Muttertag bedeutete. Angst stieg in mir auf, und ich dachte an die Zukunft. Werde ich jemals mit meinen beiden Kindern ein vernünftiges Gespräch führen können? Oder werde ich mich in meinem ganzen Leben mit meinen beiden Mädchen nur auf einem Kindergartenkinder- oder Grundschülerniveau unterhalten? Plötzlich kam wieder diese Sehnsucht nach einer »normalen«, heilen Welt über mich. Ich würde niemals Großmutter werden, niemals ein Haus voller Enkel haben. In mir schlummerte jedoch der Wunsch, eine vorbildhafte Mutter und Großmutter zu sein, wie es Helga Beimer in der Fernsehserie *Lindenstraße* ist. In meiner Verzweiflung suchte ich wieder ein Gespräch zu Angelika Wienhold, der Mitarbeiterin des Familienentlastenden Dienstes der Lebenshilfe, die mir schon öfter weitergeholfen hatte und die ebenfalls Mutter einer mehrfach schwerstbehinderten Tochter war. Sie hatte nur diese einzige Tochter. Ich fragte sie nicht nur einmal, ob sie nie die Vorstellung von einer »normalen« Familie mit Enkelkindern gehabt habe. Sie antwortete mir ruhig, und ich schöpfte aus diesen Gesprächen jedes Mal Mut und Kraft. Ich war angetan von der Ausstrahlung und Persönlichkeit dieser Frau. Von ihr erhielt ich die notwendige Lebenshilfe. Unser Leben war nun einmal so, und wir konnten nichts daran ändern. In meinem Leben würde es keine Enkel geben, aber zwei sehr wertvolle Menschen waren bei mir, die selbst als Erwachsene Kinder bleiben würden, die nichts Böses kannten, die jeden Tag genießen konnten und sich nicht – wie so viele Menschen auf dieser Welt – den Kopf über mehr oder weniger wichtige Dinge zerbrachen. Sie waren nicht wie gesunde Kinder, die später einmal das Elternhaus verließen, um in die weite Welt hinauszugehen oder zu heiraten. Sie blieben bei uns, solange wir für sie sorgen konnten.

Ich durfte nicht im Selbstmitleid ertrinken. Ich durfte nicht in Depressionen verfallen und nach außen hin so tun, als wäre ich überglücklich. Es gab Tage des totalen Glücks, aber es gab auch Tage mit viel Schatten, das musste ich mir eingestehen. Ich spazierte abends oft noch einmal allein durch unseren Garten und schaute mir die Blumen an. Rolf hatte mir ein Gewächshaus gebaut. Ich zog mich darin zurück und versorgte meine Blumen, meine Gurken und Tomaten. Ich ließ die Gedanken dann einfach schweifen, überlegte meist, wie es weitergehen sollte. Dabei tankte ich frische Luft.

Rolf sagte manchmal: »Du bist irgendwie komisch geworden!«

Komisch? Nein, anders, verändert. Bisher hatte ich nach außen immer gestrahlt. Jetzt war ich endlich mal ICH. Ich hatte es immer anderen recht machen wollen, war immer nett und freundlich, hatte immer ein Grinsen auf dem Gesicht und immer einen Witz parat, und nun war ich ruhig und in mich gekehrt, blickte skeptisch in die Welt und sagte auch öfter mal NEIN. Ich hatte es also mal wieder meinen Kindern zu verdanken, dass ich mich selbst viel besser kennen lernte, denn nur durch die Erfahrungen mit ihnen konnte ich mich selbst besser einschätzen und erlaubte mir, auch einmal etwas abzulehnen, was ich früher sicherlich hätte über mich ergehen lassen. Ja, ich war früher immer zu Späßchen aufgelegt, immer nett, freundlich und hilfsbereit, hatte für jeden ein offenes Ohr. Nun hatte ich aber gemerkt, dass die meisten Menschen mir nicht das entgegenbrachten, was ich jahrelang getan hatte, und so änderte ich mein Verhalten. Plötzlich war ich stur und beharrte auf meiner ganz persönlichen Einstellung. Ich dachte in erster Linie an mich, und ich fühlte mich besser so. Jetzt konnte ich einen nervigen Anruf zur Abendbrotzeit ablehnen. »Du störst gerade. Ich habe gerade überhaupt keine Zeit. Ich rufe zurück«, sagte ich. Oder wenn mich jemand fragte, ob ich ihn dort mal schnell hinfahren könnte, sagte ich: »Nein, es liegt nicht auf meinem Weg!« Keine großartigen Entschuldigungen und keine Rechtfertigungen.

Dadurch hatte ich Zeit zum Nachdenken und zum Trauern. Ich hatte die ganze Zeit funktioniert wie eine Maschine, war immer parat gewesen. Ich hatte während der ganzen Zeit seit Louises Krebserkrankung nicht einmal die Zeit gehabt, über Loreens Behinderung zu trauern, ich hatte nicht einmal die

Zeit gefunden, meinem Kater nachzutrauern. Mein Kater Leo hatte mich so lange durch mein Leben begleitet, mich getröstet und sich abends an mich gekuschelt. Vor einem Jahr war er plötzlich verschwunden, doch erst jetzt spürte ich, wie sehr ich ihn vermisste. Wo war er nur geblieben? Er musste während der Intensiv-Chemo von Louise draußen im Schuppen oder bei den Nachbarn mit den anderen Tieren im Stall schlafen. Er hatte zu oft gekratzt, war manchmal unberechenbar, das war zu gefährlich für Louise. Er kam täglich einige Male zum Fressen nach Hause, lag zufrieden im Garten, spielte draußen oder war mit den Katzen der Nachbarn unterwegs. Ich erinnere mich, dass er irgendwann einmal um die Ecke der Terrasse lugte, sich abwandte, noch einmal schaute ... Und seither hatten wir ihn nie wieder gesehen. Vielleicht fühlte er sich ausquartiert, vernachlässigt, und er hatte sich ein neues Zuhause gesucht. Vielleicht war er überfahren worden, aber wo sollte ich ein Jahr später nach ihm suchen? Ich behielt ihn so in Erinnerung, wie ich ihn das letzte Mal gesehen hatte.

Im Frühling fuhren meine Freundin Regina und ich für ein paar Tage zu ihrer Tante Inge nach Ostfriesland. Die Kinder wurden von Rolf und Oma Karin versorgt. Regina und ich waren als Teenager oft bei ihrer Tante gewesen, hatten dort, auf dem alten Bauernhof mit Pferden und Hühnern, unsere Ferien verbracht.

Wir genossen die Zeit dort. Ich schlief morgens bis zehn Uhr, dann gab es ein ausgiebiges Frühstück. Wir unternahmen Radtouren, gingen viel spazieren und bummelten durch die angrenzenden Orte. Die paar Tage waren viel zu kurz. Wir nahmen uns vor, öfter hinzufahren und dann etwas länger zu bleiben.

Auf einmal geschah wieder ein Zwischenfall. Louise hatte eines Morgens kleine rote Pünktchen am Körper. Es sah aus wie beim Ausbruch der Leukämie, so als hätte sie jemand am ganzen Körper mit einer dünnen Nadel gestochen. Ich hatte solche Angst. Panik stieg in mir auf. Ich sah uns schon wieder auf der Kinderkrebsstation, Infusionen, Chemotherapie, womöglich noch Knochenmarktransplantation oder sogar das Ende von allem … Ich sah schon die Beerdigung vor mir und den kleinen Sarg. Meine Freundinnen versuchten mich zu beruhigen, aber das Schicksal hatte zu oft zugeschlagen. Ich konnte mich nicht beruhigen, malte mir das Schlimmste aus. Wir fuhren mit Louise ins Krankenhaus zur Blutuntersuchung.

Es vergingen Stunden, bis wir das Ergebnis bekamen. Ich umsorgte Louise in diesen Stunden besonders liebevoll, fotografierte sie, bis der Film voll war, als wäre es das letzte Mal, dass ich dazu Gelegenheit hatte. Ich beobachtete sie die ganze Zeit, schaute sie an. So ein umwerfend hübsches Mädchen mit so viel Charme. Ich ließ Wasser in beide Planschbecken laufen, ließ sie mit Loreen darin spielen, danach aß sie sich an Pommes frites mit Ketchup satt und sah schließlich völlig verschmiert, aber glücklich aus. Dann kam der Anruf vom Krankenhaus. Als es klingelte, fuhr ich zusammen, zitterte am Körper. Rolf ging an den Apparat, und als er die Werte auf einem Zettel notierte, da fiel mir ein riesengroßer Stein vom Herzen. Ich war unendlich erleichtert und drückte meine kleine Louise. Es war nichts Beunruhigendes an ihrem Blutbild zu erkennen. Trotzdem mussten wir die Blutwerte weiter beobachten lassen. Meine Güte, welche Ängste hatten wir zu durchleben und wie erleichternd und befreiend war eine gute Nachricht!

BELOHNUNG

Mein Erziehungsurlaub endete an Loreens drittem Geburtstag. Ich sollte genau an ihrem Ehrentag meine Arbeit im Büro aufnehmen. Wenige Wochen zuvor erhielten wir überraschend die Zusage für eine Betreuung beider Kinder am Vormittag, fünf Tage pro Woche. Ich jubelte vor Freude. Plötzlich klappte alles so, wie wir es uns gewünscht hatten: Rolf konnte den ganzen Tag arbeiten, ich einen halben Tag, die Kinder wurden vormittags im Haus betreut. Es war eine Art Kindergartenersatzbetreuung, die uns das Jugendamt unseres Kreises ganz unbürokratisch bewilligte und vollständig finanzierte – und zwar so lange, wie sich Louise noch in der Dauertherapie befand und bis für beide Kinder ein Integrationsplatz frei wurde.

Unser ganzer Einsatz, die vielen Stunden für allen Schriftwechsel, für das Betteln an verschiedenen Bürotüren hatten endlich genutzt. Zusätzlich bewilligte uns die Krankenkasse die höchste Stufe von Leistungen aus der Pflegeversicherung für Louise, bis die Dauertherapie komplett überstanden war. Rolf und ich würden Abwechslung durch die Arbeit, eine fürsorgliche Betreuung für beide Kinder bis zur Kindergartenzeit und keine finanziellen Sorgen mehr haben.

Die Betreuerin kam zunächst einmal pro Woche, um sich an die Kinder zu gewöhnen und die Kinder an sie. Die ersten

Male klappte alles prima, dann jedoch verweigerten die Kinder das Essen. Sie wollten nur in meinem Beisein frühstücken und etwas trinken. Ich wollte die Mädchen an diesem Tag allein mit der Betreuerin lassen, musste jedoch nun zu den Essenszeiten anwesend sein. Es schlich sich wieder das schlechte Gewissen bei mir ein, ob es richtig war, die Kinder mit der Betreuerin die Woche über von morgens bis mittags allein zu lassen. Ich versuchte mich zu beruhigen. Wir mussten da jetzt durch. Die Kinder mussten essen und trinken. Das war in erster Linie wichtig, gerade bei Loreens Nierenproblemen und Louises Medikamenteneinnahme. Da mein erster Arbeitstag nahte, beschlossen wir, Oma Karin um Unterstützung zu bitten. Und sobald Oma das Haus betrat, waren die Mädchen vor Freude aus dem Häuschen. Dann war alles vergessen, sie aßen und tranken, sie spielten und waren gut gelaunt. Nach und nach gewöhnten sich Louise und Loreen an die Betreuerin.

Einen Tag vor Antritt meiner Arbeit war ich so aufgeregt, dass ich tagsüber Baldriantabletten einnehmen musste. Meine Hände waren kalt und zitterten. Ich rief im Betrieb an und schüttete meinem Kollegen, den ich noch von früher kannte, mein Herz aus, das half.

An Loreens drittem Geburtstag ging ich nach über vier Jahren erstmals wieder ins Büro arbeiten. Meine Aufregung war völlig unnötig gewesen. Alle freuten sich sehr über meine Rückkehr und waren sehr zuvorkommend und hilfsbereit. Der freundliche Empfang erleichterte mir den Wiedereinstieg sehr. Nach einigen Tagen hatte ich bereits meinen neuen Rhythmus gefunden, und zu Hause lief ebenfalls alles bestens. Die Umstellung auf das frühe Aufstehen war natürlich nicht ganz leicht, aber daran gewöhnte ich mich bald. Die Kinder wachten manchmal auf, wenn um sechs der Wecker klingelte, aber sie spielten dann noch oder kuschelten sich wieder in ihre Kissen. Ich machte mich fertig, und kurz darauf kam schon unsere Betreuerin, die die Kinder wusch, anzog und ihnen das Frühstück bereitete. Ich musste dann los, und Louise und Loreen winkten und riefen: »Tschuus, Mama. Abei!«

Mit der Betreuerin hatten sie viel Spaß und Abwechslung. Sie übernahm die kompletten Therapietermine und ging mit ihnen zur Krankengymnastik, zum Bewegungsbad, zum Arzt oder einkaufen. Sie lud die Kinder ins Auto und erledigte alles, sodass ich nachmittags keine Termine mehr mit den Kindern hatte. Sie fuhren auch mal zum Pommesessen in die Stadt oder mit dem Bus zu Oma und liefen dann zu Fuß zurück.

Das Arbeiten bekam mir sehr gut. Ich kam auf andere Gedanken, hatte mit anderen Menschen zu tun. Es war ein Gefühl, als würde ich im Kopf wieder mehr Freiraum haben, mein Gehirn tankte Sauerstoff, und die schlechten Gedanken und Sorgen flogen davon. Ab und zu blieb ich mittags in der Stadt, denn Rolf hatte manchmal schon Feierabend oder brachte die Kinder mittags zu Oma Karin. Ich aß dann mit einer Freundin etwas zu Mittag oder bummelte auch schon mal durch die Geschäfte.

Die Wochenenden waren in dieser Zeit besonders schön. Wenn ich samstagmorgens zum Bäcker ging, war es ein ganz anderes Gefühl als vorher, als noch jeder Tag eintönig war und immer dasselbe passierte. Jetzt waren die frischen Brötchen und die Zeitungen am Samstag und der Sonntag ein richtiger Verdienst für eine arbeitsreiche Woche. Ich war befreit, von meiner »Hausfrauen-Alzheimer-Erkrankung«, denn zuvor hatte ich während der Woche manchmal nicht gewusst, welcher Wochentag gerade war.

Gleich in den ersten beiden Monaten hatte ich mich bei meiner Arbeit zwei Tage krankmelden müssen und fehlte einen Tag, da die Betreuerin erkrankt war. Ich hatte ein schlechtes Gewissen deswegen, verdrängte aber meine Sorge, dass man als Arbeitnehmer, der zu oft fehlt oder wegen Krankheit ausfällt, nicht tragbar ist und womöglich gekündigt wird – so hatte Rolf es ja erleben müssen.

Ich führte einige Gespräche mit einer Kollegin, die mich beruhigte. Ich war so froh, dass sie mir Mut machte. Rolf und ich hatten eben eine ganz außergewöhnliche Situation zu meistern, und ich hoffte, dass diese Fehlzeiten für meine Arbeitskollegen und meinen Chef kein Problem waren.

Doch dann fehlte unsere Betreuerin immer häufiger, weil sie erkrankte, sie fuhr zu einer Kur und nahm ihren Resturlaub. Wir konnten aber nicht sofort eine Vertretung bekommen. Als endlich eine neue Betreuerin vor der Tür stand, schöpfte ich erneut Hoffnung. Die beiden ersten Tage setzte sie sich auch sehr für unsere Kinder ein. Doch ab dem dritten Tag war sie beinahe jeden Morgen zu spät, sodass auch ich zu spät zur Arbeit kam. Dann wurde ihr eigenes Kind krank und ihr Vater verstarb, sodass auch diese Frau ausfiel. Es war wie verhext. Ich hatte das Gefühl, all die Helfer benötigten eigentlich selbst Hilfe. Wir zogen unseren Antrag auf Hilfe zurück. Es gab wieder mal nur eine Möglichkeit: Oma Karin musste vormittags auf die Kinder aufpassen, bis die Kindergartenzeit begann. Als Rolf im Winter wegen schlechter Auftragslage wieder arbeitslos war, konnte er die Kinder betreuen.

Wir hatten gerade einen guten Rhythmus gefunden, als wir die Nachricht erhielten, dass in der Integrationsgruppe des Kindergartens in der Nähe zum nächsten Sommer nur ein Platz frei werden würde. Jetzt hieß es also: schnell wieder alles umorganisieren. Aber darin waren wir ja geübt. Unsere beiden Mädchen bekamen schon zu Ostern des Folgejahres zwei Integrationsplätze in einem Kindergarten zugesagt, der sich im gleichen Ort wie meine Arbeitsstätte befand. Leider gab es dort keinen Fahrdienst für die behinderten Kinder, aber der Kindergarten lag genau auf meinem Weg zur Arbeit. So konnte ich die Kinder morgens selbst bringen und mittags wieder abholen. Zwischen dem Ende meiner Arbeitszeit und dem Abholen der Kinder hatte ich zwar eine Stunde zur Verfügung, aber die wollte ich für Einkäufe oder andere Erledigungen nutzen.

DIE LIEBEN BEHÖRDEN

Ich hatte meinem Chef frühzeitig mitgeteilt, dass kurz nach meinem Arbeitsbeginn noch eine Kur für die ganze Familie geplant sei. Sie vorzuziehen war leider nicht möglich gewesen. Mein Chef hatte den Umstand akzeptiert. Diese Kur – unsere zweite – war allerdings nicht leicht durchzusetzen. Die Krankenkasse bewilligte für mich und die Kinder eine Reha-Maßnahme und eine erweiterte Betreuung für die Kinder im Kurkindergarten, da die Pflege und Aufsicht unserer Mädchen besonders gewährleistet sein mussten. Für Rolf wurde der Kurantrag seitens der zuständigen Behörden – des Rententrägers – abgelehnt.

Die Bürokraten saßen auf ihren Bürostühlen und handelten ihre Fälle nach Aktenlage ab. Aus den Papieren war wohl nicht ersichtlich, dass Rolf genauso wie ich nervliche Belastungen hatte. Die Untersuchung von Rolf hatte nur leichte Rückenbeschwerden und Migräne ergeben. Dies jedoch konnte man zu Hause mit Massagen, Krankengymnastik und Tabletten behandeln. Doch wir gaben nicht auf. Wir mussten wieder einmal einen großen Verwaltungsakt in Gang setzen, um die Leistungen, die uns zustanden, zu erkämpfen. Jeder Übergewichtige, jeder Alkoholiker, jede allein erziehende Mutter bekam eine Kur verordnet. Wer, wenn nicht wir, sollte denn noch zur Kur fahren?

Rolf musste zur Psychologin, um sich bescheinigen zu lassen, dass seine Gesundheit und sein weiteres Berufsleben gefährdet waren, wenn er jetzt nicht bald eine Kurmaßnahme wahrnahm, um wieder Kraft für sich und die Familie zu tanken. Mit dem Schriftwechsel beauftragten wir die Hilfsstelle vom Ministerium, die uns schon häufig mit Rat und Tat zur Seite gestanden hatte. Von unserem Rententräger erhielten wir eine Absage. Zunächst hieß es, Rolf sei nicht kurfähig, da er nervlich nicht so belastet sei wie ich. Als wir in Widerspruch gingen, hieß es, da Rolf nun wieder über den Winter arbeitslos sei, bräuchte er nicht zu Kur, da kein Bedarf bestünde, mit einer Kurmaßnahme Arbeitskraft zu sichern. Das hatten die sich fein ausgedacht. Als wir den Antrag für eine Kur stellten, war Rolf noch voll berufstätig gewesen. Doch die Behörden waren mal wieder im Irrtum. Rolf fand gerade wegen der belastenden Familiensituation keine feste Anstellung. Er brauchte dringend eine Auszeit, um aufzutanken, auch für eine neue Anstellung.

Ich fühlte mich schlecht. Wir waren doch keine Schmarotzer! Ich malte mir aus, wie diese Bürokraten über uns lästerten. Vielleicht sagten sie: »Ein Arbeitsloser mit zwei behinderten Kindern und einer nervenschwachen Ehefrau, was will der denn jetzt auch noch zur Kur? Kann sich doch schön ein paar freie Tage zu Hause machen. Aber stattdessen will der auch noch auf Kosten des Staates in Kurlaub.«

Etwas ironisch gemeint hatten wir dem Kurantrag für die Behörden noch beigefügt, dass wir sehr kurreif seien, da der ganze Behördenärger und der Ärger mit den Gutachtern, die unsere Kinder in Pflegestufen eingruppieren sollten, uns so sehr zermürbe – und auch dies sei ein gravierender Grund, zur Kur zu müssen.

Plötzlich kam die Kurbewilligung für die ganze Familie von der Krankenkasse. Es gab dort einen sehr engagierten

Sachbearbeiter und eine ebenso tatkräftige Sachbearbeiterin, die uns unterstützten. Na bitte! Im Schreiben stand, dass die Kasse es unbedingt befürworte, dass wir zusammen eine Familienkur machen. Nun konnten wir doch noch unseren hart verdienten »Erholungsurlaub« antreten.

Diesmal ging es in die Nähe von Garmisch-Partenkirchen, eintausend Meter in die Höhe. Drei Wochen lang, eine eigene Ferienwohnung innerhalb einer Kureinrichtung mit separaten Schlafzimmern für die Kinder, um Loreen die nächtlichen Geräusche zu ersparen, mit Wohnküche, Fernseher, Telefon und Bad mit Waschmaschine und Trockner. *All inclusive* sozusagen.

Wir erlebten einen wunderschönen Winterurlaub. Die Kinder waren ganztägig – außer zu den Essenszeiten – betreut. Sogar während des Mittagsschlafs im Ruheraum wurde auf die Kinder aufgepasst.

Louise und Loreen hatten in der Kur sehr viel Spaß. Sie fuhren mit anderen Kindern auf einem großen Schlitten. Acht Kinder konnten gleichzeitig darauf sitzen. Wir unternahmen auch gemeinsam mit den Mädchen Ausflüge in die Berge. Louise und Loreen suchten Heidi und Peter und den Großvater und die Ziegen. Loreen tat so, als würde sie auf ihren Fingern pfeifen. Sie ahmte Peter nach, so machte er es im *Heidi*-Film, den Loreen aus dem Fernsehen kannte. Wir fuhren mit den Kindern – diesmal waren wir gleich mit dem eigenen Auto gefahren – an den Wochenenden die Serpentinen hinauf auf die Berge. Louise rief dann immer: »Huch, das wackelt, huch, wie hoch, huch, huch, auweia, oh Mann!« Aus dem Küchenfenster unserer Kurwohnung sah ich den Kindern, die mit den Erzieherinnen gegenüber am zugefrorenen See spielten, zu, wie sie Schneemänner bauten. Unsere beiden Mädels waren immer mittendrin. Sie trugen beide dicke Schneeanzüge. Louise einen in Hellblau mit hellgelbem Muster, Loreen einen hellgrauen.

Nach der Kur arbeitete Rolf immer mal wieder ganztägig, aber das reichte nicht aus, um unseren Lebensunterhalt zu sichern. In der Baubranche sah es den Winter über allgemein schlecht aus, wenn man Arbeit suchte. Rolf war sehr an einer Umschulung interessiert. Kinderpfleger, Kindererzieher oder einen ähnlich sozialen Beruf konnte er sich vorstellen. Das Arbeitsamt stellte sich jedoch quer. Er war ja im Frühling und Sommer vermittelbar. Warum sollten sie eine Umschulung finanzieren? Dabei ging es doch nur darum, etwas zum Lebensunterhalt beizusteuern. Die Umschulung selbst kostete ja gar nichts. Und es war doch wohl gleichgültig, ob Rolf laufend Arbeitslosengeld oder Arbeitslosenhilfe oder etwas für den Lebensunterhalt während einer Umschulung erhielt. Er lag dem Staat doch erst recht auf der Tasche, wenn er dauernd arbeitslos war. Wieder mussten wir hart kämpfen, um zum Zug zu kommen.

Ich ärgerte mich jedes Mal, wenn ich im Fernsehen hörte, wer vom Staat alles unterstützt wurde, Kinderschändern und Mördern wurden Therapien ermöglicht, aber einem Familienvater, der arbeiten wollte, wurde keine Umschulung finanziert.

In dieser Zeit lief noch ein letztes Verfahren um eine höhere Pflegestufe für Loreen vor Gericht. Diese hatten wir vor längerer Zeit beantragt, sie war jedoch von einer Gutachterin abgelehnt worden. Ich hatte den Eindruck, dass sie sich zu eilfertig, nur nach zwei Stunden in unserem Haus, ein Urteil über unser Leben erlaubt hatte.

Vielleicht stimmte auch die Chemie zwischen den Gutachtern und uns einfach nicht. Louise fragte mich nach dem Besuch der Dame, ob die Frau Krollmeier bald wiederkäme. Sie dachte wohl an die strenge Lehrerin von Heidi, Fräulein Rottenmeier.

Meinem Gefühl nach hatte das Ergebnis der Begutachtungen bereits im Vorfeld festgestanden. Auf meine Frage hin, warum die Gutachterin dieses oder jenes nicht notiere, warf sie ein, dass sie das im Büro erledigen würde. Ich ahnte bereits, dass uns eine Ablehnung ins Haus flattern würde. Man möge sich mal vorstellen, dass zum Beispiel ein gleichaltriges gesundes Kind ungefähr sechs- bis siebenmal am Tage gewickelt werden müsse oder dass es wie bei Loreen völlig normal sei, dass ein Kind im Alter von drei Jahren auf den Fußboden urinierte anstatt ins Töpfchen. Dass Loreen mit ihrem Stuhlgang spielte, wenn sie mit der Hand in die Windel fassen konnte, und als Sicherheitsausrüstung sozusagen einen Badeanzug tragen musste, das alles wurde runtergespielt. »Ein Neunjähriger würde auch noch ab und an ins Bett machen!«, sagte mir die Gutachterin. Es musste dann erst mal ein Gerichtsgutachter kommen, der die Pflege sicherstellen sollte. Dieser kam dann auch – ebenfalls für zwei Stunden – und schrieb ein ausführliches Protokoll. Bei der Ernährung wurde ordentlich Zeit abgezogen, da ich ja Louise und Loreen zusammen füttern könne. Ich konnte das nicht glauben. Im Pflegeheim erhielt jeder Patient seine Pflegestufe auf sich allein berechnet, und bei uns wurde zusammengefasst. Ich fragte mich, ob das alles überhaupt der Mühe wert war, denn lieber hätte ich diese Zeit sinnvoller mit meinen Kindern verbracht!

Baden zum Beispiel durften die Kinder gar nicht zusammen, da Louise noch ihre Chemomedikamente einnahm. Wenn sie ins Badewasser urinierte, dann konnte das für Loreen gesundheitliche Folgen haben. Schließlich wurde uns mehrfach gesagt, die Ausscheidung der Stoffe sei Krebs erregend. Sie dürften nicht lange in der Windel bleiben, und es wäre besser, das Kind mit Handschuhen zu wickeln. Anders herum hatte Loreen häufig Infektionen im Scheiden- oder Blasenbereich und war häufig wund am Po. Das wiederum barg für Louise, die eine schwache Immunabwehr hatte, eine Ansteckungsgefahr. Aber der Gerichtsgutachter notierte trotzdem, dass die Kinder zusammen gebadet werden könnten. Die Gerichtsentscheidung dauerte wieder endlos, und bald waren über zwei Jahre vergangen, bis sie zu dem Urteil gekommen waren, dass Loreen noch zu klein war, um in eine höhere Pflegestufe zu kommen.

Schließlich hatte der Richter zwei gesunde Kinder, und die brauchten auch dringend die Hilfe beider Elternteile, und das könne man ja absolut mit unserer Situation vergleichen.

Die vorherigen Anträge auf Einordnung in eine höhere Pflegestufe, auf eine Haushaltshilfe, Kuren und anderes hatten wir bisher – wenn auch nach zähen Auseinandersetzungen und langen Monaten des Wartens – durchboxen können, aber dieser Antrag auf eine höhere Pflegestufe für Loreen wurde abgelehnt.

Wir ließen uns davon aber nicht entmutigen, wir würden auch in Zukunft mit der gleichen Kraft für ein möglichst unbeschwertes Leben unserer Kinder und für unser Zusammenleben kämpfen. Wir waren nun einmal auf Hilfen angewiesen.

KLUGE LOUISE

Weihnachten 2002 waren wir mit der ganzen Familie zusammen bei meinen Schwiegereltern in Wrohm. Meine Schwester Sammy kam ebenfalls mit ihrem Freund Matthias. Er verkleidete sich später als Weihnachtsmann. Als er an der Tür klingelte, rannten unsere beiden Mädchen sofort hin. Sie öffneten, und Louise kreischte und juchzte vor Aufregung und Freude. Ungeduldig schubste sie Loreen ins Wohnzimmer. Es konnte ihr gar nicht schnell genug gehen. Los, Weihnachtsmann, Geschenke her! Der Weihnachtsmann hatte einen großen Sack dabei, der gut gefüllt aussah.

Und tatsächlich, für jeden hatte er etwas mitgebracht. Louise sagte, so gut sie konnte, ein Gedicht auf. »Lieber, lieber Gutermann, was schaut du so böse aus. Steck Rute ein, du musst artig sein!« Mama sang ein Lied, Opa erzählte eine Geschichte. Jeder packte neugierig sein Geschenk aus. Auf einmal zupfte Louise am Mantel des Weihnachtsmanns und rief: »Du Maggiassss!«

Louise hatte den Weihnachtsmann enttarnt. Wir waren völlig überrascht. »Aber nein, das ist doch der Weihnachtsmann!«, versuchte immer mal wieder einer von uns, Louise zu überzeugen. Aber sie beharrte auf ihrem Urteil. Auch als der Weihnachtsmann das Haus verließ und alle ihm zuriefen: »Tschüss, Weihnachtsmann. Bis zum nächsten Jahr!«, rief Louise ganz aufgeregt: »Schuuss, Maggiassss!« Es musste wohl für das nächste Jahr ein anderer Weichnachtsmann her.

Louise hatte sich gut entwickelt und viel gelernt. Bei der Weihnachtsfeier unseres Dorfes hatte sie sogar bei einer Aufführung mitgemacht. Die Kinder der Grundschule sangen Lieder und trugen Gedichte vor. Louise stellte sich mitten in die Gruppe und machte ganz artig mit. Sie klingelte mit ihrer Glocke, griff sich den Liederbogen, hielt ihn verkehrt herum vor ihr Gesicht und tat, als würde sie die Zeilen ablesen. Wie die anderen sang sie mit. Es war ein Schritt in ein fast normales Leben.

Mit Abschied vom alten Jahr näherten wir uns auch dem heiß ersehnten Ende der Leukämietherapie. Im Februar 2003 sollte diese abgeschlossen werden. Auch die Therapien – Krankengymnastik oder Frühförderung – waren dann vorbei. Endlich. Sie hatten uns so lange begleitet, sie waren notwendig und hilfreich, aber auch anstrengend. Und sie erinnerten immer an Kranksein und Anderssein. Die Therapeuten hatten großen Anteil, Louise und Loreen die ersten Schritte in ihr Leben zu erleichtern. Aber nun wollten wir damit abschließen und uns auf einen neuen Lebensabschnitt konzentrieren.

TEIL 3

ZURÜCK IN DEN ALLTAG

Noch lange zehrten wir von der erholsamen Kur. Wir hatten eine Ferienwohnung für uns allein gehabt, ruhig gelegen, bekamen Frühstück, Mittagessen und Abendbrot serviert, mussten keinen Hausputz durchführen, die Kinderbetreuung war bestens organisiert, für Rolf und mich gab es Massagen, Schwimmen, Wandern, Skilaufen und heißen Kakao mit Schlagsahne zu Käsekuchen auf der sonnendurchfluteten Terrasse mit Blick auf die verschneiten Berge und den knallblauen Himmel. Die drei Wochen waren viel zu schnell vergangen.

Die Rückkehr in den Alltag fiel uns schwer. Rolf musste um fünf Uhr aus dem Haus, kam abends zwischen 18 und 19 Uhr, manchmal auch erst nach 21 Uhr von der Arbeit zurück. Die Kinder standen mit mir um 5.30 Uhr auf. Louise konnte sich noch nicht selbstständig anziehen oder waschen, zwei »Babys« mussten von mir versorgt werden. Um 7.15 Uhr gingen wir aus dem Haus, ich lieferte die Kinder beim Kindergarten ab, dann fuhr ich ins Büro. Nach der Arbeit machte ich kleinere Besorgungen und holte die beiden im Anschluss wieder ab. Die Mädchen bekamen dort gelegentlich Mittagessen, was ich nach und nach regelmäßiger werden lassen wollte. Bis zum frühen Abend erledigten wir dann größere Einkäufe, nahmen Termine bei Ärzten wahr oder besuchten Freunde mit Kindern oder Rolfs Eltern. Gegen 17 Uhr bereitete ich das warme

Abendessen vor, sodass wir, sobald Rolf von der Arbeit kam, zusammen essen konnten. Nachdem wir die Kinder zu Bett gebracht hatten, setzten wir uns noch aufs Sofa, schliefen dort aber meist vor lauter Müdigkeit schon im Sitzen ein und gingen zwischen 20 und 21 Uhr ins Bett, um fit für den nächsten Tag zu sein. Wir mussten uns an die Umstellung, dass wir beide arbeiteten und die Kinder in den Kindergarten gingen, erst gewöhnen. Ich fragte mich, was anstrengender ist: zu arbeiten und die Kinder zu versorgen oder mit den Kindern zu Hause zu sein und Therapien zu erledigen. Beides hatte seine Vor- und Nachteile. Ich musste es noch herausfinden.

Im Büro gab es bald den ersten Konflikt. Weil ich einmal im Monat mit Louise in die Kinderkrebsambulanz zur Blutkontrolle fahren musste, nahm ich mir dafür oft einen Tag unbezahlten Urlaub. Da ich nach Tarif bezahlt wurde, stand mir für solche Notfälle eine gewisse Anzahl freier Tage zu, die ich dafür nutzen wollte. Warum sollte ich die bezahlten Urlaubstage, die mir zustanden, alle für die Erkrankungen der Kinder verbrauchen? Ich wollte schließlich, wie jeder andere Arbeitnehmer auch, die freie Zeit – oder wenigstens einen Teil davon – dazu nutzen, mich zu erholen; und die unbezahlten Urlaubstage glich die Krankenkasse zudem mit einer Erstattung aus.

Ich hatte den Eindruck, es war dem Betrieb nicht recht, dass ich es so regelte. Aber ich verdrängte mein schlechtes Gewissen und dachte an meine Rechte. Ich nahm teils meinen eigenen Urlaub, teils die freien Tage, die mir dafür zustanden. Würde es diese Möglichkeit nicht geben, könnten solch überlastete Eltern wie wir gar nicht arbeiten gehen.

RÜCKFALL

Zu meinem zweiunddreißigsten Geburtstag im Mai 2003 hatte ich unsere Familien, Freunde und Nachbarn zu einem Brunch eingeladen. Für zwanzig Personen waren die Tische gedeckt. Am Vormittag klagte Louise schon über Beinschmerzen. Sie konnte vor Schmerzen nicht laufen. Zur Sicherheit fuhr Rolf mit ihr in die nahe gelegene Kinderklinik, um ein Blutbild machen zu lassen. Die Werte waren bei der Kontrolle in der Woche zuvor zwar nicht gut gewesen, aber alles hatte eher auf einen Infekt hingedeutet.

Als Rolf zurück war und unsere Gäste und wir gerade unsere Teller füllten, klingelte das Telefon. Ein Arzt der Klinik war am Apparat. Das Blutbild sei gar nicht gut, teilte er uns mit. Ein Wert, der darauf hindeute, dass bestimmte Zellen zerfallen, sei erhöht. Ein sofortiges Telefonat mit der Kinderkrebsklinik ließ dann aber doch noch hoffen, dass Louise das Pfeiffersche Drüsenfieber haben könnte, welches Rolf zwei Wochen zuvor gehabt hatte. Wir brachen die Feierlichkeiten ab, weil uns nicht mehr nach Feiern zumute war. Wir sollten Louise am nächsten Tag in der Kinderkrebsklinik vorstellen. Die Nacht war unruhig, Erinnerungen an die zurückliegende schwere Zeit wurden wach. Louise war blass und weinerlich.

Die Untersuchungen am nächsten Tag gaben aber immer noch keinen weiteren Aufschluss. Die Werte waren zwar stabiler als in der Kinderklinik, diese Abweichungen könnten aber durch Laborverschiebungen zustande gekommen sein, sagte man uns. Rolf fuhr nach Hause, und ich blieb mit Louise in der Klinik. Weil es Wochenende war, konnten spezielle Untersuchungen erst am nächsten Tag gemacht werden.

Als die Ärztin uns bereits am Morgen in ihr Sprechzimmer bat, hatte ich gleich diese Ahnung, dass sie etwas gefunden hatten. Und tatsächlich, drei Monate nach Ende der Krebstherapie stellte man erneut Leukämie bei Louise fest. Wir hatten uns etwas vorgemacht. Wir hatten an das Gute geglaubt, nun war es – wieder einmal – anders.

Ich meinte, den Boden unter den Füßen zu verlieren. Das, wovor ich am meisten Angst hatte, war eingetreten. Mit einem Mal schien mir alles verloren. Ich konnte erst einmal nicht über den Leukämie-Rückfall sprechen. In mir waren so viele widerstreitende Gefühle und eine unendlich große Sorge um Louise. Wir mussten wieder zur Chemo, alles fing von vorn an … In dieser Zeit begann ich Briefe an mein Kind zu schreiben.

Louise, geliebte Louise!
Ich möchte dir so viel sagen. Wir bangen und kämpfen um dich und deinen kleinen Körper. Halte durch, kleine Maus! Du erhellst unser Leben so sehr. Werde bitte wieder gesund. Niemals würdest du jemandem etwas Böses antun. Warum wirst du so bestraft? Gerade du, die leben will und so viel Freude hat und immer gut gelaunt ist. Niemand kann uns auf die Frage eine Antwort geben. Die Zeit wird es jetzt mit sich bringen. Du schaust mich so verzweifelt mit deinen treuen Augen an, bist eingeschüchtert von den vielen Untersuchungen, die durchgeführt werden. Du willst nicht mehr laufen, nicht mehr tanzen, nicht mehr singen. Aber du bist auch älter geworden, verständiger. Jetzt bist du in dich gekehrt, und in deinen Augen sehe ich Angst und Entsetzen. Diese Angst haben wir alle.

Es schmerzt unendlich, dass du nach Hause möchtest, wir dich aber nicht mitnehmen dürfen. Du darfst deine Schwester nicht sehen, weil sie Windpocken bekommen hat. Aber ich verspreche dir, bald, meine liebe Louise, bald darfst du wieder nach Hause. Du hast es selbst gesagt: »Ersta Medazin, dann Hause!« Genauso ist es, mein süßer Schatz. Du durftest schon einmal zwei Tage nach Hause, in dein Zimmer, hast geschaukelt und gelacht, so wie wir dich kennen.

Dein Mund ist wieder wund von der Chemotherapie. Doch der wird auch verheilen. Wie kann ich dich nur trösten, dir Hoffnung schenken? Wir lieben dich so sehr, du musst bei uns bleiben. Wir müssen diese Zeit gemeinsam durchstehen, wir werden immer bei dir sein. Ich will dich wieder laufen und tanzen sehen, mit deinen Umdrehungen und ausgestreckten Händen, kichernd, vor Freude glucksend und einfach glücklich.

Deine Mama Melanie

Louise war gefährdet, weil sie ein Down-Syndrom hatte. Knochenmark gibt man bei diesen Kindern nicht so gern, erklärte man uns. Sie könnten »noch mehr« Hirnschäden davontragen. Unsere Louise hat keine Hirnschäden!, dachte ich. Sie ist etwas anders, aber nicht hirngeschädigt! Die Ärzte befürchteten, dass sie »noch behinderter« werden könnte, wenn sie die für eine Knochenmarktransplantation hoch dosierte Chemotherapie verabreicht bekäme. Also recherchierte man im In- und Ausland, welche Erfahrungen andere Ärzte mit behinderten Krebspatienten gemacht hatten.

Die Chemotherapie war diesmal doppelt so lange, doppelt so aggressiv wie beim ersten Mal. Es waren wohl noch kleinste Leukämiezellen in ihrem Körper versteckt gewesen, die von den Tabletten der Dauertherapie anscheinend bloß unterdrückt worden waren. Nach Absetzen der Therapie hatte diese noch ungefähr drei Monate im Körper gewirkt, dann war es zum erneuten Ausbruch gekommen. Wie beim ersten Mal war Louise gerade ein paar Wochen im Kindergarten gewesen … jetzt hatten wir die Diagnose.

Nachdem Loreen ihre Windpocken überstanden hatte, ließen wir sie wieder den Kindergarten besuchen. Louise lag mit wundem Mund von der Chemo auf der Kinderkrebsstation. Die beiden Schwestern hatten sich seit über zwei Wochen nicht gesehen. Das machte vor allem Louise sehr traurig.

Ich wäre am liebsten jede Minute bei Louise in der Klinik geblieben, aber Loreen brauchte mich auch. Außerdem taten Louise Rolfs Besuche gut, er strahlte eine unglaubliche Ruhe und Zuversicht aus. Wenn ich nach Hause musste, blieb er bei Louise.

Louise lag in ihrem Krankenhausbett und schaute ängstlich umher. Ich versuchte, ihr die Angst zu nehmen, streichelte über ihre Haare, massierte ihre Füße. Das hatte sie gern. Ich sang ihr Lieder vor, erzählte ihr Märchen. *Rotkäppchen* und *Frau Holle* liebte sie besonders. Sie streckte mir dann immer wieder ihre weichen fleischigen Füßchen entgegen und rollte mit den Augen, eine Aufforderung, sie zu massieren.

Ach, Louise,
was hältst du alles aus, so tapfer bist du. Zu Hause ist alles so leer und still. Niemand fragt: »Mama, magi dugi da?« — Mama, was machst du da? Niemand ruft: »Mama, koche essen!« Oder: »Ein, twei, dei, via, fönf, ses, ßieben, ach, neun, ten, ölf, twölf, deiten, viaten, fönften …!« Die Schaukel bewegt sich im Wind ohne Louise darauf. Die Sandkiste ist zugedeckt. Die Kaninchen

Mimi und Tippi werden nicht von Louise gefüttert. Niemand jubelt so wie du, wenn es Essen gibt. Niemand rennt durch den Flur und juchzt vor Freude, wenn es an der Tür klingelt und Besuch kommt. Alles ist so still. Ich schaue mir zu Hause oft Fotos von dir an. Es gibt nicht ein Bild, auf dem du traurig bist oder weinst oder wütend aussiehst, immer ein Lachen, immer Freude und Lebenslust ist in deinem Gesicht zu sehen. Höre ich die Musik der ›Sesamstraße,‹ zucke ich zusammen. Louise, ich vermisse deinen rhythmischen Tanz, die wilden Drehungen und dein lautes Lachen dazu. Ich vermisse deine spontanen Küsse und Umarmungen, deine stürmische Liebe, deinen Humor. Ich sehe dich so glücklich ganz allein die Rutsche im Kindergarten raufklettern. So stolz warst du auf dich selbst und ich auf dich, dass du es allein geschafft hast und runtergerutscht bist. Du bist so ein leidenschaftliches Mädchen. Ein Satz wird mir nie mehr aus dem Kopf gehen. Scheint die Sonne, dann sagst du: »Mama, wundaßön, Sonne scheint!« Du bist so eine Genießerin. Ich stehe oft in deinem Zimmer, schlafe in deinem Bett, um dir so nahe zu sein wie nur möglich. Dein Kaufmannsladen ist wie verlassen, dein Kasperletheater weckt kein lebendiges Spiel, kein Geklapper ertönt aus deiner kleinen Kochecke, deine Puppen liegen unbewegt im Regal. Ich vermisse deine Spielereien, mit denen du uns morgens weckst. Wir hören dich immer erzählen und sehen dich für deine Puppen kochen, in deinem Kaufmannsladen einkaufen. »Ssahne, Butter, Brod, Eier!« Und dann zur Kasse und bezahlen. Schließlich rufst du: »Morgen, Mama, Morgen, Papa!« Danach sehne ich mich so.

Wir haben immer für dich und Loreen gekämpft, haben so viel durchgestanden. Wir halten alle zusammen, dann schaffen wir alles!

Ich wünsche mir so sehr, dass du die Chemo überstehst und dass sie diesmal auch die kleinsten bösen Zellen vernichtet. Damit du wieder lachen kannst. Alles muss gut werden!

Louises Entzündungswert war nach sechs Tagen auf zweihundertvierzig angestiegen, das ist sehr hoch. Ihre Atmung war schlecht, und es fehlte nicht viel, und sie würde auf die Intensivstation gebracht werden. Louise erhielt acht verschiedene Antibiotika, etwas zur Nahrungsergänzung, Flüssigkeit und Morphin gegen die Schmerzen. Ihr Kreislauf war nicht mehr stabil, und ihr Körper lagerte stark Wasser ein. Aber Louise fing sich wieder.

Doch die Erleichterung hielt nicht lange an, denn Louise bekam Windpocken. Man sagte uns, das wäre das Gefährlichste, was Louise während einer Chemotherapie passieren könne.

Nachdem ich die ersten Pusteln an Louises Po entdeckt hatte, alarmierte ich sofort die Ärzte. Aber man beharrte darauf, dass es ein Ausschlag oder eine Reaktion der Haut auf die Chemotherapie wäre. Die Besserwissermutter mal wieder …, hatten die Ärzte sicherlich gedacht. Laut Blutbild hatte Louise auch schon die Windpocken gehabt.

An einem dieser Tage war ein Besuch mit Loreen geplant, den wir Louise auch schon angekündigt hatten. Ihre Vorfreude war unbeschreiblich, sie hatte etwas für Loreen gebastelt und eingewickelt. »Ein Schenk für Loheen! Eine Überhaschung!«, hatte sie gesagt.

Als Loreen zur Tür hereinkam, rief Louise strahlend: »Oh, meine Loheen ist da! Meine Loheen!« Sie drückten und küssten sich, sie umarmten sich, als hätten sie sich monatelang nicht gesehen. Es war auch für uns eine Freude, sie so glücklich zu sehen.

Eine Woche später hatte Louise etwa zwanzig Pusteln am ganzen Körper, jetzt wurden die Ärzte hellhörig. Mein Verdacht auf Windpocken wurde nun bestätigt; die Besserwissermutter hatte Recht behalten. Louise musste isoliert werden, wurde behandelt, als würde sie eine Seuche verbreiten. Dabei konnte sie längst alle Kinder auf der Station angesteckt haben.

Wir wurden in ein kleines Zimmer auf einer anderen Kinderstation verbannt. Dieses Zimmer war ungefähr zweieinhalb mal vier Meter groß. Wir nannten es Räuberhöhle. Ein Bett, ein Waschbecken, ein Schrank, eine unbequeme Elternpritsche, ein kaputter Fernseher. Das Essen wurde uns in einen kleinen Raum vor unserem Zimmer gestellt – wie für einen Hund. In dieser Höhle durften wir eine ganze Woche verbringen. Louise erhielt zusätzlich ein Medikament gegen die Windpocken. Der Ständer für die Infusionen brach fast auseinander, so voll war er behangen. Es piepte halbstündlich, weil irgendein Medikament durchgelaufen war, auch nachts. Unerträglich.

In einer Nacht zog sich Louise im Schlaf den Quinton-Katheter heraus, der nun doch für eine mögliche Knochenmarktransplantation gelegt worden war. Panik!!! Steckte noch ein Rest in der Nähe des Herzens fest? Was geschah nun? Röntgen, Intensivstation? Niemand beantwortete mir meine ängstlichen Fragen. Der Dienst habende Arzt sagte bloß: »Tja, da haben wir ein ernsthaftes Problem. Ich muss erst mal telefonieren!«, und ging hinaus.

Mit wem musste er telefonieren? Was war das Problem? Eine Krankenschwester versuchte mich zu beruhigen. Sie sah sich den Quinton-Katheter an und versicherte mir, dass er komplett sei, dass nichts mehr in Louises Brust stecken könne. Louise saß im Bett und kicherte. Sie hielt mir ihren Ernie hin. Ich musste ihm den Katheter anbinden, ihm und auch Bert die Haare abschneiden und beiden Stofffiguren Pflaster und Verbände anlegen. Sämtliche leeren Infusionsflaschen und Kabel bekamen Ernie und Bert von mir angeschlossen.

In dieser Nacht fanden wir keine Ruhe mehr. Louise hatte bereits am Tage schlechte Blutgerinnungswerte, aber man hatte ihr nicht sofort eine Blutkonserve verabreichen wollen, sondern gewartet, ob sich die Werte von allein besserten. Nun jedoch, nachdem der Katheter heraus war, bestand die Gefahr einer inneren Blutung. Die Blutbank jedoch hatte gerade zu diesem Zeitpunkt nur noch eine Konserve, die zu Louises Blutgruppe passte, und diese musste aufbewahrt werden, falls ein Notfall mit Schwerverletzten hereinkam.

Louise zählte zu diesem Zeitpunkt also nicht als Notfall! Dann konnte das alles nicht so schlimm sein, oder? Um mich endgültig zu beruhigen, rief ich auf der Kinderkrebsstation an und erhielt die erleichternde Nachricht, dass sich Kinder öfter diesen Katheter zögen.

Louise wurde in der Nacht ein Zugang am Fuß und einer an der Hand gelegt, sie bekam ihre Infusionen darüber und schlief endlich ein.

Mir kam es so vor, als ob sich Louise ohne Katheter besser fühlte.

Als es Louise ein wenig besser ging, durfte sie für zwei Tage nach Hause. Sie hatte sich sowohl von den Windpocken als auch von einer schweren Infektion gut erholt.

»Bin wieder Hause, Loheen!«, rief sie und umarmte ihre Schwester. Wir fütterten Louise. Trinken konnte sie nur mit Hilfe einer Fünfundzwanzig-Milliliter-Spritze, aus der wir ihr langsam Wasser oder Bananenmilch in den Mund fließen ließen. Milliliter für Milliliter, sodass sie auf eine Menge von achthundert Millilitern Flüssigkeit am Tag kam.

Im Krankenhaus wurde nach dem ersten Chemoblock eine Knochenmarkpunktion gemacht. Das Knochenmark wies keine Leukämiezellen mehr auf. Wie damals. Aber zurückdenken durften wir nicht. Wir mussten nach vorn blicken.

IM OP

Louise sollte einen neuen Port erhalten. Rolf verbrachte die Nacht davor mit Louise auf der Station. Für 8.30 Uhr war die OP angesetzt. Als ich am Morgen in der Klinik ankam, hoffte ich, Louise habe den Eingriff bereits gut überstanden. Aber Rolf saß mit ihr im Spielzimmer. Wegen einiger Notfälle musste Louise warten.

Um 12 Uhr saßen wir immer noch im Spielzimmer. Louise durfte weder essen noch trinken. Ich litt mit meinem Kind und konnte die aufsteigende Wut nur schwer unterdrücken. Warum muss ein schwer krankes Kind so lange auf eine OP warten? Wir beschlossen, mit Louise etwas spazieren zu gehen. Die Schwester sagte, sie rufe uns auf dem Handy an, sobald der OP frei sei. Eine halbe Stunde später war es endlich so weit. Louise bekam ein Beruhigungsmittel. Müde wurde sie davon aber nicht so recht. Im Vorraum zum OP mussten wir sie allein lassen, zwei fremde Schwestern waren bei ihr. Diese versicherten uns, dass sie nur kurz einen Zugang legen würden und sie dann in den OP komme.

Fast vier Stunden später war Louise noch nicht aus dem OP heraus. Was war da los? Gab es Probleme? Niemand hielt es für nötig, uns mitzuteilen, warum die OP so lange dauerte. Selbst in solch schweren Stunden musste man fragen, bitten und drängen, dachte ich.

Die Warteräume vor dem OP kamen mir vor wie eine eigene kleine Welt: Schleusen werden mit Hilfe von Geheimcodes geöffnet, die nur Ärzte und Schwestern kennen. Wie grüne Marsmännchen laufen die Pflegerinnen und Pfleger umher. Irgendwie erscheint alles sehr ruhig und gelassen.

Plötzlich wurde ein kleines Mädchen hereingeschoben, ungefähr zwei Jahre alt. Sie wachte auf, wimmerte, weinte, rief nach ihrer Mama. Eine Schwester kümmerte sich um das Kind. Später erfuhr ich, dass das Kind eine Bluterkrankung hatte – wie seine beiden Geschwister.

Dann kam Louise in den Aufwachraum. Sie hatten eine Lumbalpunktion durchgeführt, bei der Gehirnwasser entnommen und gleichzeitig etwas vom Chemomedikament eingespritzt wird. Als Louise aufwachte, brüllte sie sofort los. Sie wollte in ihr Zimmer. Sie beruhigte sich kaum, zitterte am ganzen Körper. Die Schwester erzählte mir, dass Louise noch lange im Vorraum hatte warten müssen – fast zwei Stunden, bis sie in den OP geschoben wurde. Sie hatte diese Zeit mit wildfremden Personen verbringen müssen, die versuchten, ihr einen Zugang zu legen. Arme, Hände, Beine, alles war zerstochen. Welche Angst musste Louise in diesen Stunden gehabt haben?

Eine Stunde nach der Lumbalpunktion sollte Louise Folsäure gespritzt werden, die dafür sorgt, dass der Mund nicht ganz so wund wird. Rolf und ich haben schon bei vorhergehenden Chemobehandlungen Louises oft darauf hinweisen müssen, aber diesmal half weder ein Hinweis auf diese Maßnahme noch Bitten oder Betteln. Ich wurde endgültig wütend – und lauter! Es reichte!

Schließlich stellte sich heraus, dass man auf der OP-Station die Folsäure nicht vorrätig hatte. Ich schlug vor, dass man sie sich dann eben von der Krebsstation besorgen müsse, damit man Louise so bald wie möglich die Spritze geben könne. Die Zeit drängte! Aber die Schwester war nicht bereit, auf der anderen Station anzurufen, das würde nur Hektik verbreiten. Es würde reichen, wenn Louise die Folsäure später bekomme, wenn sie zurück auf der Krebsstation sei. Ich fragte mich, was diese Schwester sich dachte. Hatte sie denn keine Ahnung, wie wund ein Kindermund werden kann? Ich bat energisch darum, Louise so schnell wie möglich auf die Kinderkrebsstation zu verlegen. Die Augen verdrehend, organisierte die Schwester den Transport Louises.

Der Aufwachraum füllte sich inzwischen. Neben Louise lag ein älterer Mann, der röchelte und keuchte. Die Schwestern unterhielten sich lautstark über die Prostata des Mannes, der kurz zuvor operiert worden war. Dabei hob und senkte sich die leichte Decke vom schweren Atmen des Patienten, bis plötzlich sein schlaffer und wenig gesund aussehender Penis darunter zum Vorschein kam. Keine der Schwestern kümmerte sich darum.

Ein anderer Patient, der beinahe aus dem Bett fiel, wurde trotz Protest kurzerhand festgebunden. Zu seiner eigenen Sicherheit, versteht sich.

Zwei Stunden nach der Punktion erhielt Louise endlich auf der Kinderkrebsstation die Folsäure-Spritze, und wir beteten, dass der Mund nicht wund werde. Dass es mal wieder zu einigen Pannen kam, interessierte niemanden, und zur Rechenschaft gezogen wurde auch niemand.

Jetzt hatte Louise wieder ihren Port, eine Art Kapsel unter der Haut, durch die die Infusionen liefen. Geplant waren neun lange Monate Intensivtherapie, das bedeutete: ungefähr alle drei Wochen für fünf Tage zur Chemo ins Krankenhaus.

Darüber hinaus würden wir sicherlich noch einige Male wegen starker Nebenwirkungen hierher müssen. So wie jetzt? Fünf lange Wochen lagen hinter uns, davon vier auf Station, eine zu Hause.

Ich durfte mir das gar nicht ausmalen! Wir mussten jeden Tag neu beginnen, uns Schritt für Schritt unserem Ziel nähern und jeden Tag zu Hause intensiv genießen, sonst war das nicht auszuhalten.

DAS LEBEN GEHT WEITER

Für Loreen bekamen wir einen Zivi, der sie morgens zu Hause abholte und zum Kindergarten brachte. Mittags fuhr er sie nach Hause oder zu Oma Karin. Marcus machte seine Arbeit hervorragend, und Loreen liebte ihn. Selbst an den Wochenenden stand sie vorn vor der Tür und wartete auf ihren »Makutsss«.

Loreen war sehr anhänglich, wich nicht von unserer Seite. Vielleicht befürchtete sie, sie würde auch noch weggebracht. So wie Louise ins Krankenhaus gebracht wurde und wochenlang nicht nach Hause kam. Loreen klammerte sich an meinen Oberschenkel, ging nur an meiner Hand durchs Haus. Sie brauchte viel Nähe. Jeden Abend gab es eine Stunde Gutenachtgeschichten mit Singen und dann noch eine Stunde Geschichten oder Musik von Kassette oder CD, bis sie endlich einschlief.

Oma Karin, Opa Rolf, Oma Hannelore, Opa Wolfgang, Tante Sammy und Onkel Matthias waren in dieser Zeit immer für uns da. Louise bekam auch viel Post von ihren Freunden aus der Down-Syndrom-Liste im Internet und vom Kindergarten. Selbst gebastelte Karten aus ganz Deutschland, aus der Schweiz und aus Amerika lagen in unserem Briefkasten. Auch unsere Arbeitskollegen und Freunde erkundigten sich laufend danach, wie es Louise und uns ging. Diese Anteilnahme tat uns sehr gut.

Und noch jemand war da, der uns sehr beistand, Oliver aus Wuppertal. Eines Tages spazierte er mit einem riesengroßen Elefanten aus Stoff in Louises Krankenzimmer. »Oh, ein großa, großa Elafant!«, rief Louise, und ihre Augen strahlten wie lange nicht mehr. Wir befanden uns mal wieder in einem Isolierzimmer, weil Louise einen fieberhaften Infekt hatte. Oliver reiste mit dem Elefanten in ganz Deutschland von Krankenhaus zu Krankenhaus und besuchte und beschenkte schwer kranke Kinder. Er war vom ersten Augenblick an von Louise angetan und küsste zum Abschied sogar ihre Glatze.

Wir dachten noch lange an den Elefanten und an Oliver.

Ich versuchte, Olivers Adresse oder Telefonnummer herauszufinden, aber es gelang mir nicht. Wie freute ich mich, als eine Schwester sagte, Oliver habe auf der Station angerufen, nach uns gefragt und seine Telefonnummer hinterlassen.

Von diesem Tag an telefonierte Louise fast täglich mit Olli, sehr zu Lasten von dessen und unserer Telefonrechnung. Abends rief Olli häufig an, um den Kindern Gute Nacht zu sagen und zu fragen, wie der Tag gewesen sei. Und im neuen Jahr besuchte uns Olli mit seinem Vater zu Hause. Wir verbrachten zwei schöne Tage zusammen. Louise durfte mit dem großen roten Bus von Olivers Verein Internet Bärchen e.V. fahren. Er brachte einen großen Karton voll Spielsachen mit. Playmobil, Malsachen, Scheren, Trecker, Autos, Hubschrauber und vieles mehr, manches in doppelter und dreifacher Ausführung. Es war so viel, dass wir vieles mit Olivers Einverständnis an eine Arztpraxis, an ein Krankenhaus und an einen Kindergarten weitergaben. Dort wurde intaktes Spielzeug immer gebraucht. Seit mehr als zehn Jahren reist Oliver ehrenamtlich quer durch Deutschland und beschenkt

Kinder in Kinderkliniken, Heimen und Hospizen mit Spielzeug.

Oliver versprach mir, auch einmal unsere Kinderklinik zu besuchen. Dort bemühte man sich immer sehr um Louise, und ich, die Besserwissermutter, wurde akzeptiert.

ZIMMERGENOSSEN

Louise verbrachte mehr Zeit auf der Krebsstation als zu Hause. Statt geplanter fünf Tage zur Chemo blieb sie oft über zwei Wochen, da nach fünf Tagen Chemo sofort der Mund und die anderen Schleimhäute entzündet waren. Nur weil ich wegen der nervlichen Belastung krankgeschrieben und Rolf erneut arbeitslos wurde, konnten wir uns täglich mit Louises Betreuung im Krankenhaus abwechseln. Das kostete enormes Spritgeld, aber wenigstens gab uns die Krankenkasse einen kleinen Anteil dazu. Das Verhältnis zu unserer Krankenkasse hatte sich mittlerweile enorm verbessert. Reibungslos erstattete man uns Notwendiges. Häufig kam es aber auch darauf an, welchen Sachbearbeiter man erwischte. Es gibt solche und solche Menschen, auch bei den Behörden. In unserem Falle waren es überwiegend männliche Wesen, die sofort mit Herz und Kugelschreiber zur Stelle waren.

Zu Hause versuchte ich meist, einfach mal abzuschalten, denn im Krankenhaus hatte man ständig mit Problemen und Sorgen zu kämpfen – und zwar nicht nur mit den eigenen.

Wir hatten einmal zum Beispiel eine allein erziehende Mutter von acht Kindern mit ihrer Tochter im Zimmer. Sie wurde von den anderen Eltern meist nicht beachtet. »Die sind doch asozial!«, hörte ich eine Mutter hinter ihrem Rücken schimpfen. »Wie kann man nur acht Kinder in die Welt setzten? Und das von lauter verschiedenen Männern! Und das Mädchen von der hat nicht nur Leukämie, sondern ist auch noch geistig behindert! Die randaliert herum und macht alle Spielsachen kaputt.«

Ich war traurig. Die Kleine und ihre Mutter wurden wohl in unserem Zimmer untergebracht, weil Behinderte zu Behinderten passen. Die Türken werden zu den Türken gesteckt, die Araber zu den Arabern, die Schwarzen zu den Schwarzen … und die Asozialen zu den Asozialen? Also sind wir behindert *und* asozial?

Ich kam mit der Mutter ins Gespräch, und sie erzählte mir, dass sie unter Druck gesetzt werde. Das Jugendamt stelle ihr keine Betreuung zur Verfügung, während sie ihre behinderte und leukämiekranke Tochter im Krankenhaus beaufsichtige. Somit seien die anderen Kinder allein zu Hause. Aber man stelle ihr auch keine Betreuung für die Tochter im Krankenhaus zur Verfügung, sodass sie für die anderen Kinder sorgen könne. Das Ende vom Lied sei, dass man ihr die behinderte und erkrankte Tochter wegnehmen wolle.

Wie Pippi Langstrumpf lag die Mutter mit Stiefeln in dem Elternbett, schlief meist ein, während im Fernseher eine Talkshow lief. Einer der Brüder des kleinen Mädchens war beinahe rund um die Uhr da, schwänzte auch mal die Schule, um bei seiner Schwester sein zu können. Der Junge roch nicht gut. Seine Schuhe stanken nach Hundekot. Aber statt die Nase zu rümpfen und über ihn zu schimpfen, gab ich ihm mein Duschgel und schickte ihn unter die Dusche. Auch seine Klamotten wusch ich durch und bat ihn, seine Schuhe auf die Terrasse zu stellen. Artig machte er das alles und stand eine Stunde lang unter der Dusche. Danach kam er strahlend und duftend ins Zimmer zurück.

Der Bruder des Mädchens sagt zu mir: »Hoffentlich nehmen sie uns meine kleine Schwester nicht weg. Wir möchten das Sorgerecht behalten. Wir tun alles dafür.«

Er schien ein lieber Kerl zu sein.

Als auf der Station ein Geldbeutel verschwand, hieß es, das seien natürlich »die Asozialen« gewesen. Als aus dem Kühlschrank die Wochenration Wurst und Käse vermisst wurde, konnten das natürlich ebenfalls nur »die Asozialen« gewesen sein.

Außer uns und der Alleinerziehenden war noch eine Mutter mit ihrem Kind auf unserem Zimmer. Das Kind schrie jede halbe Stunde wegen etwas anderem. Ging dem Kind das Vorspulen der Hörkassette nicht schnell genug oder schmierte die Mutter nicht sofort das gewünschte Brot, jaulte und jammerte es sirenenartig in einer Lautstärke, dass Louise sich die Ohren zuhielt. Irgendwann reichte es Louise! Sie fauchte das Kind an: »Mann, sei mal leise. Hör auf zu heulen!« Louise brachte es mal wieder auf den Punkt.

Louise war geduldig und tapfer. Sie hätte sich nicht erlaubt, mich zu bevormunden. Sie ertrug ihren Schmerz und ihr Leid. Sie suchte nur meine Wärme und Nähe.

Eine Mutter, mit der wir einmal das Zimmer teilten, sagte, sie finde es umwerfend, wie Louise alles meistere und welch tolle Art sie habe. Sie finde es überhaupt schön, dass wir zusammen in einem Zimmer waren. Sie sagte, sie habe viel von Louise gelernt. Es sei so angenehm, sie um sich zu haben. Sie beneide uns.

Das gab es auch. Jemand beneidete uns um unser Kind.

Ich erwiderte aus vollem Herzen: »Ich bin stolz auf meine Kinder!«

Ein anderes dreijähriges Kind hatte von seiner Oma eine goldene Krone bekommen. Louise fragte, ob sie die auch einmal aufsetzen dürfe. Da sagt die Oma: »Aber die Krone ist ja noch ganz neu. Wenn sie etwas abgenutzt ist, dann darfst du sie auch einmal aufsetzen!«

Oh ja, natürlich, das Prinzesschen muss die Krone erst benutzen, und dann kommt »die zweite Klasse« dran.

Louises Verhalten war die Ausnahme. Alle anderen Mädchen und Jungen im Alter zwischen drei und sechs, die wir im Krankenhaus kennen lernten, jammerten und weinten viel und waren oft bockig. Ihre Wut über ihre Krankheit und die Situation im Krankenhaus ließen sie an ihren Eltern aus.

Louise war anders. Sie weinte selten. Einmal kullerte eine kleine Träne aus ihrem Auge, als ein Arzt dreimal zustechen musste, um ihren Portzugang unter der Haut zu finden. Er schaffte es beim ersten Mal nicht, beim zweiten Mal nicht, beim dritten Mal nicht. Louise hielt still, schrie nicht, jammerte nicht. Sie sah mich an, und nur diese eine Träne kullerte über ihr Gesicht.

Ein Junge, mit dem Louise das Zimmer teilte, wollte ständig seine Bob-der-Baumeister-Verwöhn-Kassette hören, sogar nachts, weil er sonst nicht schlafen konnte. Als die erste Seite der Kassette abgespielt war, ertönte ein sirenenartiges Geheule, und der Junge jammerte so lange, bis die Mutter die Kassette umgedreht hatte. Zum hundertsten Male ertönten die Stimmen von der Kassette: »Bauarbeiter, können wir das schaffen? – Ja, wir schaffen das!«

Ich fand das Verhalten des Kindes unmöglich. Krebs hin oder her, das muss nicht sein, das müssen die Eltern doch unterbinden. Louise wurde von dem Gejammere ebenfalls wach. Um drei Uhr nachts, nach dem x-ten Umdrehen der Kassette, begleitet von Kindergebrüll, schob ich Louise mit dem Krankenbett auf den Flur.

Die Nachtschwester bekam bei unserem Anblick Panik. »Was haben Sie vor?«, fragte sie aufgeregt.

»Ich schlafe mit Louise auf dem Flur oder im Spielzimmer!«, antwortete ich.

»Das machen Sie nicht!«, sagte die Schwester entrüstet.

»Und das mache ich doch!«

»Sie können nicht dermaßen gegen unsere Stationsregeln verstoßen! Sie machen hier alles wach mit ihrem Bettengeschiebe!«, schimpfte die Schwester.

Louise und *ich* waren wach! Und das nächtelang, seit Tagen, seit Wochen, seit Monaten. Ich ignorierte die Schwester und schob Louise durch den Flur ins Spielzimmer. Wir machten es uns dort gemütlich und verbrachten den Rest der Nacht in einer Stille, die wir während unseres ganzen Krankenhausaufenthaltes nie zuvor gehabt hatten.

Die Mutter der Sirene traf ich am nächsten Morgen in der Küche. Dort hatte Louise großzügig Kakaopulver verschüttet. Ich schimpfte Louise aus. Die Mutter warf mir vor, ich würde mit Louise falsch umgehen. Man dürfe Kinder nicht ausschimpfen. Ich erwiderte: »Die Kinder müssen auch ihre Grenzen kennen. Es kann nicht sein, dass eine Mutter immer springt, wenn das Kind etwas verlangt, so wie du es machst. Dein Sohn ist ja total verwöhnt. Und ihr geht uns auf die Nerven. Ich habe ein ganz besonderes Kind und eine ganz besondere Beziehung zu meinem Kind. Ich liebe meine Tochter über alles. Du hast doch überhaupt keine Ahnung!«

Louise rief: »Komm, Mama!«, in einem Ton, aus dem ich heraushörte: Lass die stehen, sie ist es nicht wert!

Nach dem vierten Chemoblock hatten wir nun die Hälfte rum. Eine Roma-Familie war auf unserem Zimmer untergebracht. Von morgens acht Uhr bis in die Nacht war die gesamte Familie um das Bett der kleinen Patientin versammelt. Immer im Wechsel wurde Händchen gehalten, Bettdecke aufgeschüttelt, Spuckschale hingehalten, Rücken gekrault usw. Was für eine Familie? Ich hätte es besser gefunden, sie wären in einem Einzelzimmer untergebracht worden, denn ich empfand diese vielen Menschen als störend und belastend. Nicht die einzelnen Personen, aber diese große Anzahl der Leute. Sie waren alle nett und freundlich, hatten aber eine andere Mentalität als wir. Das nahm ich ihnen nicht übel, auf keinen Fall, aber es raubte mir meine Kräfte, die ich für Louise und meine Familie bewahren musste. Draußen waren über dreißig Grad, drinnen im Zimmer wohl noch mehr. Das Gerede und das Türengeklapper störten mich. Gegen Mitternacht war fast Ruhe, als plötzlich wieder vier Verwandte im Zimmer standen. Kurz darauf noch zwei. Wo kamen die her?

Von der Terrasse! Ich stand noch einmal auf und sah nach. Alle Familienmitglieder saßen draußen auf der Terrasse. Ich kam mit der Familie ins Gespräch und setze mich eine Weile dazu. Die Mutter des kranken Roma-Mädchens betete für Louise, dass alles gut werde und dass diesmal nicht der Mund wund würde. Sie boten mir Schnitzel, Brötchen und Kaffee an. Das alles war sehr freundlich. Dennoch war ich froh, als das Mädchen am nächsten Tag entlassen wurde. Ich unterhielt mich gern mit ihnen, mochte aber keine Nacht länger mit der Familie das Zimmer teilen. Sechs Tage nach der Chemo »warteten« wir, dass die Entzündungen im Mund wie gewohnt auftraten, aber diesmal hatte Louise keine Beschwerden mit den Schleimhäuten.

Ich dachte noch oft an die Roma-Familie.

Das Weihnachtsfest durften wir zu Hause feiern, da die nächste Chemotherapie erst am zweiten Weihnachtstag begann. Die Mädchen staunten nicht schlecht, als der Weihnachtsmann durch unseren Garten stapfte, einen großen Holzbollerwagen voll Geschenke hinter sich herziehend. Er klingelte an der Haustür. Louise und Loreen rannten schreiend und juchzend zur Tür und öffnete ihm.

Louise sagt: »Gute Tag, Zeinamann, komm rein, Zeinamann!«

Louise und Loreen standen im Partnerlook vor dem Weihnachtsmann, um etwas aufzusagen. Sie sahen so süß in ihren Jeanskleidchen aus, hatten beide Gedichte und Lieder eingeübt. Louise begann: »Lieber Gott –« Dann schlug sie sich mit der Hand gegen die Stirn. Ihr schien plötzlich statt des Weihnachtsgedichtes das allmorgendliche Frühstücksgebet in den Sinn gekommen zu sein. »Falsch, noch mal!«, rief sie und fing noch einmal an. »Lieber, guter Zeinamann. Was schaust du so böse aus? Stecke deine Rute ein und immer schön artig sein!« Sie applaudierte sich selbst, und alle Gäste – Oma Hannelore, Opa Wolfgang, Oma Karin, Opa Rolf, Sammy und Matthias – lachten.

Der Weihnachtsmann hatte sein goldenes Buch dabei. Er schlug es auf und fragte Loreen: »Warst du denn auch artig? Ich habe von meinen Engeln gehört, dass du immer mit den Füßen aufstampfst, wenn du deinen Willen nicht bekommst?«

»Ja, schau, so!«, antwortete Loreen, und dann führte sie vor, wie laut sie mit den Füßen aufstampfen konnte. Sie gab auch zu, dass sie gern Cola trinkt und Chips isst. »Ja, Ja!«, sagte sie fröhlich.

Der Weihnachtsmann lobte Louise für ihre Tapferkeit im Krankenhaus. Louise winkte ab, als ob das nicht der Rede wert sei. Lieber solle er seine Geschenke auspacken. Ganz neugierig blickte Louise zu dem Wagen. Louise und Loreen tanzten uns noch etwas vor, und dann bekamen sie endlich ihre Geschenke.

Louise packte einen Operationssaal von Playmobil aus. Aber den hatte sie schon. Prompt rief sie: »Oh Mann, schon wieder einer!« Mit einer schauspielerisch herausragenden Leistung sah sie gelangweilt zu Boden und verzog schmollend den Mund. Dann lachte sie über sich selbst, dass sie soooooo beleidigt tun konnte.

Loreen packte ein Friseurset aus: Haarföhn, Haarbürste, Spangen, Lockenwickler. Louise schnappte sich die Sachen. Sie kämmte sich ihre Glatze und föhnte sich.

Nachdem jedes der Mädchen seine an die zehn Geschenke ausgepackt hatte, gab es Lachsbrote, Kaffee und Plätzchen. Zum Abschluss machten wir noch ein Foto von den beiden vor dem mit roten und goldenen Kugeln geschmückten Tannenbaum.

Es war ein wunderschönes Weihnachtsfest.

Ebenso stimmungsvoll erlebten wir auch das Silvesterfest. Wir hatten das Glück, dass Louise genau zum 31. Dezember nach Hause durfte. Sichtlich angeschlagen nach dieser fünftägigen Tortur im Krankenhaus, hielt sie noch den ganzen Nachmittag durch. Wir hatten uns mit unseren Nachbarn zum Berlineressen und Sekt trinken verabredet. Louise und Loreen durften zur Feier des Tages aus den feinen Sektgläsern

Kindersekt trinken und vom festlichen Kaffee- und Kuchengeschirr essen. Als abends die Silvesterknaller losgingen, lag ich neben Louise in ihrem Bett. Sie schlief schon. Nichts war mir mehr wert, als den Jahresausklang zu viert im Haus zu verbringen.

Im neuen Jahr hatte Louise nur noch eine Chemotherapie vor sich, die sie auch wieder gut überstand. Danach erholte sie sich erstaunlich gut. Auch ihre Haare wuchsen wieder. So gefiel sie mir am besten. Spitzbübisch, gut gelaunt, mit keckem Kurzhaarschnitt.

Es war Faschingszeit. Louise durfte rechtzeitig zum Faschingsbeginn in den Kindergarten. Die Dauertherapie mit Tabletten und Spritzen wie beim ersten Mal hatte begonnen. Diesmal war ihre Abwehr so gut, dass sie durchaus mit anderen Kindern spielen durfte. Louise und Loreen freuten sich auf das Faschingsfest im Kindergarten. Sie konnten sich bloß nicht recht entscheiden, als was sie sich verkleiden sollten. Viele verschiedene Modelle standen zur Auswahl. Alles wurde anprobiert: Louise als Gärtner, Loreen als Maikäfer, Louise als Prinzessin, Loreen als Biene, Louise als Hippie mit weiter Hose und buntem Hemd, mit Stirnband und Schokoladenzigarette im Mund. Von jedem Modell machte ich ein Foto. Loreen entschied sich für den Maikäfer und Louise für den Clown.

Louise freute sich, endlich ihren Freund Nico im Kindergarten wiederzusehen. Er war zusammen mit Louise und Loreen in der integrativen »Mäusegruppe« des Kindergartens. Louise wollte Nico gern heiraten, weil er einen so schönen Nachnamen hat: Fröhlich! Louise Fröhlich, das wäre es gewesen!

Am Wochenende ging es in die Kinderdisco in unserem Dorf. Louise sah aus wie ein Teenie: Minijeansrock, Hemd mit Jeansweste, Glitzerstrumpfhose und Schuhe, die beim Laufen über Holz- und Fliesenboden klackerten. Sie hatte sich mit rosafarbenem Lippenstift und hellblauem Lidschatten geschminkt und war in ihrem Element. Louise tanzte fröhlich zur lauten Musik und wünschte sich dann »Codo, der Dritte, aus der Sternenmitte, ich düse so gerne durch All« von dem DJ. Sie sang ihm das Lied vor. Aber der DJ hatte das Lied nicht. Louise quengelte so lange, bis Rolf nach Hause ging und die CD holte. »Ein Lied extra für Louise«, verkündete der DJ später durch sein Mikrofon, und Louise war happy und tanzte wild im Disconebel. Die anderen standen im Kreis um sie herum und schauten ihr zu.

Loreen war die Musik zu laut, und auch die Kinder schrien ihr zu viel. Sie blieb mit den Fingern in den Ohren abseits stehen und sah sich alles aus der Ferne an.

Beim Stuhltanz schließlich führte Louise die Reihe an. Ganz vorn stand sie, alle fassten sich an den Schultern an, und los ging es. Louise lief und lief, dann ging die Musik aus, und alle setzen sich. Nur Louise nicht, die lief weiter. Verloren. Macht nichts. Zum Trost gab es ein dickes Stück Sahnetorte.

MITGEFÜHL

Wir erhielten einige Geldspenden. Eines Morgens lag ein Umschlag in unserem Briefkasten. Die Kollekte einer Kirchenveranstaltung zusammen mit einem Brief war darin. Jemand hatte von unserem Schicksal gehört und sich dafür eingesetzt, dass wir die Kollekte bekamen. Wir kauften Lebensmittel und ein Bauteil für den Gartenzaun davon.

Ein anderes Mal überreichte uns die Gemeinde in unserem Amtsbereich im Auftrag eines Handwerkers, dessen Namen wir nicht kennen, eine große Summe Geld. Endlich konnten wir uns unser heiß ersehntes Gartentor leisten. Und die Amtsverwaltung spendete uns den gesamten Erlös einer Tombola, von dem wir den Gartenzaun komplettierten und die Zuzahlung für Louises so genannte Reha-Karre bezahlten. Der psychosoziale Dienst der Kinderkrebsklinik stellte für uns Anträge bei Leukämiestiftungen und Krebshilfeorganisationen. Von dort erhielten wir finanzielle Einmalunterstützungen, die wir für tägliche Fahrten und Besuchsfahrten ins Krankenhaus ausgaben. Zusätzlich unterstützte uns unsere Krankenkasse und zahlte die Fahrten des Betreuungswechsels und die ambulanten und stationären Fahrten zur Klinik. So war es überhaupt nur möglich, täglich in die entfernte Kinderkrebsklinik zu fahren. Die ortsansässige Bundeswehr schenkte uns den Inhalt einer Geldspendenflasche, in die die Fahrschüler, die kostenlos ihren Führerschein bei der Bundeswehr erwerben, einen freiwilligen Obolus entrichten. Dieser wurde uns bei einem großzügig ausgerichteten Frühstück im Haus unseres Bürgermeisters Klaus-Willi Hinrichs und seiner Ehefrau Marlene überreicht. Wir waren überwältigt von so viel Großzügigkeit und der großen Anteilnahme. Wenn wir danach am Haus des Bürgermeisters vorbeikamen, rief Loreen laut: »Anhalten! Da gibt es Frühstück!«

GEBURTSTAGE

Ich hatte mir Ziele gesteckt. Erst Louises Geburtstag schaffen, dann Loreens Geburtstag schaffen. Schaffen … Das bedeutete, ich wünschte mir, dass Louise diese Tage noch erlebte.

Ein Ziel war erreicht: Louise wurde fünf.

Sie durfte zu Hause feiern und bekam ein Puppenhaus und einen Bauernhof mit Tieren. Aber das war ihr nicht wichtig. Sie freute sich, dass die ganze Familie am reichlich gedeckten Tisch saß und mit ihr gemeinsam feierte.

Die Ergebnisse von Louises Knochenmark-Untersuchung waren gut. Zur Vorsorge wurde trotzdem bei Rolf, Loreen und mir Blut abgenommen, um zu sehen, wer für eine Knochenmarktransplantation in Frage käme. Wie sollte es anders sein: Loreens Blutprobe passte genau. Ich bekam eine Gänsehaut, als wir dies erfuhren. Ausgerechnet Loreen, Louises behinderte Schwester. Gehofft hatte ich natürlich, dass Rolf oder ich in Frage kämen, aber das Schicksal wollte es anders. Von Loreen, die oft unterschätzt wurde, konnte womöglich das Leben ihrer Schwester abhängen. Doch zu einer Knochenmarktransplantation würde es nur im Falle einer Verschlechterung von Louises Werten kommen. Eine weitere Zelluntersuchung ergab zum Glück, dass auf zehntausend Zellen keine Leukämiezelle auffindbar war. Dennoch galt fortan, auf Loreen noch viel behutsamer aufzupassen, denn sie war ein doppelter Schatz.

Den Sommer 2003 verbringen wir überwiegend zu Hause. Den Grill hatten wir schon das zehnte Mal angeschmissen. Loreens und Louises Lieblingsnachbar Frank kam und staubte des Öfteren eine Grillwurst ab. Beide Mädchen waren angetan von Frank. Loreen drückte ihn oft und sagte: »Oh, liebe dich, mein Frank!« Sie wollte dann auch unbedingt eine Cola mit Frank trinken. Louise schenkte Frank Handküsse. Wenn die beiden sahen, Mama und Papa bereiten den Grill vor, dann holten sie schnell einen Teller mehr aus dem Schrank. »Frank kommt aba auch«, sagte Louise jedes Mal und lief barfuß in ihrem rosafarbenen Blümchenkleid zum Gartenzaun und hielt Ausschau nach Frank. Sobald sie ihn erspähte, rief sie laut: »Frank, komm her, komm rüber, Grillwurst essen!«

Kurz vor Loreens viertem Geburtstag befand sich Louise wieder einmal wegen einer Infektion in einem Isolierzimmer. Louises Abwehr war noch nicht so gut, dass sie schon nach Hause entlassen werden durfte. Aber zwei Tage bis zu Loreens Geburtstag hatten wir noch Zeit. Louise malte ein Bild für Loreen, rollte es zusammen und sagte: »Schenk für Loheeni!«

Als der Arzt später hereinkam, rief Louise: »Oh, Mann, Leukos müssen hoch, dann ab nach Hause!« Genau zu Loreens Geburtstag standen die Leukozyten bei neunhundert. Ab eintausend durfte sie erst gehen. Rolf war bei Louise auf der Station, während Loreen und ich am Geburtstagsmorgen zu Hause am Frühstückstisch saßen. Ich hatte ihr den Geburtstagsholzring mit vier Kerzen neben ihr Frühstücksbrett gestellt. Loreen hatte gar keinen Hunger. Es war ein trostloser

Augenblick. Dann klingelte das Telefon. Es war Rolf mit der schönen Nachricht, dass Louise nach Hause dürfe, um mit Loreen Geburtstag zu feiern. Rolf entschied, mit dem Taxi von der Klinik zurückzufahren. Loreen und ich backten einen Kuchen, hörten laut Geburtstagsmusik und sangen Lieder. Als Loreen das Taxi mit unseren lieben Taxifahrerin Frau Frahm auf den Hof fahren sah, machte Loreen Luftsprünge. »Juhu, juhu, huhu!«, rief sie. Und dann gab es eine Begrüßungszeremonie, dass die Wände wackelten. Louise sang Loreen ein Ständchen, überreichte ihr das gemalte Bild, und Loreen zeigte Louise ihre Schulmaltafel, die sie zum Geburtstag bekommen hatte.

Wieder hatten wir einen Geburtstag geschafft.

UNMÖGLICHE ZUSTÄNDE

Bis auf die dramatische Windpockenerkrankung, die kaputten Schleimhäute, eine schwere Grippeinfektion und schlimme Pseudokrupp-Anfälle, bis auf eine fehlende Intimsphäre und unerträgliche Geruchs- und Geräuschbelästigungen, bis auf massiven Schlafentzug und endlose Wartezeiten in der Klinik hatten wir das halbe Jahr während der Chemo gut überstanden.

Für die Kinderstation wünschte ich mir und anderen Eltern, denen Aufenthalte auf der Kinderkrebsstation bevorstehen, dass bald mehr Räumlichkeiten zur Verfügung gestellt würden. Es war eine Zumutung, mit zum Teil sechs Personen in einem Zimmer untergebracht zu sein. Drei Kinder, die sich oft erbrechen, die im Zimmer auf den dafür vorgesehenen Bettpfannen ihre Notdurft verrichten müssen, die sich nachts gegenseitig stören, weil sie Schmerzen haben, deren sämtliche Geräte, an die sie angeschlossen sind, abwechselnd piepen, und dazu jeweils ein Elternteil, der bei seinem Kind schläft. Man muss schon mit der Erkrankung seines Kindes leben, braucht Kraft und viel Schlaf und hat noch zusätzlich diese Belastung zu ertragen. Mutter-Kind-Einheiten mit eigenem Bad und zwei großen Betten, das wäre wunderbar. Aber die Klinik ist nun mal kein Hotel, und man kann wohl froh sein, wenn die Medikamente verabreicht werden und man ein Dach über dem Kopf hat. Für Kinder, die ohne Eltern auf Station sind, sind große Zimmer für mehrere Patienten sicherlich besser, da sie sich miteinander unterhalten oder zusammen spielen können. Für uns Eltern, die bei ihren Kindern bleiben, ist es aber einfach belastend und viel zu laut. Hat man nachts schlecht geschlafen, kann man sich tagsüber nicht hinlegen, da sich Besucher anderer Patienten im Zimmer befinden oder die Schlafliegen nur in einer gewissen Zeit aufgestellt sein dürfen. Man sitzt den ganzen Tag neben seinem Kind auf einem Stuhl.

Andere Eltern bemängelten die Zustände auch, trauten sich aber nicht, den Ärzten etwas dazu zu sagen. Sie hatten Angst, dass bei Beschwerden ihre Kinder nicht mehr richtig behandelt würden. Wir waren uns einmal wieder nicht zu schade und setzten einen Brief auf, der die Zustände auf der Station bemängelte.

In einem Gespräch mit der Klinikleitung durften wir uns dann später anhören, dass man diese Zustände hinzunehmen hätte. Man könne schließlich keine Zimmer herzaubern, und Geld sei auch nicht genügend vorhanden, um derartige Wünsche, wie wir sie formuliert hätten, realisieren zu können.

Einmal erklärten mir Eltern, die mit dem Tod ihres Kindes zu rechnen hatten, dass sie froh seien, dass es bald so käme, weil sie diese Tage und Nächte in der Klinik nicht mehr ertragen könnten.

Ich möchte auf keinen Fall den Tod meines Kindes in Kauf nehme, nur um das alles nicht mehr ertragen zu müssen. Dann kämpfe ich lieber für bessere Zustände. Mein Kind ist lieb und artig und leidet, ohne zu klagen. Ich werde es niemals aufgeben.

Vor uns lagen jetzt noch mehrere Chemos und Bestrahlungen von Louises Gehirn. Von Letzteren hatten wir erst kürzlich erfahren. Man hatte uns mitgeteilt, Louise müsse zehn Tage hintereinander mehrere Minuten am Kopf bestrahlt werden. Dabei werde sie eine Maske zum Schutz der Augen tragen. Sie müsse still auf dem Rücken liegen. Wir dürften nicht mit im Raum bleiben.

Wie sollten wir das unserem Kind erklären?

Wenn sie nicht still liegen bleibe, müsse sie jedes Mal narkotisiert werden.

Da die Sonne zurzeit »im Ürblaub« war – wie Louise gern bemerkte –, wäre es eine Freude für sie gewesen, die Sonnenstrahlen sehen zu können. Wir überlegten uns, Louise zu erklären, dass die Sonnenstrahlen in dem Kasten seien und sie die Sonne dann sehen könne, wenn sie die Maske aufsetze und ganz ruhig liegen bleibe. Doch noch war es nicht so weit, wir wollten Louise erst vorbereiten, wenn es tatsächlich nötig war.

Kurz vor Weihnachten im Jahr 2003 stand erst einmal die vorletzte Chemo an. Und wieder machten wir uns solche Sorgen, ob danach immer noch ein paar Zellen irgendwo in Louises Körper schlummerten, die wieder zu einem Ausbruch und einer Verbreitung im Knochenmark führen würden.

Ich wollte mir nicht vorstellen, dass Louise eines Tages nicht mehr da sein könnte.

Liebe Louise,

du bist nicht nur eine wunderbare Tochter, du bist auch eine so gute Freundin für mich. Mit niemandem sonst kann ich abends Arm in Arm auf dem Sofa sitzen und während des Fernsehens eine Tüte

Chips leeren. Mit niemandem sonst kann ich so lustig in der Badewanne mit Schaum herumspritzen. Mit niemandem sonst kann ich im Restaurant sitzen, dich einfach nur ansehen und bewundern und mir bei deinem Anblick die Zeit vertreiben. Nur du kannst mich so gut trösten, wenn es mir schlecht geht.

Ich fragte die Ärztin, ob Louise Weihnachten überhaupt noch bei uns sei, die Blutwerte waren sehr schlecht. Doch die Ärztin konnte mir darauf keine Antwort geben.

Die Ärzte überlegten, ob es vielleicht doch sinnvoller sein würde, Loreens Knochenmark zu transplantieren. Sie telefonierten mit Kollegen in der ganzen Welt. Ich hatte Angst vor dem Tag, an dem sie uns sagen, dass sie nichts mehr für Louise tun können. Ich hatte Angst vor dem Tag, an dem der Arzt nur noch stumm nickte, weil er uns eine schreckliche Wahrheit mitzuteilen hatte.

Ich sehnte den Tag herbei, an dem wir alle vier die Klinik verlassen würden, Louise vielleicht mit Knochenmark von ihrer Schwester Loreen … und alles würde endlich gut. Das Wunder von Lüdersbüttel wäre dann geschehen.

SIGNALE

Auf einer meiner langen Autofahrten auf der A 23 überquerte ich wie so oft die Autobahnbrücke über den Nord-Ost-See-Kanal. Hinter der Brücke standen in der Ferne auf einem großen Feld Windkraftanlagen. Ich zählte sie nie. Vielleicht waren es acht oder zehn. Ich betrachtete jedes Mal die Flügel der Windräder, und es war, als würde mir der Flügelschlag unseren momentanen Zustand beschreiben. Drehten sich die Räder eilig im Wind, lief bei uns alles gut. Bewegten sie sich langsam, ging auch bei uns nicht alles so gut voran. Nur einmal erlebte ich es, dass sie stillstanden. Beim Näherkommen bemerkte ich jedoch, dass sich eine Mühle doch ganz bedächtig drehte. Ein gespenstischer Anblick.

Als ich in der Kinderkrebsklinik angekommen war, befand sich Louise in einem erbärmlichen Zustand.

Man sucht wohl gerade in solch ungewissen Zeiten nach sicheren Zeichen …

Ich träume in einer der folgenden Nächte, dass Rolf und ich auf einen Friedhof gehen. Dort waren die Gräber so angelegt wie die Zimmer auf der Kinderkrebsstation. Immer drei Kinder lagen in einem Grab. Ich schrie im Traum, weil ich nicht wollte, dass Louise auch hier noch mit anderen die Unterkunft teilen muss.

Ein anderes Mal träumte ich, dass ich eine Brücke überquerte. Als ich die Hälfte geschafft hatte, bewegte sich die Brücke, sie wurde steiler und steiler. Ich versuchte hochzuklettern, zu laufen, aber ich kam nicht von der Stelle.

In einer Nacht träumte ich dann, dass ich über große schwarze Wasserlöcher flöge. Doch auf einmal fiel ich, ich stürzte direkt auf ein Wasserloch zu. Kurz bevor ich aufschlug, hob ich wieder ab und flog weiter.

Viele Träume holten mich in dieser Zeit ein. Einmal lief ich auf einem Seil, unter mir war nur Abgrund. Rolf war schon auf der anderen Seite angekommen. Mit großer Leichtigkeit war er hinübergelaufen. Ich aber zitterte und schwankte und kam nur schleppend voran.

In einem Traum hatte ich einen großen Fluss überquert. Gerade als ich ans andere Ufer wollte, bildete sich ein neuer Fluss, den ich überqueren musste.

Ich fuhr fünf, zehn, fünfzig, hundert Stockwerke mit einem Fahrstuhl. Der Fahrstuhl hielt nicht an. Er fuhr immer weiter hoch. Ich konnte nichts tun, ich konnte ihn nicht stoppen.

In einem anderen Traum mussten wir umziehen, wir packten unsere Sachen. Wir sollten aus unserem Haus heraus und in eine alte verlassene Wohnung ziehen.

Wieder ein Traum mit einer Brücke: Ich sollte viel Geld bezahlen, um eine Brücke überqueren zu dürfen.

All diese Träume machten mir aber keine Angst, sie halfen mir, meine Ängste besser zu verstehen. Sie ließen mich Hindernisse erkennen, die mir im Weg standen. Sie zeigten mir, dass ich Angst hatte, einen Schritt zurückzugehen oder etwas Kostbares zu verlieren, wenn ich meine Gewohnheiten verlassen musste. Sie ließen mich verstehen, dass ich die Erkrankung von Louise erst noch zu bewältigen hatte. Die Träume machten mir aber auch Mut: Kurz vor dem Aufprall kommst du doch immer wieder hoch. Sie teilten mir mit, dass ich etwas investieren muss, um an mein Ziel zu gelangen.

ANGST

Ich fragte mich, wie wohl die Traueranzeige für mein Kind aussehen würde. Ich überlegte, welchen Text wir auswählen könnten. Ob man ein Bild mit abdrucken darf? Ich malte mir aus, wie eine Beerdigung für mein Kind stattfindet. Was macht man im Krankenhaus mit einem Leichnam? Ich stellte mir vor, wie es wäre, wenn Louise sterben würde. Wir müssten sie wohl im Krankenhaus lassen. Wahrscheinlich würde sie mit einem weißen Laken zugedeckt und ein Schild mit ihrem Namen und Geburtsdatum würde an den großen Zeh gebunden. So kannte ich es aus den Kriminalfilmen, die ich gern sehe. Ob man sie in einen dunklen Leichenkeller schiebt? Bewahrt man sie in einem Kühlfach mit herausziehbarer Liege auf, das mit einer Tür verschlossen wird? Nein, das würde ich nie zulassen. Ich würde sie nach Hause bringen lassen, um hier von ihr Abschied nehmen zu können.

Ich stellte mir vor, wie es wäre, wenn sie zu Hause sterben würde. Wahrscheinlich würde ein Bestattungsunternehmer mit einem kleinen weißen Sarg unter dem Arm kommen und sie darin aus dem Haus tragen. Ich würde schreiend hinterherrennen.

Wie würde wohl der Gottesdienst abgehalten? Dürfte ich den Altar mit Bildern von Louise herrichten? Würde ich ihre Lieblingsmusik spielen lassen? Müsste ich laut weinen und vor Verzweiflung schreien, oder würde ich ruhig und in mich gekehrt sein? Erwarteten die Trauergäste hinterher einen Leichenschmaus in der alten Kaffeestube des Dorfes wie üblich nach Beerdigungen?

Ich erzählte Louise, dass ich Angst habe, dass sie irgendwann einmal nicht mehr da sei.

Da sagte sie: »Aber Mama, ich bleibe doch hier zu Hause bei Mama, bei Papa und bei Loheen! Louise nicht weglaufen!«

Wir fuhren zweigleisig, mussten auf alles eingestellt sein, hofften, bangten und beteten.

Die Behinderungen unserer beiden Mädchen waren völlig in den Hintergrund getreten. Was wir kurz nach Louises Geburt sicher für unmöglich gehalten hatten, konnten wir jetzt leichten Herzens sagen:

> Louise und Loreen sind etwas Wunderbares. Wir schätzen sie sehr. Sie geben uns so viel Kraft durch ihre Art. Louise ist so charmant und verzaubert die Menschen in der Umgebung. Ob im Wartezimmer einer Praxis oder im Restaurant, sie lockert manch trübe Stimmung durch ihren Frohsinn auf. Sie ist immer gut gelaunt, und ihr Lachen ist einfach wunderbar. Sie gibt so viel Trost, wenn es einem schlecht geht. Mit der Zeit haben wir durch diese kleine Persönlichkeit so viel erfahren und viele wertvolle Menschen kennen gelernt. Wir wissen, wer es gut mit ihr meint, und lernen jeden Tag etwas Neues hinzu. Und so ist es auch mit Loreen. Jeder kleine Fortschritt von ihr ist ein großes Wunder für uns. Wir haben durch unsere Mädchen neue Freunde gewonnen – Behinderte oder nicht Behinderte, mit denen wir auch andere gemeinsame Interessen teilen. Wir sind so

dankbar, dass unsere Mädchen bei uns sind. Ein Leben ohne sie können wir uns nicht mehr vorstellen. Unsere Kinder sind nicht weniger wert als andere, im Gegenteil: Sie zählen mittlerweile doppelt für uns. Es ist oft ein anstrengendes, turbulentes Leben, aber überwiegend empfinden wir es als sinnvoll und als große Herausforderung. Niemand macht uns glücklicher als unsere beiden Mädchen. Sie gehören zusammen, sie müssen zusammen aufwachsen.

SCHÖNE ERLEBNISSE

Behinderte Menschen, ich verehre sie. Ich habe schon so viele besondere Momente mit behinderten Menschen erlebt. Ich wartete einmal in einem Café. Mir gegenüber saß ein junger Mann mit einem jungen Mädchen, vermutlich seine Schwester. Sie schien ein Down-Syndrom zu haben. Ich sah ihr eine halbe Stunde lang zu, wie sie genüsslich ihr erstes und ihr zweites Stück Sahnetorte verspeiste. Es war ein absolut schönes Erlebnis, ihr zuzusehen. Sie hatte wunderschöne schlanke Finger und einen selbstbewussten Gesichtsausdruck. Sie lächelte mir zu. Ein anderer hätte mir zu diesem Zeitpunkt vielleicht entgegengeschleudert: »Was gaffen Sie so?« Sie aber hatte Gefallen daran, dass ich sie beobachtete. Sie lieferte mir eine Show, und ich fühlte mich von ihrer Art angezogen.

Ein anderes Erlebnis hatte ich bei einem Bäcker. Neben mir stand ein junger behinderter Mann. Ich erkannte ihn gleich wieder. Er hatte einmal recht penetrant an unserer Haustür geklingelt und uns darauf aufmerksam gemacht, dass unser Besuch später nicht nach Hause fahren könnte, wenn das Licht am Auto nicht ausgemacht würde. Er bestellte seine Brötchen. »Wir sind vier Leute, also bitte zwei gleiche Brötchen für vier!« Die Verkäuferin verstand nicht recht und packte zwei Brötchen in eine kleine Tüte. Er wurde sogleich wütend: »Mann, du kapierst das wohl nicht!« Er schüttelte den Kopf.

»Ich brauche bitte zwei Mohnbrötchen für jeden mal vier Leute! Und alles Mohn. Sonst streiten wir uns!«

Die Verkäuferin packte acht Mohnbrötchen in eine Tüte.

Der junge Mann fasste dann in seine Hosentaschen, danach in seine Jackentasche und grinste. »Ich habe gar kein Geld mit!« Die Leute, die ungeduldig warteten, dass sie endlich an die Reihe kamen, verdrehten die Augen. Ich hatte meinen Spaß, und er zwinkerte mir zu. Jetzt erst zog er seinen Geldbeutel aus der anderen Jackentasche und sagte zu der Verkäuferin: »Ich wollte dich nur mal foppen!«

Ein sportlicher, selbstbewusster junger Mann, den man täglich auf seinem Fahrrad sieht, immer winkend und grüßend. Wir trafen ihn auch einmal auf einer Veranstaltung der Werkstatt für Behinderte. Bei der Tombola schenkte er uns einen Zettelblock und einen Kugelschreiber. Später kam er in die Cafeteria und lief geradewegs auf unseren Tisch zu. »So, für die Zettel und den Stift kannst du mir jetzt einen Kuchen und einen Kaffee ausgeben!« Er sagte ohne Umschweife, was er wollte. Er faszinierte mich. Und später stand er draußen und qualmte mit seinen Arbeitskollegen eine Zigarette nach der anderen. Sie unterhielten sich stark gestikulierend über ein wahrscheinlich sehr wichtiges Thema. Als ich an ihnen vorbeiging, pfiffen sie mir hinterher, und der eine zeigte auf seine Brust und deutete zwei große Kugeln an. Ich schmunzelte über die Geste und nahm sie als Kompliment.

Als ich mit Louise einmal in der Ambulanz im Krankenhaus wartete, kam ein Junge mit Down-Syndrom herein, ein Spanier mit einem gewissen Temperament, das Down-Syndrom ebenfalls mit einem gewissen Temperament. Er begrüßte alle lautstark, klopfte hier und da jemandem auf die Schulter und wollte sich eine Cola aus dem Automaten ziehen. Die Hüften schwingend, ging er auf den Automaten zu und legte ein paar heiß-rhythmische Tänze aufs Parkett. Dann drehte er sich ein paarmal um die eigene Achse, warf schwungvoll sein Geld in den Automatenschlitz und nahm ebenso beflügelt die Flasche aus der Luke. Dann holte er mehrere Becher, schenkte seine Cola ein und verteilte diese an die Patienten im Wartezimmer. Als er Louise entdeckte, machte er Luftsprünge, zeigte auf seine Augen, dann auf Louises Augen, zeigte auf seine wenigen Haare, dann auf Louises wenige Haare. Er freute sich wohl, jemanden zu sehen, der ihm ähnlich war. Louise aber rief ihm bloß frech entgegen: »Hast du Probleme?«

Louise und Loreen bekamen oft Besuch von zwei Mädchen, die in unserem Ort wohnten. Femke war zehn Jahre alt und an einem zum Glück nicht bösartigen Gehirntumor erkrankt. Sie spielte gern mit unseren beiden Mädchen, war stets sehr einfühlsam und sprach mit mir fast wie eine Erwachsene über die Behinderungen unserer Kinder und Louises Erkrankung. Sie äußerte mehrmals, dass sie Louise und Loreen sehr gern mag. Sie sagte: »Behinderte Kinder sind so dankbar, und sie machen den Menschen Freude!«

Ich wünschte mir, so würden mehr Menschen über Behinderte denken.

Melanie, das zweite Mädchen, war schon fünfzehn. Sie besuchte eine Schule für geistig behinderte Kinder. Auch sie war von unseren Mädchen sehr angetan. Eines Tages lief in der Schule eine Aktion eines Radiosenders mit dem Motto *Schüler helfen leben*. Für einen Tag fiel der Schulunterricht aus. Statt in die Schule zu gehen, durften die Jugendlichen in Firmen oder Privatpersonen bei Arbeiten helfen, die rund um

Haus, Hof, im Geschäft oder in der Familie anfielen. Melanie fragte, ob sie den Tag bei uns verbringen dürfe. Es wäre ihr ein sehr großes Anliegen, an diesem Tag behinderten Menschen zu helfen. Melanie war sehr stolz, dass sie bei uns sein durfte. Sie wickelte Loreen, half mir beim Kochen, spielte mit den Mädchen und las ihnen etwas vor.

Als sie gehen musste, kam sie zu mir und sagte, sie sei sehr froh, dass sie in unsere Familie gekommen sei. Wir sprachen noch eine Weile miteinander, und ich war beeindruckt von ihren Einsichten.

Sie formulierte es vielleicht ein wenig anders, aber sie sagte, sie fände es nicht schön, wenn andere Menschen über Behinderte schimpfen oder über sie lachen würden. Sie hätte auch ihre Schwächen, aber jeder Mensch sei eben anders. Manche könnten gut lesen oder gut rechnen. Dafür könnten sie nicht zuhören, wenn andere Probleme haben, oder sie seien vielleicht schlecht im Sportunterricht. Sie sei auf ihre Art anders, aber sie sei nicht dumm. Sie könne vieles, was andere nicht könnten. Sie singe gern, und sie tanze gern. Sie könne mehr, als in einer Werkstatt für Behinderte Schrauben abzuzählen. Sie wolle gern etwas mit Tieren machen, zum Beispiel Tierpflegerin werden.

Melanies Worte berührten mich, sie brachte etwas auf den Punkt, was auch ich empfand. Ich hoffe, dass sie ihren Weg gehen kann.

Hätte ich Louise und Loreen nicht auf die Welt gebracht, hätte ich nicht diese wunderschönen Erlebnisse gehabt. Meine Kinder haben mir die Augen geöffnet, durch sie ist mir klar geworden, dass ich richtig hinsehen muss, um die schönen Dinge im Leben zu erkennen.

LEBEN, JEDEN TAG

Seit der letzten Chemo waren zwei Monate vergangen. Louise befand sich inzwischen in der Dauertherapie wieder mit Chemotabletten und Spritzen. Es ging ihr erstaunlich gut. Die geplante Bestrahlung am Kopf wurde kurzfristig abgesagt. Für den Fall, dass es doch noch zu einer Knochenmarktransplantation kommen würde, sollte Louise vorweg mehrere Ganzkörperbestrahlungen erhalten. Die Ärzte suchten noch immer fieberhaft nach Kindern und deren Angehörigen, die eine Knochenmarktransplantation bei Down-Syndrom erlebt hatten. Bisher waren nur fünf Fälle bekannt, drei der Kinder waren inzwischen verstorben. Wir recherchierten im Internet nach weiteren Informationen und wurden fündig. In Österreich hatte es einen weiteren Jungen mit Down-Syndrom gegeben, der Knochenmark transplantiert bekommen hatte. Leider war auch er nicht mehr am Leben, hatte aber die hoch dosierte Chemotherapie vor der Knochenmarktransplantation sehr gut vertragen. Und gerade das wurde uns als großes Problem dargestellt. Etwas Hoffnung flammte in uns auf. Mit einer niedrigeren Dosis Chemo und einer niedrigeren Dosis Ganzkörperbestrahlung konnte man die tödlichen Nebenwirkungen vielleicht vermeiden.

Louise durfte zusammen mit Loreen vier Tage in der Woche den Kindergarten besuchen. Da die Chemo leider den eigenen

Windpockenschutz vernichtet hatte, war die Ansteckungsgefahr für Louise groß. Wenn sie sich bei einem Kind anstecken würde, müsste sie sofort behandelt werden. Aber wir behielten die Sorgen für uns, denn wir wollten Louise jeden Tag Freude in ihrem Leben schenken. Und der Kindergarten war nach wie vor für Louise eine Unternehmung, auf die sie sich freute. Der Zivi brachte beide Kinder morgens hin und holte sie nach dem Mittagessen wieder ab. Da ich meinen Arbeitsvertrag im gegenseitigen Einvernehmen mit meinem Arbeitgeber aufgelöst hatte und Rolf noch nicht wieder ganztags arbeitete, nutzten wir die Vormittagsstunden hin und wieder für einen kleinen Ausflug zu zweit.

Ausgestattet mit zwei Handys für den Notfall – immer erreichbar für den Kindergarten –, fuhren wir im Umkreis von hundert Kilometern durch unser schönes Schleswig-Holstein. Die kleinen Inseln und Halbinseln, umgeben von der Nordsee im rauen Frühlingswind bei strahlend blauem Himmel und frischer Luft, sind uns mehr wert als ein Urlaub in der Südsee. Die Ostseeförden und kleinen Dörfer mit Reetdachkaten von 1800 waren ein Augenschmaus, von dem wir tagelang zehrten. Die kleinen Fischkutter und Windmühlen, die Lämmer auf den Deichen, die Seehunde, die Wellen oder das platte Watt, die Leuchttürme in strahlenden Farben und das Kreischen der Möwen entschädigten uns für die vielen Tage und Wochen im Krankenhaus.

Mit den Kindern gemeinsam machten wir einen Ausflug nach Dänemark. Es liegt nur knapp achtzig Kilometer von unserem Dorf entfernt. Hand in Hand blickten Louise und Loreen auf die Ostsee hinaus. Sie waren spürbar beeindruckt von dem rauschenden Meer. Die beiden saßen auf einer Holzbank an einem kleinen Hafen. Ein schönes Bild, die beiden so zu sehen. Louise machte den Picknickkoffer auf und reichte Loreen einen Keks. Sie öffnete den Saft für sich und Loreen, steckte einen Strohhalm hinein. Beide tranken abwechselnd davon. Sie hielten ihre Nasen in die frische Brise und ließen sich die Sonnenstrahlen ins Gesicht scheinen.

Von meinem Hausarzt bekam ich wegen anhaltenden Verspannungen Massage verordnet. Zu einem Termin nahm ich Louise mit in die Massagepraxis. Sie verfolgte gespannt jeden Handgriff, den die Frau durchführte. Auf einmal krempelte Louise sich die Arme ihres Pullovers hoch und bat: »Ich auch bitte Massache bei Mama!«

Die Masseurin gab Louise etwas Lotion. Dann legte Louise los. Sie verteilte die Lotion auf meinen Beinen und rieb diese ein. Als wir zu Hause waren, holt sie sich eine Cremedose und kam zu mir. Sie rief: »Ich bin Massachemann!« Ich musste mich hinlegen, sie zog mir die Socken aus und rieb mir die Füße ein. Herrlich!

Auch Rolf und ich lernten wieder, das Leben zu genießen. Abends schauten wir uns eine Wiederholung eines *Tatort*-Krimis an. Unsere Lieblingskommissare Ballauf und Schenk hatten Dienst. Schokolade und Erdnüsse knabbernd, saßen wir auf dem Sofa und amüsierten uns köstlich.

Wir gingen auch einmal ins Kino. Für zwei Stunden passten Rolfs Schwester Kathrin und ihr Freund Andreas auf die Kinder auf. Louise schlief tief und fest, nachdem sie mindestens zehn Gutenachtgeschichten vorgelesen bekommen hatte. Loreen hielt die beiden jedoch auf Trab. Vor 22 Uhr abends geht sie nicht ins Bett. Sie liebt es, gemütlich mit auf dem Sofa zu sitzen, *Wetten, dass …* mit Thomas Gottschalk anzuschauen oder *Wer wird Millionär* mit Günther Jauch. Am meisten mag sie den *Musikantenstadl* mit Marianne und Michael. Dann sitzt sie im Schlafanzug und barfuß in ihren Hausschuhen auf dem Sofa, klatscht begeistert in die Hände und schunkelt zur Musik.

Wir besuchten einmal zusammen mit Louise und Loreen die Eltern von meinem Schwager: Traute und Karl-Heinz. Traute begrüßte die Kinder fröhlich. Zu Loreen sagte sie: »Na, Muschi!« Und Loreen grüßte zurück: »Na, Muschi!« Fortan sprachen wir nur noch von Muschi und Karl-Heinz. Louise machte sich gleich an den Kuchen heran, der auf dem Tisch stand. Traute arbeitete in einer Bäckerei und hatte immer etwas Leckeres bereitstehen. Während Louise den Kuchen verspeiste, stöberte Loreen lieber im Haus von Traute und Karl-Heinz herum. Am besten gefielen ihr die Uhren und Lampen. Große Standuhren, deren Zeiger und Pendel sich bewegen und die laut ticken, haben es Loreen angetan. Eine Stunde Lampen und Uhren anschauen ist für Loreen gar nichts. Loreen hat auch eine Vorliebe für Windmühlen und für einen großen Strommast, den wir auf unseren Fahrten in die Stadt häufig sehen. Das Stromwerk in der Stadt ist das Zuhause von ihrem Strommast Mamo. So nennt sie ihn. Wenn wir daran vorbeifahren, sagt Loreen: »Da wohnt Mamo!« Sie fügt manchmal hinzu: »Strommast Mamo ist lustig!« Sie stellte fest, dass er Arme hat und Beine und oben einen spitzen Kopf. Sie hat für vieles Namen. Lampen gibt sie Namen wie Moos und Hähä. Wenn sie unser Haus verlässt und zum Spielen in den Garten geht, verabschiedet sie sich von allem. »Tschüss, Moos. Tschüss, Hähä. Tschüss, ihr alle. Komme bald wieder, okä?« Wenn sie wieder ins Haus reinkommt, begrüßt sie ihre Dinge. »Guten Tag, Moos. Guten Tag, Hähä. Wieder da. Alles klar bei euch?« Sämtliche Lebensmittel werden verabschiedet und begrüßt. Dabei geht sie Silbe für Silbe der Wörter durch. Das klingt dann ungefähr so: »Auf Wiedersehen, Apfel. Auf Wiedersehen, Sine. Auf Wiedersehen, Kar. Auf Wiedersehen, Toffel. Auf Wiedersehen, Schoko. Auf Wiedersehen, Lade.«

Ostern 2004 fuhr ich mit Louise zu meiner Freundin Kerstin und ihrem Mann Christian. Die beiden wohnen an der Nordsee direkt am Deich. Christian und seine Eltern sind stolze Besitzer von über tausend Schafen. Jedes Jahr zu Ostern ist Lämmerzeit. Dann geht es rund im Schafstall. Zweitausend Lämmer – weiße, graue und auch schwarze – blöken im Stall durcheinander. Louise begrüßte sie mit lautem: »Mähhhh!« Und sie stellte sich vor: »Ich bin Louise. Wie heißt du, kleines Lämmerchen?«

Christian machte eine Nuckelflasche mit Milch fertig, und Louise durfte ein kleines Schäfchen füttern, weil das Muttertier nicht genug Milch gab. Wie eine kleine Bäuerin stapfte sie in ihrem blauen Anzug und ihren Gummistiefeln durch den Stall. Die Mohrrübe, die sie eigentlich einem Schaf geben wollte, knabberte sie vor Aufregung selbst an. »Oh Mann, schmeckt gut, deine Rollrübi!«, sagte sie zu Christian.

Natürlich hatte ich Angst, dass sie sich bei den Schafen und Lämmern oder durch die Kötel im Stroh mit irgendetwas anstecken könnte, aber Louise war so begeistert, und ihre sonst mandelförmigen Augen wurden kugelrund und strahlten glücklich. Und dann gab es noch eine gemütliche Tee- und Kakaopause mit selbst gemachtem Eis im Haus von Kerstin und Christian, das von einem traumhaften Garten umgeben ist, in dem zu dieser Zeit Osterglocken, Narzissen und Krokusse blühten.

Rolf und ich genossen möglichst jeden Tag mit den Kindern, denn wir wussten nicht, was morgen sein würde. Wir befanden uns in einem Ausnahmezustand, unser Leben konnte sich von einem auf den anderen Tag verändern.

Bereits wenige Tage nach dem Ausflug an die Nordsee hatte ich mal wieder ein Gefühl im Magen, als hätte ich Felsbrocken verspeist. Ich saß in der Kinderkrebsambulanz und wartete seit fast drei Stunden auf ein spezielles Blutbild. Alle paar Minuten klingelte das Telefon hinter der Glasscheibe, wo die Arzthelferin saß, und ich schreckte jedes Mal zusammen, weil ich meinte, das sei jetzt die Nachricht aus dem Labor über Louises Blutbefund. Die Laborassistentin, die Louise Blut abgenommen hatte, ging in ein anderes Zimmer, und ich hörte, wie sie zu jemandem sagt: »Die Professorin sieht es sich auch gerade an!«

Die Werte konnten nur schlecht sein, wenn die Professorin sie sich ansah. Bedrückt wartete ich auf das Ergebnis. Man teilte mir schließlich mit, dass ein paar Werte auffällig und ein paar große Zellen zu sehen seien. Doch dann gab es doch erst mal wieder Entwarnung. Sie hatten die großen Zellen mit Louises alten Leukämiezellen verglichen, und die hatten anders ausgesehen, waren auch größer. Vielleicht ein Virus?

Eine Woche lang mussten wir wieder warten. Ich war erschöpft, seelisch erschöpft von nur drei Stunden Aufregung. Louise munterte mich auf. Sie allein schaffte es immer wieder. Im Auto sang sie Weihnachtslieder – mitten im vierundzwanzig Grad warmen Frühling. Zu Hause angekommen, erzählte sie, wie langweilig es beim Arzt war. Sie raufte sich mit Loreen, und beide sangen, tanzten, hüpften und spielten Hasenohren-Finger.

Ich schlief nachts kaum. Was würde nächste Woche sein?

TEIL 4

WIE EIN LANGER ABSCHIED

Manchmal kommt es mir jetzt vor wie ein langer Abschied, den wir mit unserem Kind intensiv erleben durften. Ich achtete auf jede Kleinigkeit, horchte auf jedes Wort, das Louise sagte, sah in jeder kleinen Besserung einen überwältigenden Fortschritt. Louise schenkte mir viel in dieser Zeit, ich bin noch immer gerührt, wenn ich an ihre Komplimente denke, die sie mir ständig machte. Sie sagte: »Du siet hübs aus, hübse Hose, hübser Pullover, deine Haare riechen gut, habe lieb, Mama!«

Einmal sagte sie zu mir: »Hab Angst vorm Tod!« Lauschte sie heimlich, wenn Rolf und ich miteinander über die Zukunft sprachen? Ein anderes Mal sagte sie: »Fahr vorsichtig, Mama. Aufpassen bei Auto!« Und dann fügte sie hinzu: »Schlaf gut, und träum ssön!« Als würden wir uns nicht wiedersehen …

Sie genoss wie immer jeden Sonnenstrahl. Dann rief sie: »Ssöne Sonne wieder da!« Und wenn ich das Fenster zum Lüften öffnete, streckte sie ihre Nase zum Fenster hinaus und bemerkte: »Das riecht aba fische Luft, aba herrlich!«

Ich wünschte mir, es möge kein Abschied sein. Ich wünschte mir, dass es nur ein Hinweis sei, dass mir jemand etwas mit auf den Weg geben wollte, damit ich erkenne, wie einzigartig Louise ist. Ich muss sie nur genau beobachten, um ihre liebevollen Gesten zu verstehen.

Manchmal kam Louise mir so vor, als würde sie bald in Rente gehen, als hätte sie ihre Lebensabschnitte alle erfüllt, ihre Kindheit verlassen, ganz schnell ihre Teenie-Phase durchlebt. Sie war so reif und erwachsen geworden durch ihre Krankheit. Sie stand manchmal vor mir wie eine kleine gebrechliche alte Frau, die Haut faltig von ihren Medikamenten, die Hände runzlig und verbraucht wie nach einem langen Leben voll harter Arbeit. Die wenigen Jahre, die sie jetzt gelebt hatte und die wir intensiv mit ihr verbringen konnten, kamen mir vor wie Jahrzehnte. Louise erschien mir älter, als sie eigentlich war.

Wieder einmal musste Louise ins Krankenhaus. Sie hatte nachts so schwere Pseudokrupp-Anfälle, dass sie mit dem Rettungswagen in die Klinik gebracht werden sollte. Wir erledigten solche Zwischenfälle mittlerweile routiniert wie einen Einkauf im Supermarkt. Und auch Louise ließ sich nichts Besonderes anmerken. Röchelnd und nach Luft ringend, rannte sie noch schnell ins Zimmer ihrer Schwester, weil diese schrie. Loreen störte der Krankenwagen mit dem Blaulicht vor der Tür. Sie wollte die Sanitäter und Ärzte nicht im Haus haben. Louise rief halb erstickend: »Is nich slimm, Loheen. Is nur Krankewagen. Morgen komme ich wieda. Habe Kupphusse!«

ERNEUTER RÜCKFALL

Zu meinem dreiunddreißigsten Geburtstag lag Louise erneut in der Kinderkrebsklinik. Rolf war morgens bei ihr. Wir tauschten nachmittags die »Schicht«. Ich suchte mir einen Parkplatz auf dem überfüllten Klinikgelände. Ich stellte den Wagen vor dem Kinderspielplatz ab. Es waren wenige Gehminuten bis zum Eingang. Noch wenige Minuten in Freiheit!, dachte ich. Dann steigt mir wieder der Geruch von Erbrochenem in meine Nase!

Es war ein herrlicher Maitag. Als ich den Eingang der Klinik fast erreicht hatte, erblickte ich Louise. Sie saß mit Rolf auf der Gartenbank vor dem Eingang. Ihre blasse Hand hielt einen winzig kleinen Blumenstrauß. In der anderen Hand hatte sie ein zusammengerolltes Bild. »Für dich, liebe Mama! Herzlichen Glückwunsch!«, sagte sie.

Ich konnte mich nur schwer zusammenreißen.

Louise musste mal wieder wegen eines Entzündungswertes stationär behandelt werden. Sie hatte abfallende Blutwerte, obwohl sie keine Chemotherapie bekommen hatte. Die Untersuchungen dauerten an. Mir brauchte keiner etwas vorzumachen. Ich ahnte, dass mein Kind wieder einen Ausbruch hatte. Warum? Warum immer wieder diese Schreckensmeldungen neuer Krebsausbrüche, schlechter Blutwerte, neuer Chemotherapien …

Wenige Tage später standen die Windmühlen still. Meine richtungsweisenden Begleiter hatten einfach ihre Motoren abgestellt. Louise hatte erneut einen Leukämieausbruch. Die bösen Zellen spielten verrückt und besiedelten das Knochenmark mehr denn je. Die erste Chemotherapie schlug überhaupt nicht an. Erst die zweite zeigte Wirkung. Jetzt wurde Louise endlich auf ihre Knochenmarktransplantation vorbereitet.

Ich träumte nur noch einen Traum. Ich träumte, dass ich durch die Großstadt fahre, in der ich mich auch schon zuvor in meinen Träumen immer verirrt hatte. Dieses Mal fuhr ich zügig und zielstrebig eine bestimmte Straße entlang. Ich war fast am Ziel angekommen und verglich den Namen auf dem Ortsschild mit dem Namen auf meinem Plan. Es war derselbe Name.

Als ich aufwachte, wusste ich: Ich bin auf dem richtigen Weg. Jetzt habe ich die Zügel nicht mehr in der Hand. Ich lasse alles geschehen und sehe zu. Ich bin machtlos. Aber auf einmal geht alles einfacher. Ich habe losgelassen. Ich kann nichts mehr tun. Ich kann nur zusehen, was jetzt passiert. Da ist wohl eine Macht, die alles entscheidet, die alles geschehen lässt nach ihrem Sinne.

Danach erinnerte ich wochenlang keinen Traum mehr.

Louise bekam noch zwei Chemotherapien. Die Zeit auf der Station war wie immer zäh und zermürbend. Morgens um 9 Uhr saßen Louise und ich fertig geduscht, angezogen und satt vom Frühstück auf dem Bett. Wir überlegten uns, wie wir den Tag verbringen konnten. Mit dem Infusionsständer war man nicht sehr beweglich. Das Kabel für die Stromversorgung war auch nicht lang genug, um weite Strecken zurückzulegen.

Der Akku funktionierte nur begrenzte Zeit, und der Schlauch, durch den die Medikamente liefen, war zu kurz für die meisten Strecken.

Louise wollte vom Krankenzimmer ins Spielzimmer. Also Stecker des Stromkabels aus der Steckdose und los. Louise lief wie ein Hündchen an der Leine vor mir her. Ich schob den Infusionsständer hinterher und hielt den Schlauch locker, damit er nicht – wie schon so viele Male – samt Nadel aus dem Portzugang rutschte. Louise parierte, wenn ich Anweisungen gab. »Achtung, loslaufen, Achtung, nicht so schnell, Achtung, stehen bleiben, Achtung, weiterlaufen und stopp!« Die großen Kinder konnten ihren Ständer schon allein schieben. Louise versuchte es auch, sie machte es den anderen nach, aber dann musste ich ihr doch helfen. Angekommen im Spielzimmer, steckte ich den Stecker dort in die Steckdose. Nach fünf Minuten hatte Louise aber keine Lust mehr. Jetzt wollte sie ins Elternzimmer. Also, Stecker wieder raus, Ständer Richtung Elternzimmer schieben. Marsch, marsch! Dort angekommen, verweilte Louise nur kurz, sie wollte lieber zur Küche. Von der Küche drängte sie zur Waschküche, danach zurück in ihr Krankenzimmer. Im Bett war es doch am gemütlichsten …

Louise hatte bei jedem Krankenhausaufenthalt sämtliche Fotoalben von zu Hause mit. Sie sah sie sich immer wieder gern an. Bilder von ihrer Geburt, Bilder von ihrer Taufe, Bilder von ihrer Schwester Loreen, Bilder von unserem Haus und Bilder von ihrem Kindergarten.

Die zwei Chemos, die Louise noch über sich ergehen lassen musste, bevor die Planungen für die Knochenmarktransplantation losgingen, fielen in die Zeit der Fußballeuropameisterschaft. Louises Infusionsständer wurde von mir zu den Spielen unserer Lieblingsmannschaft Niederlande mit orangefarbenen Luftballons und Bändern geschmückt. Von meinen niederländischen Freunden Thea und Jos, den Holzschuhschnitzern, hatte ich auf der Kieler Woche, wo sie jedes Jahr ihren Holland-Stand haben, reichlich Zubehör für unsere Fußballabende bekommen. Niederländische Fähnchen, Holzschuhanhänger, orangefarbene Haarbänder und vieles mehr. Mit unserem Oranje-Wahn steckten Louise und ich sämtliche Mütter der Kinderkrebsstation an. Abends schauten wir im Elternzimmer ein Europameisterschaftsspiel mit »unserer« Mannschaft. Laut feuerten wir die Spieler an, und bei den Toren für unsere Mannschaft gingen Freudenschreie durch das Zimmer. Ausgelassenes Lachen auf der Kinderkrebsstation.

Auch als wir Tage später nach der Chemo zu Hause waren, konnten Louise und ich die niederländische Mannschaft wieder bei einem Spiel im Fernsehen anfeuern. Niederlande – Deutschland stand auf dem Plan. Die Männer aus der Nachbarschaft kamen zu uns, um sich das Spiel anzusehen. Louise, meine Freundin Regina und ich vertraten als weibliche Fans die niederländische Nationalelf. Es gab holländischen Gouda und deutschen Butterkäse, bestückt mit den jeweiligen Fähnchen des Landes. Dazu Eierlikör und Bier.

Als Louise den charmanten Torwart Edwin van der Sar auf dem Bildschirm erblickte, sagte sie spontan: »So groß wie Papa!« Louise war in ihrem Element. Sie rief laut: »Holland winnt!« Und dann beim Tor riss sie ihre Arme hoch. »Tooooooooooor!!!«, jubelte sie. »Oh Mann, oh Mann!«, rief Louise, als die Deutschen ein Tor schossen und Mama verzweifelt dreinblickte. Die Männer jubelten. Aber sie hatten sich zu früh gefreut. Das Spiel ging unentschieden aus. Louise war irgendwann müde und wollte ins Bett.

Als sie morgens aufwachte, rannte sie die Treppe runter und warf einen Blick ins Wohnzimmer. »Wo ist die Fußballparty?«, fragte sie.

ERSTER JULI

Elf Tage vor Louises sechstem Geburtstag folgten wir dem Bestattungswagen vom Krankenhaus zur Kapelle. Die Fahrt war so, wie ich sie mir in meinen Vorstellungen ausgemalt hatte.

Eine Seifenblase war zerplatzt. Louise ist nicht mehr da.

Einen Tag zuvor verbrachten wir wunderschöne Stunden zusammen. Nichts deutete auf irgendetwas Auffälliges hin. Wir waren bei meinen Eltern. Später spielten wir bei uns im Garten. Louise alberte herum und lachte viel. Sie spielte bis abends mit Loreen und ihrer Freundin Lioba. Abends saßen wir vor dem Fernseher und sahen wieder einmal ein spannendes Fußballspiel mit unserer Lieblingsmannschaft Niederlande. Louise streichelte meine Wangen, küsste mich und sagte ständig: »Habe lieb Mama.« Sie fieberte mit, drückte fest die Daumen und biss die Zähne aufeinander. Irgendwann gingen wir zu Bett. Rolf schlief bei Louise, da sie die letzten Nächte etwas unruhig gewesen war. Sie hustete häufiger, aber es war nicht besonders Besorgnis erregend. Sie hatte oft Husten. Rolf stellte ihr eine Spuckschüssel ans Bett. Ich hörte Louise sagen: »Ich muss gar nicht spucken!« Morgens um halb vier schreckte sie aus dem Schlaf hoch, schrie zweimal auf und rang furchtbar nach Luft. Rolf rief mich. Ich wollte ihr ein Pseudokrupp-Zäpfchen geben, aber Louise wehrte es ab. Sie rief: »Nein!«

Es war kein Krupp. Sie drückte mich für einen Moment ganz fest. Dann wurden ihre Arme schlapp, sie hing leblos an mir, kippte zur Seite. Ich versuchte, sie zu beatmen, ihr Luft in ihren Mund zu geben. Sie öffnete die Augen noch einmal und sah mich an. Ich rief: »Louise!« Es war, als wollte sie mich noch ein letztes Mal ansehen, ihren Namen noch einmal hören, sich vergewissern, dass Mama und Papa bei ihr waren. Ihre Pupillen fingen an zu zittern, und sie schloss die Augen. Ich werde ihren letzten Blick nie vergessen. Sie lag da mit einem Haarflaum, wie damals als Baby.

Nach beinahe einer Stunde reanimierte der Notarzt das Herz, aber sämtliche Gehirnfunktionen waren bereits erloschen. Louise lag auf dem Boden in ihrem Zimmer. Ich hielt ihre Hand. Rolf stand neben uns. An Maschinen angeschlossen, wurde sie in die ortsnahe Kinderklinik gebracht. Oma Karin und Opa Rolf waren bei Loreen. Rolf hatte sie benachrichtigt.

Ausgerechnet der Arzt, der nach Louises Geburt so lieblos gefragt hatte: »Kennen Sie Mongo-Kinder?«, war in dieser Nacht im Dienst. Und wieder machte er geschmacklose, unsensible Bemerkungen. Er war der Auffassung, eine Gehirnstrommessung täte eigentlich nicht mehr Not, da es sowieso zu spät sei. Er machte uns Vorwürfe, weil wir die Blutgruppe unserer Tochter nicht auswendig wussten.

Ich verlangte nach einem Blutbild. Ich wollte mich vergewissern, dass Louises Blutwerte noch im Rahmen waren, sie noch eine Chance hatte.

Der Arzt fragte uns, ob er noch irgendetwas für uns tun könne. »Vielleicht einen Kaffee?«

Louises Blutwerte waren sehr schlecht, aber die Leukozyten waren auch schon einmal niedriger gewesen, und Louise war dennoch nicht gestorben; also schien für uns alles noch lange nicht am Ende. Ich verlangte, dass man ihr die für den Tag vorgesehenen Blutkonserven verabreiche. Meine Tochter sollte alles bekommen, was ihr Körper noch benötigte. Louise blutete aus Mund und Nase. Der Beatmungsschlauch hing blutüberströmt vor ihrem Gesicht. Louises Hemdchen hatten sie zerschnitten und einfach in den Mülleimer geworfen. Ich habe es wieder herausgeholt. Es roch nach ihr. Ihre Blutkonserven bekam sie. Die Gehirnstrommessung wurde durchgeführt – wenn auch mit vier Stunden Verzögerung. Der Beatmungskasten machte plötzlich Hüpfer. Der neue Arzt, der hinzugekommen war, sagte, dass Louise zwischen den Beatmungsstößen des Gerätes doch ab und zu noch einmal selbst Luft hole. Es hörte sich an, als würde sie seufzen, erleichternde tiefe Luftstöße von sich geben. Vielleicht war es die Luft, die ich ihr noch aus meiner Lunge zu Hause eingeflößt hatte. Und sie nutzte das, um tief durchzuatmen, ein letztes Mal …

Bevor die Ärzte die Geräte abschalteten, wurde ein Ethik-Komitee einberufen. Diese Personen standen am Bett unserer Louise. Jemand rief laut aus: »Wir müssen feststellen, dass bei diesem Kind der Tod eingetreten ist!« Kein liebes Wort war zu vernehmen, nicht einmal der Name unserer Tochter wurde von diesem Ethik-Komitee genannt. Sterben in Würde war das nicht. Mein Mann und ich mussten den Raum verlassen. Ich presste mein Ohr an die Tür, um Louises letzten Atemzug zu hören. Danach war mir klar: Für mich ist Louise zu Hause in meinen Armen gestorben. Im Krankenhaus hörten die letzten physiologischen

Vorgänge auf, die Maschinen zum Teil noch unterstützt hatten.

Louise wurde bei Vollmond und stürmischem Wetter geboren. Sie starb bei Vollmond und stürmischem Wetter. Dunkle Wolken zogen am Himmel auf. Es regnete, als würde sich der Himmel befreien. Es kam mir vor, als würden die Engel weinen, weil ein sehr kostbarer Mensch die Erde verließ. Dann donnerte und blitzte es. Wir erfuhren später, dass bei uns in der Nähe Blitze eingeschlagen hatten, ein Telefonmast war lahm gelegt und sämtliche Stromleitungen waren beschädigt worden. Während des Gewitters stellte ich mir vor, die Engel veranstalteten ein Feuerwerk, weil ein besonderer Mensch den Himmel erreicht hatte. Meine Eltern kamen, meine Schwester mit ihrem Freund. Ich sah den demütigen Blick meines Vaters.

Sie ist so gestorben, wie ich es mir gewünscht hatte. Wenn es geschehen sollte, dann zu Hause bei uns, wenn alle da waren. Ohne Leiden und ohne Qualen. Alles, was im Krankenhaus noch unternommen wurde, waren Behandlungen an Louises Körper. Louise war morgens um halb vier in ihrem Zimmer von uns gegangen. Das hat eine ganz große Bedeutung für mich.

Rolf rief den Bestatter Herrn Ramcke an, der für die Todesfälle in unserem Gemeindebereich zuständig ist. Wir ließen Louise nicht aus den Augen. Nur für die nötigsten Untersuchungen wichen wir kurz von ihrem Bett. Ich wusch sie, wickelte sie noch ein letztes Mal. Wir waren mit ihr allein. Ich erzählte ihr zum letzten Mal, was sie den ganzen Tag über gemacht hatte. Das machten wir immer vor dem Schlafengehen. Jeden Abend. Es gehörte zu ihren Gutenachtgeschichten. Ich sang ihr etwas vor, wir legten uns zu ihr in das Bett. Wir begleiteten sie durch den Keller bis an die Tür, wo Achim Ramcke – der Bestatter – mit seinem schwarzen Leichenwagen auf uns wartete. Louise lag mit einem Laken bedeckt auf dem Wagen. Alle, die uns auf dem Weg begegneten, sahen verunsichert und ängstlich auf das Bett. Wie in Zeitlupe nahm ich diese Menschen, ihre Blicke und Bewegungen wahr. Warum durfte man Louise nicht sehen? Sie schlief doch nur. Herr Ramcke lud den kleinen Sarg in seinen Wagen. Er fuhr los und wir hinterher. Mir war dieser Ablauf vertraut. Nichts war mir fremd. Ich hatte Bilder davon in meinem Kopf.

Sieben Tage lag Louise aufgebahrt in der Kapelle. Sie hatte ihr hellblaues Jeanskleid an, das sonnengelbe T-Shirt, ihre rot-weiß gestreifte Jeansjacke, die dunkelblaue Strumpfhose und ihre roten Sandalen. Sie trug das, was sie gern bei besonderen Anlässen trug. Ich bastelte ihr eine goldene Krone, die wir neben das Kopfkissen legten – wir hatten ihre Lieblingsbettwäsche mit Janosch-Motiven bezogen. Sie lag dort wie ein kleiner König auf seinem Thron. Siegessicheres Gesicht, selbstbewusster Ausdruck. Wir legten ihren Haustürschlüssel in ihre Hand. Der Schlüssel befand sich an einem Schlüsselanhänger mit winzigen Holzschuhen, auf denen Louises Name eingraviert war. Dazu legten wir ihre Geldbörse mit sieben Euro und Fotos von uns. Es waren Fotos von ihren letzten Tagen und Wochen.

Wir ließen ihre Musik in der Kappelle spielen, *Ma Baker* von Boney M., *Eisbär*, einen Neue-Deutsche-Welle-Song,

Pim Pam Pom vom *Kleinen König* und ihr Lieblingslied *Ich baue mir ein Land.*

Ich baue mir ein Land,
wo die Bäume wachsen,
wo alle Menschen glücklich sind,
wo niemand sich streitet,
wo Kinder Kinder sind,
wo alle sich lieben …

Loreen fragte nach Louise. Sie wusste, wenn Louise nicht zu Hause war, war sie im Krankenhaus. Sie fragte immer wieder, ob Louise im Krankenhaus sei.

Wir zeigten ihr, wo Louise war. In der Kapelle. Loreen war erfreut. »Louise schläft ein!« Sie ging zu ihr, gab ihr ein Küsschen auf die Wange.

Als wir die Kapelle verließen, rief sie: »Tschüss, Louise. Komme morgen wieda!«

Loreen kam noch einige Male mit in die Kapelle. Doch es wurde ihr spürbar unheimlicher. Sie mochte nicht mehr so gern zu Louise gehen. Sie küsste sie flüchtiger als sonst und ging schnell wieder an das Fußende. »Komm mit, Mama, da lang«, sagte sie.

Loreen spürte Louises Kälte, und sie merkte, dass sie sich nicht mehr bewegte, dass sie tagelang in der immer gleichen Stellung dalag.

Ich hatte Louise auf der Kieler Woche noch einen Zauberring gekauft. Rolf und ich waren wenige Tage vor Louises Tod dort gewesen. Diesen Ring, der je nach Stimmung des Trägers die Farbe wechseln sollte, steckte ich ihr auf den Finger. Er färbte sich nicht mehr blau, grün, rot oder gelb. Er färbte sich schwarz und blieb schwarz.

Unsere Verwandten, Freunde und Nachbarn kamen Louise besuchen. Wir waren jeden Tag um 11 und 17 Uhr und manchmal auch noch dazwischen bei Louise. Es war eine gelöste Atmosphäre, in der wir von Louise Abschied nahmen.

Und dann kam Marita Hoyer, die liebe Krankenschwester aus der Ambulanz der Kinderkrebsklinik. Zwischen Louise und Marita war etwas ganz Besonderes gewesen. Marita erzählte uns in der Kapelle, wie sie Louise kennen gelernt hatte. Ganz frech und spitzbübisch hatte Louise vor ihrem Anmeldetresen gestanden und keck »Na!« gerufen. Marita hatte ebenfalls »Na!« erwidert. Louise wiederholte es. So ging es im Wechsel. Louise kicherte.

Fortan ging Louise durch die Bürotür, um Marita persönlich zu begrüßen. Louise durfte neben Marita auf dem Bürostuhl sitzen, etwas malen, zuschauen, wie Marita den Computer bediente, so tun, als würde sie ihr helfen, Rezepte auszustellen. Eigentlich war es für Besucher und Patienten nicht erlaubt, das Büro zu betreten. Aber bei Louise machte Marita eine Ausnahme. Sie durfte es. Es war eine Bindung zwischen den beiden, die man kaum beschreiben kann. Marita hatte Louise oft in ihrem Zimmer auf der Kinderkrebsstation besucht. Sie hatte Louise Ansichtskarten aus dem Urlaub geschickt und etwas aus dem Urlaub mitgebracht. Und wir erinnerten uns auf einmal wieder an den Tag, an dem Marita und Louise sich das letzte Mal gesehen hatten. Marita besuchte Louise. Sie wollte für ein paar Tage verreisen. Es war nach der letzten Chemo.

Louise wollte gar nicht von Marita ablassen, sie gar nicht gehen lassen. Sie wollte mitfahren in Urlaub. Sie begleitete Marita den langen Flur entlang, winkte und verabschiedete sich immer wieder, bis sich die Glastüren hinter Marita schlossen. Louise schaute Marita so lange durch die Glastüren hinterher, bis sie nicht mehr zu sehen war.

In der Kapelle erzählten wir noch mehr Geschichten über Louise, die uns besonders in Erinnerung waren. Wir unterhielten uns alle lautstark und kehrten dann wieder in uns. Wir beteten zusammen. Es waren wunderschöne Tage des endgültigen Abschiednehmens.

Rolf und ich waren in einem guten Zustand. Wohl, weil wir uns schon jahrelang doch irgendwie darauf eingestellt hatten, dass es irgendwann passieren wird. Nur den Zeitpunkt, den kannten wir nicht. Nun aber war Louise gestorben. So oft hatte ich mir vorgestellt, wie der Bestattungswagen vor uns herfährt. So oft hatte ich mich gefragt, wie die Zeitungsanzeige für mein Kind aussehen würde. So oft hatte ich vor mir gesehen, wie wir Louise zum Krematorium nach Kiel begleiten würden, wie ich den Altar in der Kirche schmücken würde. Und alles trat so ein, wie ich es mir vorgestellt hatte.

Wie wir Louises Abschied gestalteten, war ungewöhnlich, aber Louise war nun einmal ein ungewöhnlicher Mensch gewesen, deshalb sollte sie auch angemessen verabschiedet werden. Mit den Verantwortlichen im Krematorium besprach Herr Ramcke, dass wir Louise bereits einen Tag vor dem Gottesdienst bringen und die mit Asche gefüllte Urne zwei Stunden später wieder mitnehmen durften. Wir besuchten Louise ein letztes Mal in der Kapelle. Herr Ramcke lud sie in den Wagen. Wir gingen ein letztes Mal den langen Weg entlang von der Kapelle zur Straße durch das Tor des Friedhofes. Neben uns war eine kleine Wiese, an deren Zaun laut und wild viele Gänse schnatterten. Als wir durch das Tor gingen, war am Himmel ein wunderschöner leuchtender Regenbogen zu sehen. Genau über uns.

Wir fuhren hinter dem Bestattungswagen nach Kiel. Wir begleiteten Louise auch auf diesem letzten Weg. Wie schnell würde Herr Ramcke mit Louise an ihrem Zuhause vorbeifahren?, fragte ich mich. Der Bestatter fuhr die Bundesstraße entlang, und in Höhe unseres Dorfes wurde er langsamer. Das letzte Mal durchquerte Louise ihr Dorf. In Kiel angekommen, klopften wir auf ihren Sarg und wünschten ihr eine gute Reise in ihre neue Welt. Während des Einäscherungsvorgangs ließen wir uns durch die Anlage des Krematoriums führen. Alles ließen wir uns zeigen. Ich hatte mir vorgestellt, dass es wie eine Müllverbrennungsanlage aussehen würde mit einem Schornstein, aus dem dunkler Qualm hervorkam. Doch das Krematorium war ganz anders. Wie ein Auto, das in seine Garage gefahren wird, werden die Särge in den Ofen eingefahren. Wir ließen uns den Ofen, in dem Louise kremiert wurde, zeigen – Ofen Nummer vier –, sowie den dazugehörigen Schornstein. Es knisterte nicht, es qualmte nicht. Der Anlagenbesitzer zeigte uns auch den Computer, der zu Ofen Nummer vier gehört, die Temperaturanzeige, die Überwachung, die gesamte Technik … Es war alles in Ordnung für uns.

Unsere Freunde fragten uns später, warum wir uns das angetan hatten. Musste man alles ganz genau wissen und begleiten? Ja, wir mussten es. Wir nahmen an, dass man sich diesen

Vorgang in der Fantasie grausam ausmalen kann. Hätten wir uns all das nicht angesehen, hätten wir uns schlimme Dinge vorgestellt. Nun wussten wir, wie es tatsächlich vonstatten ging und wie die letzten Stunden abgelaufen waren. Als wir im Hinterhof des Krematoriums auf das Ende der Einäscherung warteten, huschte ein Eichhörnchen aus der Ofenhalle heraus und an uns vorbei. Wir beachteten es nicht weiter.

Rolf sagte: »Eigentlich muss Herr Ramcke doch hinten eine Befestigung im Kofferraum für die Urne anbringen. Sonst fällt die doch um beim Fahren!«

»Du glaubst doch nicht im Ernst, dass der das kleine Gefäß hinten in den Kofferraum stellt. Die legt er bestimmt auf den Beifahrersitz!«, erwiderte ich etwas aufgebracht bei dem Gedanken, dass Louises Asche im Kofferraum verstaut werden sollte.

»Auf den Beifahrersitz? Das glaube ich nicht! Es fährt doch keiner mit solch einem Ding neben sich Auto!«, sagte Rolf nun wiederum entrüstet.

Mein Unbehagen blieb, und ich war gespannt, wo genau die Kapsel mit Louises Asche für die Rückfahrt untergebracht würde.

Dann kam Achim Ramcke mit der Aschenkapsel unter dem Arm auf uns zu.

Ich konnte mich gar nicht recht damit abfinden, dass in diesem Behälter Louises Asche war. Wenn man nicht genau gewusst hätte, was es war, hätte es auch eine Dose Eierravioli ohne Etikett sein können.

»Diese Aschenkapsel wird später in die Urne gesetzt, die Sie sich ausgesucht haben«, sagte Herr Ramcke. Und auf meinen fragenden Blick fügte er hinzu: »Ich stelle die Kapsel jetzt auf meinen Beifahrersitz, und dann fahren wir zurück!«

Ich war beruhigt. Achim Ramcke war unglaublich einfühlsam. Es war mir alles recht, wie er vorging und handelte. Außerdem tat er fast immer kurze Zeit später genau das, was ich mir im Innersten gewünscht hatte.

Am nächsten Tag war die Beerdigung. Für uns war mit dem Zeitpunkt der Einäscherung klar, dass Louise nun körperlich endgültig aus unserem Leben gegangen war. Wir setzten uns bereits eine Stunde vor Beginn des Gottesdienstes in die erste Reihe der Kirche. Der Küster und der Bestatter hatten alles liebevoll vorbereitet. Fotos von Louise aus dem vergangenen Jahr waren auf einer Tafel angeordnet. Daneben war der Ständer mit der Urne und dem Blumenschmuck. Sämtliche Kränze mit bestickten Schleifen lagen darum herum. Darauf standen liebevolle Schriftzüge. »Für unseren Stern von Opa Wolfgang, Oma Hannelore, Sammy und Matthias.«

Die Schleife von Oma Karin und Opa Rolf zierte eine goldene Rose. »In Liebe von Mama, Papa und Loreen« hatten wir auf die Schleife unseres Blumenherzens sticken lassen. Eine abgedruckte schwarze Rose war neben dem Schriftzug »von deinem Bürgermeister und seiner Frau Hillary«. So hatten wir mit Louise und unserem Bürgermeister und seiner Frau Marlene oft gealbert, »Hillary« wie die ehemalige amerikanische First Lady.

Rechts neben der Urne war auf einer Holzunterlage ein Stern aufgezeichnet, den die Trauergäste mit brennenden Teelichtern füllen sollten. Nach und nach kamen sie und zündeten jeder eine Kerze an und stellten sie auf die Unterlage. Als alle eine Kerze angezündet hatten, war der Stern gefüllt. Er leuchtete hell. Auf der Urne leuchtete ebenfalls ein Stern. Es war ein Bild mit einem langen Weg und einer Treppe am Ende des Weges. Auf der obersten Stufe ging ein leuchtender Strahl Richtung Himmel ab, der weiter oben zu einem leuchtenden Stern wurde.

Die Kirche war voll. Die Familie, die Freunde, die Bekannten, die Nachbarn, die Therapeuten, die Erzieher aus dem Kindergarten und viele Kinder kamen. Die Krankengymnastin, die Krankenschwestern der Station und die Labordamen der Ambulanz sowie der Musiktherapeut Gerhard von der Kinderstation, die Louise alle so sehr mochten und die Louise mit ihrem Charme ebenfalls in ihr Herz geschlossen hatten, waren auch dabei. Sie verewigten sich im Kondolenzbuch der Kirche. Louises Gerd spielte zwei Lieder, die er immer mit Louise gesungen hatte.

Unsere Pastorin, die Rolf und mich getraut und Louise getauft hatte, kam aus ihrer Gemeinde, um für uns den Gottesdienst abzuhalten. Wir sangen das Lied *Weißt du, wie viel Sternlein stehen?* Wir hatten dies auch zu Louises Taufe gesungen. Unsere Pastorin hielt die Rede, so wie wir es besprochen hatten, eine Rede für ein ganz besonderes, mutiges, hübsches, umwerfendes, lebenslustiges Mädchen. Für unsere Louise.

Ich hatte ebenfalls eine Ansprache vorbereitet, ich sagte etwas für Louise und alle Anwesenden. Das war ich Louise schuldig.

> In diesen Tagen sprechen mich Menschen an mit den Worten: »Mein herzliches Beileid.« Im gleichen Atemzug sagen sie: »Das Kind ist endlich erlöst. Von seinen Qualen und den Schmerzen und der Krankheit. So ist es besser!«
>
> Nein, es ist keine Erlösung von dem, was gewesen ist. Wer Louise im Krankenhaus oder zu Hause erlebt hat, der weiß, wovon ich jetzt spreche.

Louise war ein tapferes, kluges, starkes Mädchen, das wir uns alle zum Vorbild nehmen können. Sie war stets vergnügt und gut gelaunt. Ging es ihr einmal schlecht, hat sie artig in ihrem Krankenhausbett gelegen und es einfach so ertragen. Sie hat ihre Schmerzen nur kurz geäußert und danach artig gespielt oder einen Film angesehen. Natürlich gab es auch Tage, an denen sie von den Medikamenten depressiv war. Sie war dann auch mal bockig. Aber sie hat uns trotzdem ihren Daumen entgegengestreckt, und ihre Augen strahlten. Sie hat uns damit signalisiert, dass alles in Ordnung ist. Selten hat sie geweint vor Schmerzen. Sie hat sich nicht gequält. Das weiß ich. Vielleicht ist es eine Erlösung von dem, was gekommen wäre. Vorgestern hätte Loreen ihre erste Knochenmarkspende geleistet. Vielleicht hat Louise geahnt, dass etwas nicht gut gehen wird. Vielleicht wäre Loreen dabei etwas passiert. Vielleicht hätte Louise es nicht geschafft und wollte Loreen die Eingriffe ersparen. Vielleicht wäre es für beide ungut ausgegangen. Immer hat Louise gezeigt, wenn sie Hilfe benötigte. An ihrem letzten Tag hat sie vergnügt herumgealbert, gelacht und getanzt – so wie an vielen anderen Tagen. Es gab nichts, worüber wir uns hätten Sorgen machen müssen.

In der Nacht ist sie einfach davongegangen. Sie hat es so gewollt.

Wir müssen nun sehen, wie wir ohne sie zurechtkommen. Ihre Lücke werden wir nie schließen können. Louise hat uns viel gelehrt: wie man mit der Behinderung eines Kindes umgeht, wie man gegen eine schwere Erkrankung kämpft, wie man mit seinen Mitmenschen zurechtkommt. Nun lehrt sie uns, wie man Trauer bewältigt.

Ich frage mich jetzt:
Geht es ihr gut?
Wo ist sie?
Will sie, dass ich zu ihr komme?
Was macht sie?
Wer ist bei ihr?
Sieht sie uns?

Auf Antworten warte ich vergeblich. Manchmal träume ich etwas, aber meine Fragen werden mir damit nicht vollständig beantwortet. Ich träume, dass Louise aufwacht. Ich frage sie, wie es ihr geht, und sie antwortet: »Gut!« Ein totes Kind wacht auf und sagt mir, dass alles in Ordnung ist. Somit habe ich eine Frage beantwortet bekommen. Ich träume, dass ich zu ihr will, aber sie wehrt ab. »Mama, ich habe jetzt anderes zu tun. Ich habe keine Zeit für dich!«, höre ich sie. Wieder habe ich eine Frage beantwortet bekommen.

Aber es bleiben noch viele Fragen offen. Ich hoffe, die Antworten in meinen Träumen zu finden.

Lange habe ich nachgedacht, wie ich mich trösten kann. Ich suche Trost in kleinen Geschichten oder lese mir aus Begebenheiten Hinweise heraus, das hilft mir. Ich beobachte und stelle Zusammenhänge fest.

Ein Vogel macht auf unser Auto. Das bringt Glück. Das kommt von oben, denke ich mir. Und ein Regenbogen war zu sehen an dem Tag, als wir die Kapelle, in der Louise lag, das letzte Mal betraten. Danach strahlte die Sonne. Im Innenhof des Krematoriums lief uns ein Eichhörnchen über den Weg. Vielleicht ist Louise nun der kleine König, der über seine Tierwelt herrscht, wie sie es in ihren letzten Lebenstagen immer gesungen hat. »Pim Pam Pom, ich bin der Kleine König«, höre ich sie wieder.

Vielleicht ist es so, dass der liebe Gott die kleinen Kinder vor der Geburt in Familien verteilt. Vielleicht wollte er Louise am liebsten bei sich behalten, weil sie ihm selbst so kostbar erschien, aber aus Platzgründen, weil es dort oben vielleicht zu voll war, musste sie woanders untergebracht werden. Sie kam zu uns, weil der liebe Gott eine ganz besondere Familie aussuchte, die Louise aufnehmen konnte. Vielleicht braucht er sie jetzt wieder und möchte Louise woanders einsetzen. Vielleicht hat sie aber auch einfach nur ihre Arbeit geleistet, uns allen zu vermitteln, wie man unbeschwert lebt und wie man mit einer schweren Krankheit umgeht, und ihre Prüfung bestanden.

Die Engel im Himmel haben viele Aufgaben.

Ich wünsche mir, dass Louise nun unser Schutzengel sein kann.

Als wir Louises Ruhestätte auf dem Friedhof aussuchen sollten, habe ich mir überlegt: ein Grab in der Mitte des Weges? Nein, das sieht so aus, als wäre sie auf halber Strecke liegen geblieben. Louise hat ihr Grab am Ende des Weges. Aber eigentlich ist es nicht unbedingt das Ende des Weges. Es ist auch der Anfang des Weges. Es kommt nur darauf an, von welcher Seite man den Weg betritt.

Nach der Trauerfeier in der Kirche gingen wir in einem langen Trauerzug über die Straße zum Friedhof. Die Straße war kurzzeitig gesperrt worden. Herr Ramcke schritt mit der Urne voran, die er mit beiden Händen festhielt. Hinter ihm ging die

Pastorin, dann folgten wir. Ich blickte mich mehrmals um. Ich wollte den bunten Trauerzug sehen.

Wir hatten vorher darum gebeten, dass niemand in Schwarz erscheinen solle. Es waren dennoch einige Personen dunkel gekleidet, ein paar trugen sogar Sonnenbrillen. Sie wollten wohl ihre Tränen verstecken. Es waren auch Leute darunter, die wir gelegentlich beim Einkaufen trafen, die Louise aber kaum eines Blickes gewürdigt und sich nie die Zeit genommen hatten, sich mit uns zu unterhalten.

Louises Teddys nahmen uns in Empfang. Rolf und ich hatten sie vor dem Gottesdienst auf dem Grab neben dem freigeschaufelten Urnenloch platziert. Ernie mit Verband am Arm, den Louise ihm in der Kinderkrebsklinik einmal verpasst hatte, Bert, die Tweenies, der Teddy von Mister Bean und ihr Kuschelteddy. Herr Ramcke kniete sich nieder. Er betastete die Urne. Für einen Moment befürchtete ich: »Jetzt öffnet er den Deckel und kippt den Inhalt in das Loch!« Nein, er zog zwei Bändchen hervor, die an der Urne befestigt waren. Sie waren dafür vorgesehen, die Urne in das Loch herunterzulassen. Ich hatte Louise vier Handschuhe in das Loch gelegt – von jedem von uns einen. Symbolisch zum Wärmen der Hände.

Rolf und ich gingen nach der Beerdigung jeden Tag zum Grab. Viele Male, nachdem wir den Friedhof durch das Haupttor verlassen hatten, hielten uns Autofahrer an und fragten uns nach dem Weg. Sie fragten nach bestimmten Straßen, nach Geschäften, nach der Post oder wo eine bestimmte Veranstaltung stattfinde. Wir konnten es ihnen immer beantworten. Einmal fragten sie wieder ausgerechnet uns, obwohl neben uns so viele andere Menschen unterwegs waren, denn es sollte ein großer

Musikumzug im Ort stattfinden. Warum sprachen sie immer ausgerechnet uns an, um nach dem Weg zu fragen? Diese Ablenkungen häuften sich so auffällig, dass wir uns Gedanken darüber machten. Es kam uns so vor, als wolle uns jemand vermitteln, dass wir den Weg oder die Antworten kennen. Die Leute mussten uns fragen, denn wir wussten, wo es langging.

Mir fiel auf, dass ich selbst tatsächlich immer eine Antwort finde. Ich fragte mich zum Beispiel, warum es an einem Tag so bewölkt war, wo es doch die ganzen Tage ein so schöner strahlend blauer Himmel gewesen war. Ich suchte nach Erklärungen, nach einem Sinn. Vielleicht hatten die da oben den Himmel zugezogen, weil sie etwas ausheckten, etwas vorbereiteten, eine Überraschung womöglich, die wir nicht sehen sollten. Oder wollten sie uns nicht sehen, die Erde nicht sehen, das Elend nicht sehen? Manchmal war im dicht bewölkten Himmel ein kleines blaues Loch. Das könnte ein Guckloch für Louise sein. Sie hatte die Wolke beiseite geschoben und lugte hindurch, weil sie uns doch nicht so ganz aus den Augen lassen konnte. Ich sah sie vor mir, barfuß, in einem langen weißen Gewand. Ich stellte mir vor, sie lebt mit anderen in einem Haus, und wenn sie das Quietschen der Friedhofspforte hört, dann holt sie die anderen herbei. Sie eilt barfuß zu einem Fenster, aus dem sie sich lehnt, den Kopf auf ihre Hände gestützt, ruft sie den anderen voller Stolz zu: »Kommt schnell her, da unten kommt meine Mama. Seht mal, wie schön sie meinen Garten angelegt hat!« Und ich höre die anderen sagen: »Oh, das ist deine Mutter? Die kennen wir. Da hast du aber Glück, dass sie deine Mutter ist!«

WAS MACHT LOREEN?

Loreen konnten wir nicht mit zur Trauerfeier in die Kirche nehmen, weil sie das Orgelspiel nicht vertragen würde. Es sollten aber auf jeden Fall Louises Lieder zu ihrem Abschied gespielt werden. Loreen war deshalb an diesem Tag bei Dörte, einer Freundin, untergebracht. Dörte hat einen Friseursalon gegenüber von Oma Karins Haus. Immer, wenn Loreen bei Oma zu Besuch war, musste sie auch Dörte im Laden begrüßen. Dörte hatte Loreen sofort in ihr Herz geschlossen. Loreen durfte den Kunden den Umhang umbinden, die Lockenwickler zählen, helfen, das Geld zu kassieren und neue Termine mit den Kunden zu vereinbaren. Am Tag der Trauerfeier war Dörtes Salon nachmittags geschlossen. Sie hatte Zeit, sich mit Loreen zu beschäftigen. Loreen half ihr, den Laden aufzuräumen, die Lockenwickler zu sortierten, die Bürsten sauber zu machen.

Ich besuchte oft gemeinsam mit Loreen »Louises Garten«, wie wir Louises Grab nennen. Etwa zwei Wochen nach der Beerdigung, wir hatten das erste Mal den Weg vorbei an der Kapelle genommen, sagte Loreen plötzlich: »Im Haus Louise mal besuchen!« Und mir wurde bewusst, dass sie dachte, Louise würde immer noch in der Kapelle liegen.

Ich dachte zu Hause darüber nach, was ich machen sollte, um Loreen zu zeigen, dass Louise nicht mehr dort aufgebahrt lag. Ich musste ihr die leere Kapelle zeigen. Ich rief den Bestatter an und fragte, ob es möglich sei, mit Loreen in die Kapelle zu gehen. Es war kein Problem. Wir trafen uns schon gleich am nächsten Tag. Ich holte Loreen vom Kindergarten ab, und kurz darauf standen wir vor der Kapelle. Loreen war ganz aufgeregt und hüpfte von einem Bein auf das andere. Sie rieb sich die Hände und sagte: »Gleich Louise mal besuchen. Louise schläft da.« Der Bestatter kam und schloss uns die Kapelle auf. Loreen rannte sofort den langen Gang bis zur Tür, hinter der sie Louise vermutete. Sie ging langsam und schaute dann vorsichtig um die Ecke in den Aufbahrungsraum, dorthin, wo Louise gelegen hatte: »Oh, oh, Louise ist weg. Louise aufgestanden?« Dann verlangte sie vom Bestatter: »Du mal die andere Tür aufschließen!« Da niemand dort aufgebahrt war, durfte Loreen auch in diesen Raum hineinsehen. Sie suchte förmlich jeden Raum ab und sah sogar in dem kleinen Raum, wo Vasen, Kerzen und anderes stehen, in sämtliche Schubladen. Dann war es gut. Sie kam wieder hinaus. Fortan erzählte sie mir jeden Morgen, dass Louise aufgestanden und nun weg sei. Das Haus sei leer.

Aber wie kommt Louise nun in den Himmel? Ich überlegte mir etwas. Ich bastelte Loreen ein Buch mit den Fotos der Kapelle. Louise war zu sehen, wie sie in der Kapelle lag und schlief. Loreen war zu sehen, wie sie Louise in der Kapelle besuchte, sie küsste und sie anschaute. Auf den weiteren Bildern malte ich Louise zarte goldene Flügel. Auf einem Bild habe ich sie mit ihren goldenen Flügeln in den Himmel auf eine Wattewolke gesetzt. Dann habe ich ein Bild mit der leeren Kapelle eingeklebt. Auf den hinteren Seiten ist Louise jeweils oben im Himmel auf ihrer Wolke mit ihren Flügeln zu sehen, und unten ist Loreen zu sehen, wie sie im Sommer mit Mama und Papa einen Ausflug macht, wie sie im Schwimmbad mit Mama badet, wie sie im Garten spielt – allein ohne Louise. Und Loreen verstand es. Sie erzählte mir eine Geschichte:

> Louise ist eingeschlafen. Loreen besucht Louise. Louise Flügel. Louise Haus ist leer. Louise weg. Louise Wolke Himmel. Louise oben. Loreen unten.

Irgendwann telefonierte ich mit einer Freundin. Loreen saß neben mir und sah sich ein Buch an. Am Telefon erzählte ich meiner Freundin, dass Loreen ganz anders sei als Louise. Louise sei so unendlich dankbar gewesen und habe jede Kleinigkeit genossen. An Loreen aber komme man nicht immer heran, beinahe unnahbar erscheine sie mir manchmal. Sie sei oft verträumt und mache einen so zarten Eindruck. Ich erzählte ihr, dass ich mir wünsche, Loreen hätte mehr von Louise. Ich erzählte ihr, dass Louise immer morgens zum Frühstück heruntergekommen sei und dann vor dem gedeckten Tisch gestanden und sich über Butter, Eier, Käse und Marmelade gefreut habe. Ich sagte ihr, dass Loreen das gar nicht mache und dass ich das sehr vermisse.

Am nächsten Morgen rief ich Loreen zum Frühstück. Sie kam die Treppe hinunter, und als sie die Küche betrat und den gedeckten Tisch sah, schaut sie mich innig an und sagte: »Mama, wunnerschön, wunnerschönes Früsück!«

Loreen ist reifer geworden. Ihre Höflichkeit lässt mich oft staunen. Sie fragt mich: »Entschuldige, darf ich zum Schwimmen fahren?« Auch im Umgang mit Fremden ist sie sehr höflich.

Wir stehen vor der Kasse des Schwimmbades. Sie erkundigt sich bei der Kassiererin: »Entschuldigen Sie, ja also, ähm, hat das Schwimmbad heute auf?« Auch fragt sie sehr freundlich, ob sie etwas naschen oder etwas trinken darf.

Loreen ist sehr offenherzig, besitzt eine großartige Kontaktfreudigkeit und eine umwerfende Herzlichkeit. Wenn ich mit Loreen in den Supermarkt gehe, spricht sie alle Leute an, begrüßt jeden Einzelnen persönlich und außerordentlich freundlich. Sie fragt dann: »Wer bist du denn? Wie heißt du denn? Was kaufst du ein? Geht es dir gut? Einen schönen Tag!« Sie erklärt: »Ich bin Loreen. Ich kaufe hier mit Mama ein.« Und so weiter und so weiter. Wenn wir dann an der Kasse stehen, verabschiedet sie ALLE Leute, die sie im Supermarkt kennen gelernt hat, mit Handschlag und nennt sie beim Vornamen, wenn sie sie weiß.

Sie lädt die Leute sogar zum Grillen zu uns ein oder auf ein Eis. Sie bietet ihnen an, in unser Haus zu kommen und auch in unser Auto einzusteigen.

Es ist wirklich eine Freude, ihre Freundlichkeit zu sehen. Aber ich habe deshalb auch manchmal Angst um sie. Sie legte eine sehr vertrauensvolle Art gegenüber Fremden an den Tag. Es kam vor, dass sie wildfremde Menschen umarmte und küsste. Einmal stieg sie zu einem Unbekannten in das Führerhäuschen eines Lastkraftwagens, als sie draußen spielte. Der Mann lieferte bei unserem Nachbarn Sand an. Wir redeten ihr mehrmals zu, dass sie so etwas nicht machen darf, und baten auch die Menschen, nicht so vertrauensvoll auf sie zu reagieren. Loreen begriff das erstaunlich schnell. Sie antwortete auf Fragen, wo sie wohnt, ganz frech: »Zu Hause!« Wenn die Menschen dann wissen wollten, wo das denn sei, antwortete sie: »Das ist ganz weit weg!« Wir erklärten ihr, dass nicht alle nett und freundlich sind, sondern dass es auch böse Menschen gibt.

Oft begrüßt sie schon aus Metern Entfernung die Menschen, die uns entgegenkommen. Dann sage ich schon mal zu ihr: »Loreen, du weißt doch gar nicht, wer das ist. Du musst nicht immer jeden begrüßen und nicht immer so laut rufen. Es könnte auch ein böser Mensch sein!«

Wenn die Leute vor uns stehen, schreit Loreen sie an: »Du böse. Mama sagt, du böse!« Das ist natürlich peinlich. Ich komme dann mit den Menschen ins Gespräch, und meistens sind sie auch sehr nett und haben Verständnis. Sie sind immer von Loreen begeistert und versichern mir, dass es wirklich nicht selbstverständlich ist, dass ein Kind in dem Alter so freundlich und aufgeschlossen ist. Sie bestaunen oft Loreens einnehmendes Profil. Sie hat eine auffällige Gesichtsform.

Die Leute lachen herzhaft, wenn Loreen sie mit »Na, altes Haus!« begrüßt. Das hat sie einmal irgendwo aufgeschnappt, abgespeichert und wirft es immer mal wieder ein. Die Menschen fragen mich oft, ob es normal ist, dass Loreen so freundlich ist. Ich erzähle dann, dass sie sehr sensibel ist und genau spürt, wer es gut mit ihr meint und wer nicht. Sie beachtet Menschen nicht, die ihr nicht geheuer sind. Besonders ältere Herrschaften haben es ihr angetan. Vor grauhaarigen oder graubärtigen Opis bleibt sie wie versteinert stehen und schaut sie mit offenem Mund an. Dann fängt sie an, in ihrer fantasievollen Sprache zu erzählen: »Weißt du, weißt du. Lange, lange ist es her. Es war einmal vor langer Zeit. Ein Strommast namens Mamo hüpfte und quietschte lustig. Eine Freundin, eine Windmühle, kam herbei und drehte sich. Und alle Leute klatschen.«

Loreen ist anhänglicher geworden. Sie möchte überhaupt nicht mehr länger als einen halben Tag zu ihrer geliebten Oma Karin. Sie vergewissert sich zehnmal, ob ich auch wirklich wiederkomme und sie abhole. Langsam spüre ich, dass ihr die Trennung von Louise wahrscheinlich immer bewusster wird. Vielleicht hat sie insgeheim gedacht, Louise komme doch wieder. Sie sei nur zeitweise irgendwo anders – wie bei ihren vielen langen Krankenhausaufenthalten – und sei bald wieder zu Hause. Nur ist es diesmal ein viel längerer Aufenthalt. Vielleicht hat sie Angst, dass auch sie irgendwann wegmuss, dass wir sie womöglich abgeben, sie irgendwo lassen und sie nicht zurückholen. Loreen geht nicht mehr gern auf den Friedhof, um Louises Garten zu besuchen.

Loreen sagte letztlich: »Ein Loch buddeln und dann Kiste rein.« Ich wusste gar nicht, was ich darauf sagen sollte. Wo hat sie das aufgeschnappt? Louise ist doch eingeäschert worden. Da war keine Kiste. Oder meinte sie den Sarg in der Kapelle? Auch war sie nicht bei der Beisetzung anwesend. Immer häufiger nimmt sie das Buch zur Hand, das ich ihr gebastelt habe. Sie erzählt dann, dass Louise im Himmel ein Engelein ist. Und alle müssen leise sein, weil sie auf einer Wolke schläft.

Loreen hat eine neue Freundin. Anneke. Aber Anneke gibt es nicht wirklich. Sie spielt nur in Loreens Fantasie mit ihr. Loreen begrüßt Anneke an unserem Tisch. Aber dort sitzt niemand. Sie ruft laut: »Hallo, Anneke, ich bin's, Loreen. Willst du mit mir spielen?« Dann wartet sie einen Augenblick und sagt: »Komm mit. Wir fahren einkaufen. Mama, Papa und Loreen und Anneke!« Anneke sitzt mit Loreen auch in der

Badewanne. Sie begleitet Loreen zum Kindergarten. Wenn der Zivi Loreen morgens mit dem Bus zum Kindergarten abholt, sagt sie zu mir: »Anneke muss mit!« Ich frage Loreen, wer Anneke denn ist. Sie antwortet: »Eine Schwester. Eine Freundin.«

LEBEN OHNE DICH

Ich mache mir Vorwürfe. Hatten wir doch etwas übersehen? Hätten wir Louise nicht doch helfen können? Ich wünsche mir, dass ich die letzten Tage, die letzte Nacht noch einmal mit Louise durchleben könnte.

Und gleich in der Nacht darauf träume ich es.

Es geschieht im Traum genau so, wie es in Wirklichkeit passiert ist. Und ich sehe mich im Traum neben mir selbst stehen, und dann sage ich zu meinem Gegenüber: »Sieh hin, du kannst nichts anders machen. Du hast nichts falsch gemacht!«

Ich träume, dass Louise bei uns im Badezimmer sitzt, sie lacht und albert herum. Ich kann sie aber nicht anfassen. Sie fordert mich auf, sie zu fotografieren. Ich halte diese Momente fest. Ich knipse sie zehnmal, zwanzigmal.

Ich träume, dass Louise in ihrem Zimmer auf dem Bett sitzt. Sie lacht und lacht. Dieses wunderbare herzerfrischende Lachen. Ich träume, dass sie bei uns bleiben kann, aber nur unter einer Bedingung. Und dann sehe ich uns auf der Kinderkrebsstation. Immer wieder Chemos. Rolf und ich sehen uns an, und ich sage zu ihm: »Nein, nicht unter dieser Bedingung!«

Es hat geschneit.

Jedes Jahr, wenn die ersten Flocken fielen, habe ich mit Louise Plätzchen gebacken. Heute war es anders. Mir fehlt Louises Stimme, mir fehlen ihre dicken Fingerchen, die in dem Teig wühlen und mit Begeisterung Sterne ausstechen und auf das Backblech legen. Ich vermisse ihre Kommentare: »Das riecht aba hier aba lecker. Kekse, oh Mann, oh lecker.«

Und wenn es schneite, rannte sie begeistert zur Terrassentür. »Es schneit, es schneit, Mama, schau mal da und da so viele Focken. Ganz viele Focken.« Und dann hat sie gesungen: »Es schneit, es schneit, kommt alle aus dem Haus, die Welt, die Welt sieht wie gepudert aus.« Von Rolf Zuckowski. So schön hat sie gesprochen und gesungen. Ich erinnere mich an die Autofahrten zur Klinik, immer hat sie gesungen. Auch Weihnachtslieder. Einmal hat sie so getan, als würde sie mir einen Schneeball an den Kopf werfen. Ich musste zurückwerfen. Das Spiel ging mindestens über fünfzig Kilometer Entfernung.

Weihnachten. Mir wird jetzt klar: Es wird nie mehr so sein wie mit Louise.

Allein jedes Jahr unser Ritual: Louise und Loreen im Partnerlook auf dem Sofa platziert und dann ein Foto gemacht. Von jedem Jahr existiert eins. Vom ersten Jahr nur von Louise allein, weil Loreen noch nicht auf der Welt war; die folgenden Jahre Louise und Loreen – und dieses Jahr Loreen allein, weil Louise nicht mehr auf der Welt ist.

Wer schmückt mit uns den Tannenbaum? All die Erinnerungen kommen hoch, wenn ich nur die Kartons ansehe, in die die bunten Kugeln verstaut sind, die Louise so sehr mochte. Louise hat immer mitgeholfen. An jedem 22. Dezember haben wir den Baum gekauft und geschmückt. Und jeden Heiligabend, seit beide Kinder da waren, haben wir mittags mit der ganzen Familie bei uns die Bescherung ausgerichtet, mit Weihnachtsmann und Lachsbroten. Und abends waren wir dann zu viert, hatten einen Gänsebraten im Ofen, und Louise hat mit mir gekocht und auf den Braten aufgepasst, der so herrlich vor sich hin brutzelte. Jedes Jahr die gleichen schönen Rituale. Heiligabend ist mir so wertvoll geworden … und nun?

Wir müssen alles anders machen. Vielleicht Bescherung bei meiner Schwester und dann das Essen bei meinen Eltern? Und bei uns nur einen kleinen Tannenbaum? Und den ersten Weihnachtstag bei Nachbarn verbringen und den zweiten mit Freunden verleben? Eine Flucht von zu Hause?

Dann ist es so weit: Bescherung bei meiner Schwester mit der Familie und mit Frank, dem Weihnachtsmann, Loreens Freund und heimlicher Liebe …

Unsere Nachbarn helfen mit, uns ein angenehmes Weihnachtsfest zu bescheren. Ina – eine Lieblingsnachbarin mit fünf eigenen Kindern – nimmt Loreen zu sich und bekocht uns nebenbei mit ihren leckeren Hausmannsgerichten. Auch Carola – ebenfalls eine Lieblingsnachbarin – hat ihr Haus offen für Menschen, die zum Weihnachtsfest nicht allein sein möchten.

Und schließlich bekommt Loreen doch noch zu Hause ihr Weihnachtsfest mit einem Tannenbaum, der noch größer ausfällt als all die Jahre zuvor. Er steht in einer anderen Ecke, nicht da, wo er sonst seinen Platz hatte. Dort haben wir jetzt Fotos von Louise auf einem großen Schrank. Wir feiern ein Fest, aber wir gestalten es anders mit vielen wunderschönen Erinnerungen, die uns Halt geben. Und ich zünde Kerzen an für unsere Louise und für alle anderen dort oben im Weihnachtshimmel.

Nach Silvester fahren wir noch einmal in die Kureinrichtung nach Mittenwald, in der wir schon einmal mit beiden Kindern gewesen waren. Ich möchte alle Orte besuchen, an denen wir mit Louise waren. Es fällt unendlich schwer, aber innerlich merke ich: Ich muss es machen. Ich muss mir das alles noch einmal ansehen. Ich schaue mich auf dem Gelände der Kureinrichtung um. Es liegt Schnee wie damals. Ich entdecke den großen Schlitten, auf dem Louise damals mit Loreen gefahren ist. Ich sehe es vor mir, als wäre es gestern gewesen. In der Ferne sehe ich Loreen mit der Erzieherin der Kureinrichtung spazieren gehen. Loreen trägt den Schneeanzug, den Louise zuvor angehabt hat. Wenn ich nicht wüsste, dass es Loreen wäre, könnte es auch Louise sein, die dort im Schnee tobt.

Auf einmal hüpft ein Eichhörnchen über den Gartenzaun der Kureinrichtung. Wieder einmal begegnet mir ein Eichhörnchen, als ich in schlechter Verfassung bin. Es muntert mich wieder auf.

Louise fehlt uns unbeschreiblich. An manchen Tagen ist es kaum auszuhalten. Manchmal kommt es mir so vor, als ob sie erst gestern von uns gegangen wäre. Wochenlang plagen mich wieder diese Ohrgeräusche. Es pfeift, zischt und piept in meinem rechten Ohr. Zu viel um die Ohren, heißt es nach einem Sprichwort. Rolf hat Schmerzen in seinem linken Fuß, kann kaum laufen. Vielleicht sind es seelische Schmerzen. Der Schuh drückt. Auch hierfür das passende Sprichwort. Und ständig fallen mir Gegenstände aus den Händen, Teller zu Boden, die Cremedose, und der Inhalt klatscht auf den Boden. Alles entgleitet mir gewissermaßen. Als Rolf ständig der Türgriff unserer Speisekammer herunterfällt, sage ich: »Ja, wir haben wohl nicht mehr alles im Griff!« Als schließlich beim Abrollen des Klopapiers diese auch noch auf dem Boden landet und sich das Papier in einer langen Schlange abwickelt, kann ich es nur noch mit Humor betrachten und sage zu mir: »Melli, du bist wirklich völlig von der Rolle!«

Manchmal frage ich mich, ob ich mich eigentlich auch einmal wieder so richtig vergnügen darf. Sicher werde ich dann von einigen schief angeguckt, die hinter vorgehaltener Hand tuscheln. Darf eine Mutter, die ihr Kind verloren hat, einmal ein Glas mehr trinken? Darf sie tanzen gehen? Darf die Mutter sich amüsieren? Darf sie herzhaft lachen? Ich versuche es.

Loreen wird von Oma Karin behütet, und Rolf und ich fahren mit meiner Freundin Regina und ihrem Freund Norbert zu einem Fußballspiel in die Niederlande. Ich erfülle mir einen meiner lang ersehnten Wünsche: ein Nationalspiel der Oranje-Elf im Eindhovener Stadion. Ich sitze inmitten dieser Menschenmasse bunt gekleideter Oranje-Fans, und als die Mannschaft den Platz betritt, rufen und jubeln meine Freundin und ich, und wir tanzen auf unseren Stühlen. Wir halten das Stoffplakat hoch, das ich extra für Edwin – den Torwart – gebastelt habe, und er winkt uns tatsächlich zu! Wir feuern unsere Mannschaft an. Ausgelassen jubeln wir, als das erste Tor fällt, und dann setze ich mich hin und frage mich: Was machst du hier eigentlich? Du bist vierunddreißig Jahre alt, hast vor kurzem dein Kind unter die Erde gebracht und sitzt hier inmitten von sechsunddreißigtausend grölenden Menschen wie ein Teenie, der einen Superstar anhimmelt. Ich denke daran, was Louise sagen würde. Ich sehe ihr drolliges Gesichtchen vor mir: Louise, die sich vor Lachen kaum halten kann. Sie würde sich freuen. Sie würde rufen: »Mama, oh Mann, oh Mann, oh super!« Sie hätte Spaß daran. Also verlasse ich mich nur auf diese Eingebung und sehe mir das Spiel fröhlich und ausgelassen an bis zum Schluss.

Mein erster Geburtstag ohne Louise naht. Ich sehe Louise genau vor mir mit ihrem lieben Lachen. Es ist ein ganzes Jahr her, seitdem sie an meinem Geburtstag mit Rolf auf der Gartenbank vor der Kinderkrebsklinik saß. Kurz zuvor hatten die Ärzte ihren dritten Leukämieausbruch diagnostiziert. In der Nacht zu meinem Geburtstag werde ich von lauten Geräuschen geweckt. Es ist Mitternacht. Mein Geburtstag. Ich höre Donner, sehe Blitze, und Regen prasselt gegen die Schlafzimmerscheibe. Und dann ist da dieses Wetterleuchten, erst nur ein wenig, dann immer mehr. Zwei Stunden lang leuchtet der Himmel. Ich kann gar nicht wieder einschlafen. Aber irgendwie stört es mich gar nicht. Ich schaue einfach nur zu und wundere mich nur, dass Loreen gar nicht wach wird. Die ist doch sonst immer so empfindlich. Und Rolf schläft auch tief und fest. Auf einmal kommt mir wie ein Blitz eine Eingebung: Das ist ein Pauken- und Trompetenkonzert mit Feuerwerk, nur für mich ganz allein. Ich habe ja Geburtstag. Marita, meine liebe Freundin, hatte mir schon gesagt: »Na, du wirst sicherlich ein Pauken- und Trompetenkonzert von oben bekommen!« Ja, da ist es!

Am Morgen, als Rolf zur Arbeit gefahren und Loreen im Kindergarten ist, hole ich die Bilder hervor, die Louise während ihrer Krankenhauszeit gemalt hat. Den kleinen Blumenstrauß, den sie mir zu meinem letzten Geburtstag gepflückt hatte, habe ich getrocknet. Die Bilder und den Blumenstrauß rahme ich mir ein und stelle sie auf meinen Geburtstagstisch. Ein trauriger Tag für mich. Am liebsten würde ich meinen Geburtstag aus dem Kalender streichen. Den zweiten Mai, den möchte ich überspringen.

Louise hat so viele schöne Bilder gemalt, und mir kommt über Nacht die Idee, von ihren Malwerken Lesezeichen und Postkarten zu gestalten. Mit Liebe und Handarbeit gestalte ich mit Hilfe von Sabine – einer Freundin aus der Bilderdiele im Nachbarort – wunderschöne Lesezeichen und Postkarten, die reißenden Absatz bei Verlagshäusern, Buchhandlungen, Kindergärten, Schulen und Privatpersonen finden. Da gibt es diesen Feuervogel, den Louise einmal während ihrer unzähligen Krankenhausaufenthalte gemalt hat. Und es gibt dieses wunderschöne Bild mit der strahlenden Sonne, den Blumen und den Wolken darauf. Der Kupferkäfer mit der kleinen Schnauze, der Regenbogen mit dem kleinen Männchen darunter und das schöne Herz. Als ich die Bilder länger betrachte, fällt mir auf, dass diese Bilder genau zu Louise passen. Hat sie sich ihre Zukunft und das Geschehen im wahrsten Sinne des Wortes ausgemalt? Hat sie gewusst, was mit ihr passieren wird? Da ist der Sonnenschein, den sie überall verbreitet hat, aber das Herz, das hat Tränen, türkisfarbene Tropfen glänzen darin. Es ist auch ein Sonnenstrahl zu sehen, der aber nicht im Herzen scheint, sondern nur außerhalb. Er gelangt nicht hinein in das Herz. Da ist der Käfer, der sich kaum auf den Beinen halten kann, und hier der Regenbogen, unter dem das Männchen umgefallen ist. Ist Louise das Männchen? Der Regenbogen war über der Kapelle, als wir Louise das letzte Mal besucht haben. Nun sehe ich den Regenbogen neu. Er strahlt Ruhe aus, und das Männchen ist geborgen unter dem Regenbogen. Und dann ist da der Vogel, der wie über Flammen aufsteigt und wild mit den Flügeln flattert. Könnte das der Abschied von Louise und der Neuanfang als ein anderes Wesen im Krematorium sein? Die Bilder machen mich glücklich. Auch wenn ich mir diese Zeichen einbilden mag. Sie bedeuten mir sehr viel. Sie machen mich für einen Moment glücklich. Aus dem Malprojekt entsteht eine großartige Sache. Ich nehme mir vor, mit anderen behinderten und kranken Kindern zu malen und von den Kunstwerken Lesezeichen und Postkarten zu entwerfen. Ich habe eine Aufgabe. Es entstehen wunderschöne Werke, und die Kinder und diese neue Aufgabe geben mir Kraft und etwas Ablenkung. Louise lebt in diesem Projekt weiter. Das ist ein schöner Trost. Und Louise ist mir ganz nah.

Zu Louises Jahrestag – dem ersten Todestag – und ihrem darauf folgenden siebten Geburtstag schmücken wir ihren kleinen Garten auf dem Friedhof in Tellingstedt ganz besonders schön. Ein großes Herz aus vielen Sonnenblumen ziert das Grab. Viele Blumensträuße stellen wir hin und zünden Kerzen in Laternen an. Dann bauen wir ihre Geburtstagseisenbahn mit der Holzlok und den Anhängern auf, die Buchstabe für Buchstabe ihren Namen führt. Sieben Anhänger mit sieben Kerzen darauf. Die Holzwaggons zieren den aus Steinen gelegten Weg zu dem kleinen Steinbuch, auf dem Louises Name sowie das Geburts- und das Sterbejahr stehen. Das Anzünden der ersten sechs Kerzen geht schnell. Windstille bei dreißig Grad. Nur die siebte Kerze will nicht zünden. Eigenartig. Ein kleiner Windhauch verhindert, dass diese siebte Kerze brennt. Nur mit viel Mühe und nur für einen kleinen Moment schaffe ich es, sie zum Leuchten zu bringen.

Schließlich stehen wir – Rolf, Loreen und ich – vor Louises Garten. Wie ein Meisterwerk sieht er aus. Wahrscheinlich denkt dies auch Loreen. Denn auf einmal fasst sie uns an die Hände und sagt: »So, und nun das hier!« Und dann beugt sie ihren Oberkörper vor und verneigt sich vor dem Grab ihrer Schwester. Dann fordert sie uns auf, dass wir das auch machen sollen. Wie nach einem Theaterstück stehen wir dort und beugen unsere Oberkörper vor. Wir verneigen uns vor Louise. Danach klatscht Loreen wild in die Hände. Applaus.

Wir erhalten einen lieben Brief von Marita Hoy.

Meine liebe Louise!
Jetzt sitze ich hier und versuche, meine Gedanken in Worte zu fassen. Noch weiß ich nicht, ob es mir so recht wird gelingen. Ich gehe zurück, ein ganzes Jahr, zu der Zeit, wo alles noch offen war. Dein Leben von Hoffnung durchdrungen, egal, wie schlecht es dir ging, es ist dir gelungen, die Menschen zu verzaubern, mit Charme und Liebe, ach, wär es doch noch und bliebe.

Doch gelernt haben wir von dir fürs Leben, keiner hat mich seither mit so viel Weisheit umgeben. Gott gab dir dein Anderssein, mit einem Herzen, wirklich rein. Und nur die Menschen, die Hand in Hand mit dir durften gehen, konnten auch deine wahre Schönheit sehen. Diese Schönheit zeigt uns klar, was im Leben wirklich wichtig war. Du hattest immer Acht auf deine Lieben, sorgtest im Streit für Harmonie und Frieden. Wie fehlt mir das »Hallo, Frau Hoy« und unser Malen, doch ich weiß auch, Gott erlöste dich von noch mehr Qualen. In seine Liebe zog er dich zu sich, doch ganz ehrlich, verstehen muss ich es noch nicht. Viel zu früh war deine Zeit hier um, als Engel schwirrtest du um uns herum. Ach, Louise, was ist geblieben? Ich wurde von dir reich beschenkt und habe eine schöne Freundschaft mit deinen Lieben. Gott schickte dich, da bin ich mir sicher, hier auf die Erde, um zu sehen, wie wir die Aufgabe meistern, und ich glaube, deine Eltern konnten ihn echt begeistern. Sie rannten wirklich gegen viele Mauern, doch nie ließen sie sich von anderen bedauern. Meine Kleine, ich denke so oft an die Zeit zurück, mal traurig, mal fröhlich, doch ich durfte dich kennen und herzen, nicht viele hatten so ein großes Glück. Dafür, meine liebe Louise, danke ich dir von Herzen.

In liebevoller Erinnerung an meine kleine (weise) Freundin Louise
zum ersten Jahrestag
von deiner Frau Hoy (Marita).

Meine Sehnsucht nach Louise ist so groß, dass ich zwei Nächte lang wieder von ihr träume. Ich träume, dass ich mit Loreen eine Rakete besteige; kurz bevor wir abfliegen, werfen sich einige dunkle Gestalten auf die Startbahn und der Anführer ruft: »Dies ist ein Hindernis. Sie kommen hier noch nicht weg. Da, wo Sie hinwollen, da kann man nicht einfach so hinfliegen.« Die Rakete startet nicht. Und auf einmal sehe ich Louise oben auf einem Schrank sitzen. Sie schaut auf uns herunter. Sie ist wohl irgendwo da oben. Und sie sieht mich an und schüttelt den Kopf. Dabei hat sie einen Gesichtsausdruck, der mir sagt: Mama, was versuchst du da? So einfach kommt man hier nicht hin! Erst, wenn es so weit ist.

In meinem zweiten Traum fahre ich auf einer Autobahn. Vor mir taucht ein Hinweisschild auf. Es ist so ein blaues Schild, das man auf Autobahnen als Richtungsweiser kennt. Auf dem Schild steht mit Pfeil nach rechts das Wort »Himmel«, geradeaus geht es in »andere Richtungen«. Ich nehme den Weg »andere Richtungen«.

Ich fahre nicht zurück, ich biege nicht nach links, nicht nach rechts ab. Ich ziehe meine Fahrt durch. Ich schaue nach vorn …

DANKSAGUNGEN

An dieser Stelle möchte ich mich bei meinen beiden Töchtern Louise und Loreen und bei meinem Mann Rolf bedanken. Ich bin unendlich dankbar, dass ich das Glück habe, eine so kostbare eigene kleine Familie zu besitzen. Wenn ich zurückblicke, waren es keine Sorgen und Probleme, die ich zu bewältigen hatte. Es waren Herausforderungen. Ich habe Louise als sehr wertvollen Menschen durch ein ganz besonderes Leben begleitet. Die Zeit mit Louise war mit Abstand die schönste in meinem bisherigen Leben. Louise hat mir mit ihrer ganz besonderen und ungewöhnlichen Art, ihrer Tapferkeit, Ausdauer und Zuversicht gezeigt, wie man richtig lebt, intensiv lebt. Auch wenn sie körperlich in diese andere Welt vorausgegangen ist, wird sie immer bei mir sein, und ich werde immer Kraft schöpfen, wenn ich an diese wundervolle Zeit zurückdenke. Auf die große Herausforderung, Loreen weiter zu begleiten, freue ich mich sehr. Loreen werde ich hüten wie einen kostbaren Schatz. Ich verehre sie sehr. Behinderte Menschen sind eine Bereicherung für unsere Welt. Meinem Mann danke ich dafür, dass er zu jeder Zeit, in schwierigen wie in glücklichen Momenten meines Lebens, zu mir gestanden und mich mit Rat und Tat unter Einsatz seiner ganzen Kraft unterstützt hat.

Ihr gestaltet mein Leben sinnvoll und interessant. Die Liebe und Geborgenheit, die ihr mir gebt, habe ich zuvor niemals zu spüren bekommen.

ANHANG

Down-Syndrom

Menschen mit Down-Syndrom haben in jeder Körperzelle 47 Chromosomen, während normalerweise jede menschliche Zelle 46 Chromosomen hat. Das Chromosom 21 ist dreifach vorhanden, deshalb spricht man auch von einer Trisomie 21. Durch ein Nichtauseinanderweichen der Chromosomen bei der Zellteilung kommt es zu der Trisomie. Die Ursache dafür ist jedoch unbekannt. Auf circa 1000 Geburten kommt ein Kind mit Down-Syndrom. Der englische Arzt Langdon Down hat 1866 als Erster die Besonderheiten dieser Menschen beschrieben. Aufgrund des überzähligen Chromosoms 21 hat das Kind gewisse körperliche Besonderheiten, auch können organische Schäden und verschiedene gesundheitliche Probleme vorkommen. Die meisten Probleme sind durch geeignete Maßnahmen weitgehend therapierbar und beeinträchtigen nicht die Lebenstüchtigkeit. Menschen mit Down-Syndrom sind erstaunlich lernfähig. Durch eine gute medizinische Vorsorge, spezielle Förderung und Therapien, Integration und natürlich eine liebevolle Aufnahme in die Familie können sie ihr Entwicklungspotenzial entfalten.

Williams-Beuren-Syndrom

Das Williams-Beuren-Syndrom (WBS) ist eine relativ seltene Behinderung. Es tritt mit einer Häufigkeit von rund 1:20 000 auf. Seit 1993 ist bekannt, dass es spontan durch den Verlust von genetischem Material im Bereich des Chromosoms 7 bei der Bildung der Keimzellen entsteht. WBS wurde in der medizinischen Literatur zum ersten Mal Anfang der sechziger Jahre durch die beiden Kardiologen Williams und Beuren beschrieben. Lange Zeit war das WBS nur Experten bekannt. Durch die zunehmenden Forschungsaktivitäten in den letzten Jahren wachsen das Wissen und der Bekanntheitsgrad.

WBS-charakteristische Merkmale sind:

Gefäßverengungen und Gefäßveränderungen, besonders in Herznähe;
typische Gesichtszüge;
leichte bis mittelschwere geistige Behinderung; Entwicklungsverzögerung (unter anderem beim Laufen und Sprechen);
typisches Persönlichkeitsprofil;
Ess- und Trinkschwierigkeiten;
Geräuschempfindlichkeit;
musikalische Begabung.

Projekt »Kunst-Werk«
Malerei mit behinderten und kranken Kindern und Jugendlichen
Melanie Ahrens
Eichenweg 5
25782 Lüdersbüttel
Tel.: 0 48 38/70 48 19
E-Mail: setzezeichen@aol.com
www.setzezeichen.com

Spendenkonto/Bankverbindung:
Sparkasse Hennstedt-Wesselburen
BLZ 218 523 10
Konto 179 000 709
Verwendung: Projekt »Kunst-Werk«

Oliver Berger
Internet Bärchen e.V.
Blombach 17
42369 Wuppertal
Tel.: 01 73/2 80 33 33
Fax: 02 02/50 97 40
E-Mail: Oliver.Berger@telebel.de
www.kids-ambulance.de
www.kindernotfallseelsorge.de

Spendenkonto/Bankverbindung:
Stadtsparkasse Wuppertal
BLZ 330 500 00
Konto 713 131

Bundesvereinigung Lebenshilfe für Menschen mit geistiger Behinderung e.V.
Raiffeisenstraße 18
35043 Marburg
Tel.: 0 64 21/4 91-0
Fax: 0 64 21/4 91-167
www.lebenshilfe.de
www.lebenshilfe-angesagt.de
E-Mail: Bundesvereinigung@Lebenshilfe.de

Spendenkonto/Bankverbindung:
Bank Marburger Bank
BLZ 533 900 00
Konto 140

Perspektive Meldorf gGmbH
Frühförderung
Pädagogisches Zentrum für Entwicklungsbegleitung der Perspektive Meldorf gGmbH
Anerkannte Einrichtungen für Menschen mit Behinderungen
Eescher Weg 67
25704 Meldorf
Tel.: 0 48 32/9 90-0
Fax: 0 48 32/9 99-31
E-Mail: info@PerspektiveMeldorf.de
www.PerspektiveMeldorf.de

Spendenkonto/Bankverbindung:
Verbandssparkasse Meldorf
BLZ 218 518 30
Konto 111 384

Deutsches Down-Syndrom InfoCenter
Hammerhöhe 3
91207 Lauf a. d. Pegnitz
Tel.: 0 91 23/98 21 21
Fax: 0 91 23/98 21 22
E-Mail: DS.InfoCenter@t-online.de
www.ds-infocenter.de

Spendenkonto/Bankverbindung:
Sparkasse Erlangen
BLZ 763 500 00
Konto 50 006 425

ARBEITSKREIS DOWN-SYNDROM e.V.
Selbsthilfe von Menschen mit Down-Syndrom,
von ihren Eltern und Geschwistern in Deutschland
Gadderbaumer Straße 28
33602 Bielefeld
Tel.: 05 21/44 29 98
Fax: 05 21/94 29 04
E-Mail: ak@down-syndrom.org
www.down-syndrom.org

Spendenkonto/Bankverbindung:
Volksbank Bielefeld
BLZ 480 600 36
Konto 200 175 600
Verwendung: für die Arbeit des Vereins – Informationsmaterial, Mitteilungen, Elternberatung, Informationsveranstaltungen

Arbeitskreis DOWN-Syndrom e.V.
Am Schäferhof 27
27308 Kirchlinteln
Tel.: 0 42 36/9 41 01
Fax: 0 42 36/9 41 02
E-Mail: Arbeitskreis@Down-Syndrom.de
www.Down-Syndrom.de

Spendenkonto/Bankverbindung:
KSK Verden
BLZ 291 526 70
Konto 162 007 55
Verwendung: Förderung von Menschen mit DS

KIDS Hamburg e.V.
Kontakt- und Informationszentrum Down-Syndrom
Monetastr. 3
20146 Hamburg
Tel.: 0 40/38 61 67 80
Fax: 0 40/38 61 67 81
E-Mail: info@kidshamburg.de
www.kidshamburg.de

Spendenkonto/Bankverbindung:
Hamburger Sparkasse
BLZ 200 505 50
Konto 1 238 142 952

Downtown
Werkstatt für Kultur und Wissenschaft
Redaktion Ohrenkuss
Ohrenkuss … da rein, da raus – ***Das Magazin, gemacht mit Texten von Menschen mit Down-Syndrom. Ein Projekt der Downtown Werkstatt für Kultur und Wissenschaft/Bonn***

Buschstraße 22
D-53113 Bonn
Tel.: 02 28/3 86 23 54
Fax: 02 28/3 86 25 87
E-Mail: info@downtown-werkstatt.de und info@ohrenkuss.de
www.downtown-werkstatt.de und www.ohrenkuss.de

Spendenkonto/Bankverbindung:
Sparkasse Bonn
BLZ 380 500 00
Konto 32 926 081
Verwendung: Ohrenkuss

Team 23-1
Vogelhornweg 23-1
73557 Mutlangen
E-Mail: info@team23-1.de
www.team23-1.de

Deutsche Stiftung für Menschen mit Down-Syndrom
Dr. med. C. Schuhmacher
Vogelhornweg 23-1
73557 Mutlangen
E-Mail: info@downsyndrom.stiftung.de
www.downsyndrom-stiftung.de

Spendenkonto/Bankverbindung:
BW-Bank
BLZ 600 501 01
Konto 4 209 292
Verwendung: Zustiftung DSMDS (Deutsche Stiftung für Menschen mit Down-Syndrom) oder Spende DSMDS

Regionalgruppe Bayern-Süd im Bundesverband Williams-Beuren-Syndrom e.V.
Benedita Frericks und Horst Romm
Danziger Straße 2A
85748 Garching
Tel.: 0 89/32 00 29 86
Fax: 0 89/32 73 39 94
E-Mail: Info@wbs-bayern.de
www.williams-beuren-syndrom.de

Bankverbindung/Spendenkonto:
Hypovereinsbank Flensburg
BLZ 828 008 88
Konto 20 030 000

Verwaiste Eltern Hamburg e.V.
Bogenstr. 26
20144 Hamburg
Tel.: 0 40/45 00 09 14
Fax: 0 40/35 71 87 67
E-Mail: info@verwaiste-eltern.de
www.verwaiste-eltern.de

Spendenkonto/Bankverbindung:
Hamburger Sparkasse
BLZ 200 505 50
Konto 1 013 212 020
Verwendung: Unterstützung für Familien nach dem Tod eines Kindes

Leben ohne Dich e.V.
Selbsthilfe für Eltern, die ihr Kind verloren haben
Westkapeller Ring 21
45481 Mülheim

Tel.: 02 08/42 88 09
E-Mail: info@lebenohnedich.de
www.leben-ohne-dich.de

Spendenkonto/Bankverbindung:
Sparkasse Mülheim an der Ruhr
BLZ 362 500 00
Konto 356 573 072
Verwendung: Bitte Adresse für Spendenbescheinigung angeben

Leona e.V.
Auf dem Klei 2
44263 Dortmund
Tel.: 02 31/4 27 17 37
Fax: 02 31/4 27 17 36
E-Mail: info@leona-ev.de
www.leona-ev.de

Spendenkonto/Bankverbindung:
Sparkasse Dortmund
BLZ 440 501 99
Konto 521 002 190

Heller Stern Schleswig-Holstein e.V.
Eichenweg 5
25782 Süderdorf
E-Mail: HellerSternSH@aol.com
www.Heller-Stern-SH.com

Spendenkonto/Bankverbindung:
Sparkasse Hennstedt-Wesselburen
BLZ 218 523 10
Konto 760 131 36

Wie viele Lügen verträgt die Liebe?

Louise Voss
MEIN EIN UND ALLES
Roman
480 Seiten
ISBN 978-3-404-15408-1

Als Anna erfährt, dass sie mit ihrer Knochenmarkspende den kleinen Max vor dem Tod gerettet hat, schöpft sie neuen Lebensmut. Denn seit ihr lang ersehntes Baby nur wenige Minuten lebte, erschien ihr die Zukunft grau. Max aber ist gesund. Und es ist, als sei Anna ein eigenes Kind geschenkt worden. Unter falschem Namen nimmt sie Kontakt zu Max und seinem alleinerziehenden Vater auf – und es ist Liebe auf den ersten Blick. Immer stärker fühlt Anna sich zu den beiden hingezogen, und schon bald führt sie ein Doppelleben, das alles in Frage stellt, woran sie immer geglaubt hat …

»Ein ergreifender, aber zuweilen auch sehr amüsanter Blick auf das, was uns Menschen wirklich ausmacht.« WOMAN'S OWN

Bastei Lübbe Taschenbuch